第56号教室的奇迹3

说给老师的真心话

[美]雷夫·艾斯奎斯(Rafe Esquith)◎著

俞大河　赵金基◎译

REAL TALK FOR
REAL TEACHERS

D1529576

光明日报出版社

图书在版编目（CIP）数据

第 56 号教室的奇迹 .3 /（美）艾斯奎斯著 ; 俞大河,
赵金基译 . -- 北京 : 光明日报出版社 , 2015.7(2019.3 重印)

书名原文 : REAL TALK FOR REAL TEACHERS

ISBN 978-7-5112-8800-4

Ⅰ.①第… Ⅱ.①艾… ②俞… ③赵… Ⅲ.①小学教
育－研究 Ⅳ.① G62

中国版本图书馆 CIP 数据核字 (2015) 第 144444 号
版权登记号 : 01-2015-3533

第 56 号教室的奇迹 3

DI 56 HAO JIAOSHI DE QIJI 3

著　　者：	[美] 雷夫·艾斯奎斯	译　　者：	俞大河　赵金基

策　　划：双螺旋文化

责任编辑：黄海龙　许　怡		责任校对：傅泉泽	
特约编辑：唐　浒　申　海　赵　静		责任印制：曹　诤	
装帧设计：郭朝慧		特约技术编辑：张雅琴　黄鲁西	

出版发行：光明日报出版社
地　　址：北京市西城区永安路 106 号，100050
电　　话：010-67078248（咨询），63131930（邮购）
　　　　　010-63497501，63370061（团购）
传　　真：010-67078227，67078255
网　　址：http://book.gmw.cn
邮　　箱：gmcbs@gmw.cn
法律顾问：北京德恒律师事务所龚柳方律师

印　　刷：固安县云鼎印刷有限公司
装　　订：固安县云鼎印刷有限公司
本书如有破损、缺页、装订错误，请与本社联系调换，电话：010-67019571

开　　本：145mm×210mm			
字　　数：216 千字		印　　张：10.5	
版　　次：2015 年 8 月第 1 版		印　　次：2019 年 3 月第 7 次印刷	
书　　号：ISBN 978-7-5112-8800-4			
定　　价：32.00 元			

某本热平

《中国教师报》专题解读雷夫

《中国教育报》特别报道

美国"最佳老师"雷夫北京开讲，国内中小学校长组团赴京"取经"

雷夫：老师价值得看学生10年后

□晨报特派记者 朱敏怡 北京摄影

□ 56 年教育生涯的雷夫，面对满上了五大体里的中国观众畅谈。

多地学校座谈"取经"

媒体看家庭"橙粒"段子

美国同样有老师掉进应试教育陷阱

《新闻晨报》专版介绍雷夫

《浙江教育报》雷夫报告会直击

浙江教育报

教师周刊

2013年6月21日 星期五

我教的是学生

—— 2013 年全美最佳教师雷夫首场杭州报告会直击

向雷夫学什么？

神迹的背后是常识

让我们，爱得更专业

美国"神奇"小学老师雷夫在沪讲述"第56号教室"的秘密——

分数不是全部　不思考才是失败

第56号教室的奇迹

第56号教室"语录"

1　考试失败是件好事

2　把握适度发展层级

可借鉴不可全盘照搬

《重庆日报》追踪报道
雷夫中国行

雷夫·艾斯奎斯
美国教育界传奇人物

努力成为中国的第56号教室
——美国教师雷夫谢家湾小学之行掠影

《新民晚报》聚焦雷夫

《教育世界》：
把旅行和莎士比亚介绍
给孩子们的五年级老师

《华盛顿邮报》：全美最好的老师

POV：关于雷夫老师的电影

《时代周刊》：
我们时代的英雄

NPR：
雷夫·艾斯奎斯
传授火一样的教学法

联合推荐

◎ 雷夫是天才与圣徒,更是教育体系应该起而效仿的对象。和这位老师一年的相处,改变了这些孩子的一生。

——《纽约时报》

◎ 他的学生已经达到了传统教育的顶点并取得了巨大成功,在数学、哲学和莎士比亚戏剧方面的优秀表现为他们赢得了名校的通行证。

——NPR(美国国家公共电台)

◎ 雷夫·艾斯奎斯是美国最有趣、最有影响力的教师……在洛杉矶霍伯特小学,第56号教室里的五年级学生所上的最重要的课程之一就是谦逊,艾斯奎斯相信"角色榜样"是教师们要做的最重要的事之一。如果每个教师都像艾斯奎斯那样既有技巧又精力充沛的话,我们就不再需要标准化测试了。他学生的阅读和数学成绩远在霍伯特平均分之上。

——《华盛顿邮报》

◎ 艾斯奎斯宣扬努力付出的价值、诚实的自我反省,以及追寻自我道路的勇气;雷夫是当代的梭罗。

——《每日新闻》

◉ 艾斯奎斯是惟——位获得总统"国家艺术奖"的教师,同时他还获得诸多其他奖项,包括"全美最佳教师奖"以及欧普拉的"善待生命奖"等。艾斯奎斯的书是焦虑的同行和父母们的精神明灯。

——《西雅图邮报》

◉ 如果你能提炼出雷夫·艾斯奎斯老师的精华,把它装在瓶子里卖给渴望得到优秀教师的学区,你绝对会成为百万富翁。

——《达拉斯早报》

◉ 雷夫老师的出现意义深远,他让千千万万抱怨教育的老师看到了一种不可思议的可能性,即使我们无法像雷夫这样疯狂,至少我们知道,教育蕴含着无限可能。

——新教育实验教师专业阅读项目组

◉ 雷夫·艾斯奎斯和他的第56号教室,确实是无数父母向往的教师和教育圣地。这位令人敬佩的美国教师,用超凡的勤奋和卓越的教育才能,解答了他在教师职业发展过程中的探索与思考。虽然国情不同,文化背景各异,但我们仍能从书中发现中美教育面临的许多相似之处。了解这些相似之处,或许有助于我们更清醒地认识到,教师职业的确是一项非常特殊的职业,选择这项职业,意味着教师的众多放弃和倾其精力的奉献。当然,其所收获的成就感也是其他任何职业所无法达到的。

——《中国教育报·读书周刊》主编 郜云雁

目　录

◉推荐序　一句句肝胆相照的心里话 / Ⅰ

◉前　言　从西斯廷教堂到芭芭拉厨房 / Ⅸ

第一部分　遥想青葱岁月

◉第一章　艰辛之地 / *3*

◉第二章　一年之计 / *12*

◉第三章　天有不测风云 / *39*

◉第四章　启动孩子的内在力量 / *53*

◉第五章　沉默是金 / *69*

◉第六章　减压——留住你教学的"本钱" / *82*

◉第七章　平常心 / *89*

◉第八章　见仁见智 / *97*

◉第九章　家庭才是根基 / *107*

◉第十章　善妒之人 / *117*

◉第十一章　学以致用之道 / *126*

第二部分　成长与收获

◉第十二章　艰涩的日子 / *135*

◉第十三章　中等生之我见 / *144*

◉第十四章　无规矩不成方圆 / *153*

◉第十五章　睁大你的双眼 / *164*

◉第十六章　软销售 / *173*

◉第十七章　秘密武器 / *181*

◉第十八章　托马斯·杰斐逊犯了个大错 / *190*

◉第十九章 代价 / 200

◉第二十章 开发新地域 / 209

◉第二十一章 独一无二 / 214

◉第二十二章 人人为我,我为人人 / 224

第三部分 步入名师讲堂

◉第二十三章 每天进步一点点 / 241

◉第二十四章 不打无准备之仗 / 245

◉第二十五章 通往天堂的阶梯 / 254

◉附录A 一天的教学实录 / 264

◉附录B 莎剧启示录 / 281

◉后记:永不退缩,决不放弃 / 306

◉致谢:一切都得感谢家人和朋友 / 308

推荐序
一句句肝胆相照的心里话
李镇西

至今还记得第一次读《第56号教室的奇迹》时所受到的感动。棒球队，乐队，经典阅读，电影俱乐部，莎士比亚戏剧，还有教室里的银行和拍卖会……一间小小的教室，竟然发生了那么有意义又有意思的故事。这些故事，凝聚着雷夫的爱和智慧。中国的无数教师，因为一间教室而认识了一位教师，知道了"雷夫"这个名字。

今天，我读了雷夫的新著《说给老师的真心话》，再次被感动。我认为，这本书所蕴含的思想与智慧，带给读者的收获，以及可能产生的影响，绝不亚于《第56号教室的奇迹》。同样的教育理想，同样的教育理念，同样的真诚与朴实，两本书侧重点则各有不同。

《第56号教室的奇迹》带给我的是妙趣横生的开心，《说给老师的真心话》带给我的是豁然开朗的启迪；《第56号教室的奇迹》展示的是模式、操作和一个个奇思妙想的"鬼点子"；《说给老师的真心话》提供的是建议、叮咛和一句句肝胆相照的心里话；《第56号教室的奇迹》让我看到雷夫在陪伴着孩子们成长，《说给老师的真心话》让我感到雷夫正激励着同行们前行；《第 56 号教室的奇迹》绽放的是一间班级教室的艳丽与芬芳，《说给老师的真心话》叙述的是整个教育人生的曲折与精彩……读着《说给老师的真心话》，我非常自然地想到了苏霍姆林斯基：这是美国版的《给教师的一百条建议》。

和《第 56 号教室的奇迹》一样，《说给老师的真心话》的载体依然是故事，这些或饶有趣味而又令人惊叹的故事，都是雷夫自己的亲身经历或所见所闻。雷夫这样写道："这种颇有戏剧性又很残酷的故事是所有老师们都曾经历过的。虽然这些故事很适合制作成广播剧或好莱坞片子，但在现实生活中，这种沮丧真的会极大地挫伤老师的教学热情和对未来的信心。"然而，雷夫正是在这种"沮丧"中坚守着自己的"教学热情和对未来的信心"，迎接着一个又一个挑战，收获了自己的成长。

在中国，我们爱说"专业成长"。其实这都是教师自己的事，因为人才是"生长"出来的，而不是"培养"出来的，更别说什么"打造"了。所谓"生长"自然是生长者自己的事，这是其他任何人无法替代的。当然，"生长"需要时代条件，需要环境支持，需要土壤、阳光、空气和水……但成长是每一个成长者的自觉选择、自我培养和自由发展。试问，陶行知是谁"培养"的？晏阳初是谁"打造"的？苏霍姆林斯基又是谁"提升"的？还有斯霞、钱梦龙、于漪、孙维刚……不都是自己"生长"起来的吗？今天，读了《说给老师的真心话》，我想再强调一遍：任何教师的专业发展，都是一个自己培养自己的过程。

雷夫也正是如此。在这本书中，雷夫根据自己的教育经历，将教师的职业生涯分为"起步期"、"成长期"和"成熟期"三个阶段,并对分别处于不同阶段的年轻教师、中年教师和老教师提出真诚的建议。这些建议全都来自雷夫自身经历的经验和教训。于是,读这本书,我们实际上是在感受雷夫的成长史:他初出茅庐的热情与碰壁,他遭遇挑战时的彷徨与坚韧,他面对难题时的沉思与从容,他取得成功时的激动与开心,还有他与一个又一个顽劣孩子的较量,还有一次次内心挣扎冲突后战胜自己的勇气与自豪……而这一切都是通过一个个生动曲折、跌宕起伏甚至惊心动魄、悬念迭起的故事呈现出来。

比如,开学第一天,雷夫给孩子们介绍了课表后,又讲午餐对身体的重要性:"我提醒他们,为了身体健康和学业进步每天都要吃午餐,还慷慨地告诉孩子们,万一他们弄丢了午餐券,我可以为他们先垫付。"这么有爱心的老师按说应该让所有孩子感动,然而——一个男孩向他竖起了中指! 雷夫写道:"虽然这是个地球人都明白的手势,可是由一个十岁的孩子对着老师做出来,的确令我目瞪口呆。"但故事的结尾,雷夫这样写道:"经过我的不懈努力,乔伊在课堂上的表现还能说得过去,我们相处的那一年也算是不错。毕竟姜还是老的辣呀。"

又比如,一个叫艾迪的男孩找到雷夫老师,主动要求参加莎士比亚戏剧班,雷夫非常高兴。但寒假回来,"开学第一天,艾迪突然眼泪汪汪地来找我,说他要退出莎剧班,因为他妈妈反对他放学后还要继续排练,要他放学后立即回家。"但不久雷夫发现:"所谓他妈妈坚持让他赶回家那些话竟然是彻头彻尾的谎言。实际情况是艾迪根本受不了排练莎剧的那份辛苦,是他自己打了退堂鼓。"雷夫懵了,他感到了沮丧:有太多时候,你尽心尽力去帮学生,结果却发现一切都如竹篮打水! 但雷夫没有因此而对所有孩子失去信任，他这样提醒自己："尽管班上有一个孩子向我撒谎，自暴自弃，但我决不能就此消沉，毕竟还有四十多个孩子正等着我给他们讲解莎士比亚呢！"

再比如，雷夫从教不久给学生讲天文，他自信满满，以为"大学那几年，我曾在洛杉矶科学博物馆和格里菲斯天文台做过兼职讲解员，对如何给在校学生做解说可谓得心应手。"为了把课上好，雷夫还准备了一些卡片，以帮助孩子们查找自己的星座，然后对照雷夫为他们打印出来的星座表，来预测他们的未来。按说这样的设计是非常有趣的，而且雷夫讲得"既有条理，又有热情，还试图在演示时做到生动有趣。我希望孩子们能开怀大笑。"但结果呢？卡片刚一发下去，一个小女孩就哭了起来，"不到一分钟，至少七八个孩子都跟着哭了起来。"这就是雷夫的从教之初，但"随着时间的推移，我的课上得越来越好，对他们也愈发了解了，大家相处得十分和谐。"

每一次意外都是智慧的考验，每一个顽童都是意志的磨砺，每一道难题都转化为课题，每一回绝望都蕴含着希望。这就是雷夫的"成长"。

雷夫所有的"真心话"都是通过自己的故事娓娓道来。当然，我在引述这几个故事时，只说了开头和结尾而省去了"过程"。这个过程正蕴含着雷夫的爱与智慧，还有坚韧。我相信，读者通过《说给老师的真心话》细细品味一个个"过程"时，将不仅仅是感动，还会想到自己的教育和自己的成长。

本书让我特别感动的还有一点，就是雷夫展示出来的他真实透明的内心世界。这种真实透明体现于他的"实话实说"。毫无疑问，雷夫是一位有着世界声誉的伟大教师，但他绝不是身处云端的"圣人",而首先是一位始终站在教室里的一线教师,所以他的讲述和建议特别"接地气"。

比如:"即使我每天这样努力,可还是不尽人意。其实,教师这个职业让我们倍感沮丧、艰难和疑惑绝对事出有因:我们努力教导孩子要有荣誉感,而这个世界却让他们不断面对耻辱;我们努力说服孩子要做正派人,而这个世界不仅浊流当道,而且还有媒体为其鼓吹、大众为其欢呼!当然教书也绝非一无是处,随着时光流逝、经验的积累,你的日子会渐渐好起来。你不会仅从教三年就成为优秀老师,那是不可能的。各行各业真正杰出的人无不需要比普通人付出更多的时间。也许在新闻与故事中你会读到某位传奇般的老师,但那通常不过是广告或虚构罢了。最优秀的园艺师、建筑师、音乐家、棒球手还有老师,谁都不可能一步登天。"

可贵的是,雷夫并不因此而放弃努力。这让我想到罗曼·罗兰的一句话:"真正的英雄主义只有一种,就是看透了这个世界并依然热爱它!"雷夫的身上就体现了这种"真正的英雄主义"。

从《第56号教室的奇迹》到《说给老师的真心话》,雷夫写了四本书。这些书传到中国,都受到欢迎,原因是这些书的理念和做法体现了我们国家正在倡导的"素质教育"。

但有趣的是,尽管雷夫的全部实践都展示了什么是素质教育,可他的书中根本就没有"素质教育"的说法。甚至他第一次到中国来的时候,根本听不懂"素质教育"这个词。

几年前的一次研讨会上,主持人让我用"雷夫听得懂的话"给他解释一下什么叫"素质教育"。当时我拍了拍雷夫的肩膀,一字一句地说:"素质教育,就是——教育!"雷夫没反应过来,迷茫地看着我。我接着说："您所做的教育，就是素质教育！"但他的眼神依然迷惑。我停了几秒钟，接着说："也许雷夫你更糊涂了，既然是'教育'，为什么要在前面加上'素质'二字呢？我打个比方吧，本来雷夫就是你，但是后来很多人都说他是'雷夫'，而那些雷夫其实都是假雷夫，为了把你和那些假雷夫区别开来，我们就把你叫做'真雷夫'。如果有人要问我，'真雷夫'是谁呀？我会说，真雷夫就是雷夫！"雷夫开始笑了。

我继续说："我们现在所说的素质教育的内容，什么全面发展呀，什么生动活泼呀，什么把人当人呀，什么培养创造呀，等等，这不就是教育本来的内容吗？不就是教育的题中应有之义吗？教育本身不就是提高人的素质的吗？从孔夫子的六艺，到现在的德智体美劳，不就是素质要求吗？有谁说过教育不以人为本呢？有谁说过教育应该畸形发展呢？但由于种种原因，我们的教育却越来越远离当初的起点，越来越违背当初的含义，教育越来越假，越来越无视学生的素质，于是为了强调教育的本质，我们便提出了素质教育这个概念。就像糖本来应该是甜的，但居然有许多假冒伪劣的糖就是不甜，于是我们去商店买糖的时候，就给营业员强调，我要买'甜糖'；同样，我们可能还会去买'酸醋'，去买'咸盐'！成都火锅很有名，但假冒成都火锅的也不少，于是有人开成都火锅时，便特意在招牌上写明'正宗成都火锅'。因此，'素质教育'这个概念完全是多余的，但现在不得不出现这个词，这是中国教育的无奈！"

雷夫一边听一边向我不住点头，一脸的笑容，甚至有些兴奋。我讲完之后，他和我握手，不但表示听懂了，而且表示完全赞同。

我至今对这个解释还是比较满意的。其实,我说的不过是常识。雷夫遵循了这些常识,他的教育便创造了"第 56 号教室的奇迹";他说出了这些常识,自然就是"说给老师的真心话"。

最让我感动的是雷夫这样的真心话——

这是我写的第四本书。我的书都是关于如何教导孩子,以及我是如何在他们身上花费大量时间精力的。许多有爱心的读者忍不住问我:你有私人生活吗?

当然有。之所以不写我的家庭,是因为我觉得没有人会对这些感兴趣。结果倒好,貌似我这个人只知道埋头教书了。虽然我很多时间是在教室里度过,但那不是我的全部。一天辛苦过后,家庭才是我休憩的港湾。换句话说,你的家人才是你坚实的臂膀。

压力太大时,不妨暂时躲避。将近三十年的教学让我认识到,大多数情况不会十分急迫,除了学生想要自杀或开始逃课。大部分压力——不管令你多么痛苦难眠——其实一觉过后就觉得没那么可怕了。无论是愤怒的家长威胁要找校长,还是哪个同事粗鲁无礼,抑或是读到哪篇文章指责教师拿钱太多、干活太少什么的,统统别理。

去玩飞盘吧,去跳舞、打保龄球,去高尔夫练习场练练球技。逗逗小狗,做道美味佳肴或在花园里打理花草,散散步,或随便干点令你开心的事。除了陪伴家人之外,我个人减压的方法还有弹吉他、看棒球赛。

总之,如果你倒下了,除了贡献一篇不错的新闻报道外,无益于任何人。但你的学生需要你,需要你的力量和激情。只有抛开拯救整个世界的念头，你才能活得健康长寿，最终作出更大的贡献。

　　跟成千上万的老师一样，我几乎每天都在勤勤恳恳工作着。选择这一职业我很自豪，但我也知道劳逸结合的重要。我经常利用周末、假期等业余时间加班加点地工作，尽管如此，我也不忘每周都和太太芭芭拉共进几次浪漫的烛光晚餐，或去看电影、健身。别忘了，我还要再教470年才能为芭芭拉换来新厨房呢，假如现在我垮了，她就永远得不到新厨房了。

　　放手绝不是自私，今天的问题大多可以等到明天解决。假如你在喘口气、醒醒脑的时候感到有些愧疚，觉得自己不是个好教师，就想想莎士比亚《亨利五世》第二幕第四场中的一句台词吧：

　　父王啊，与奋不顾身相比，爱惜自己的生命算不上什么罪过。

　　这样的推心置腹，让我们感到雷夫真是把心掏给我们了。他哪里是远在天边的美国教师啊，他分明就是和我住同一小区的邻家大哥嘛！

前　言
从西斯廷教堂到芭芭拉厨房

　　几年前的一个夏天，我和亲爱的太太芭芭拉收到了一份难得的馈赠。一位好心的朋友见我俩工作得实在辛苦，便利用自己跟旅行社的关系，为我们安排了一次几乎是免费的意大利之旅——这正是我们一直盼望的。意大利之旅的确十分精彩，但最令我难忘的，是那天傍晚赶上了西斯廷教堂对公众开放。

　　只要是去过西斯廷教堂的人都会跟你说，那绝对是趟难忘的宗教体验之行。教堂内艺术作品气势磅礴，所带来的心灵震撼和惊喜无以言表，身临其境亲眼看见与看电影或图片的视觉感受简直有天壤之别。当我放松地坐在带靠枕的专用椅上，仰观庄严宏伟的教堂穹顶画，恍惚间仿佛置身天堂。

　　然而，更让我着迷的，是祭坛前墙上的那些壁画。

　　导游介绍说，部分壁画是米开朗琪罗在穹顶画完工二十三年后又创作的，画风明显比穹顶画来得阴郁。从青年时代起，米开朗琪罗就变得比较消沉，而这种日渐增长的愤世嫉俗也就反映在他的画作中。看来人们大都随着年龄和阅历的增长而变得愈加消沉，现在的我就绝对比三十年前刚从教时更为悲观。想到我与伟大的米开朗琪罗也有共同之处，我甚感欣慰。

其实，我们还有更重要的共性：即使日渐忧郁，米开朗琪罗仍坚持绘画，虽年龄日增，历经磨砺和苦难，他艺术家的本色却丝毫不改；而我，即便困难重重也一如既往地坚持教学。

米歇尔·李是华盛顿特区前任教育局局长，她常因评论教育的过激言论而让自己处于舆论的风口浪尖。她曾一针见血地指出："没有谁能够三十年如一日甚至十年如一日地坚守同一个职业。有多少职业是大家自大学毕业后一辈子都在坚守的呢？"

也许她说得没错，但并不意味着这是一件好事。其实她是在悲观地暗示大家，如今的时代，缺乏坚守体现在生活的方方面面，从人际关系到合同的履行等，不一而足。

时光流逝，三十年后我依然坚守教师岗位。我不是想批评很多离开教学岗位，成为行政人员或者完全改行的人，其实他们都很优秀，我是要为一直坚守在教学前沿的老师们说几句话。因为随着教学经验的积累和业务的娴熟，他们更有能力改变学生的未来，尤其是那些由于种种原因被放弃的差生。在这个一切讲究高效的社会，老教师的存在是在时刻提醒我们，良师绝对不可能速成。你可以把小学二年级的课上得十分精彩，但你不可能仅凭一两年的课堂经验就能够成为启发孩子的内心世界、改观他们生命道路的名师。毕其一生，方有大师也！

在同事、过去的学生、社会名流和企业界的帮助下，我很幸运地创立了神奇的 56 号教室，并以此闻名世界。孩子们点点滴滴的进步使我的每一天都充满欢乐。几乎每天都有以往的学生回校来看我，感谢我，大家一起在笑声中回忆过去。

更让我深感幸福的是，结束了一天令人兴奋的教学后，我可以回家,回到我心爱的芭芭拉身边。我们已携手走过了二十多年,现在连孙子都有了。我把我的爱情和许多美好时光都给了她。

但有一样她想要的我却一直未能给她——一个新厨房。我们有幢漂亮的房子,建于二十世纪三十年代。那时,我们手头还不太宽裕,聪明的芭芭拉却坚持买下了那幢房子。整体的居住环境还可以,只是厨房略显简陋不便,芭芭拉希望能改造一下,却一直未能如愿。

大家知道,公立学校的老师工资不高,实际上,我的收入在洛杉矶教师薪级表中是垫底的。对此,我和芭芭拉都无怨无悔。可我也明白,她是多么渴望有个新厨房呀!

在供四个孩子念完大学、读研究生后,我们就没剩下多少钱了。我们生活得相当简朴,也极少出门旅行。精打细算后,每年才能勉强攒下一点点钱。我估算按这样的攒钱速度,得教满五百年左右,才有足够的积蓄为芭芭拉换个新厨房。

如此看来我还要继续教上个四百七十年。当然啦,这对我来说也不成问题。感谢这份工作,让我获得了大量宝贵的人生经验,这世上还有什么比继续在 56 号教室给孩子们上课更重要呢!

然而我还想说的是:仅仅只是待在教师岗位上消磨时光,是不会让你变出色的。我希望这本书能够激励年轻的教师们,不管未来多么难以把握、多么困难重重,都要坚持教下去。

在此我还要呼吁所有的读者:请尊重那些老教师吧,他们才是这个社会的栋梁! 当我们的社会亏待他们时,他们依然勇往直前,实践着真正的美德。我特别盼望更多有潜力、有才华的年轻教师能够坚守课堂,二十年、三十年后,他们也将登上事业的巅峰。

只有当你成为优秀的教师,你才有能力激励、重塑你的学生,如此,他们才会改变整个世界,使之变得更加美好。到那时,无论谁想要个新厨房,就都能如愿以偿了。

第一部分
遥想青葱岁月

第一章

艰辛之地

多年来,有成千上万的年轻教师参观过我的教室,问了许多关于儿童教育和关怀方面的问题。毫无疑问,他们最喜欢问的是:"雷夫,要是给新教师一点寄语,您会怎么说呢?"

问题非常好,但我得慎重回答。通常我会给出这样"糖衣药片"式的回答:"欢迎加入教师队伍,感谢你与我们一起工作,同行们为拥有你这样一位新同事感到荣耀,孩子们更是幸运地拥有了一位新老师。在实习期间,你肯定会学到诸多做老师的方法,包括课堂管理、编写教案和学生激励机制等。幸运的话,你也会观摩到名师们是怎样化腐朽为神奇般指教孩子的。没错,你的付出和敬业精神值得赞赏。"

但我最想说的真心话是:"未来的日子将充满艰辛。"

我很抱歉告诉你这个坏消息,但情况就是这样,未来的日子充满艰辛。有些课,即使你准备得完美无缺,也还是会令人感到沮丧。你的教案精彩纷呈,你的教学方法深思熟虑,你的主题内容切实而有趣,你始终积极乐观,课堂出状况时你也会灵活应对,你会向其他老师虚心请教,学习他们的经验和智慧来提高你的教学质量。你会深爱每一个学生,以使他们感到自

3

尊、自重和自强。而你心里仍然会充满沮丧。因为无论怎样的准备和实习培训也无法让你对未来课堂上的变数应对自如。回家时你会比以往任何时候都更加沮丧，你会含着眼泪入睡，有时你甚至会想，当初学法律该有多好。

情绪低落的时候，你会寻求激励，或许会一头扎入教育题材的好莱坞电影。在电影中，你会看到某个震惊世界的明星班主任，这位救世主使每一个人都得到拯救。每一个学生都热爱这位老师，而且在结尾，他们全都通过了重大考试，赢得了重大比赛，或者演出获得了巨大成功。而你的心情这时更糟了，因为那不是你的故事！

但是请你记住：这只是好莱坞电影，并不是现实世界。

我希望新教师能从我身上了解到的是：当你心情沮丧的时候，并不是说你做得不好。我从事教学多年，时常感到沮丧，甚至多年之后，我还是会有沮丧的时候。其实，所有的老师都会有的。

记得有一年的开学第一天，一切都很顺利，更令人惊讶的是，全班学生都到齐了——这种出勤率对一所大的城市公立学校来说并不常见（注：一般来讲，美国大城市公立学校的境况较差，多数学生来自贫困、移民、单亲家庭，所居住的社区犯罪率也较高）。事先有老师提醒我，我班上有个叫乔伊的学生，是个非常麻烦的刺头。于是当孩子们列队进入教室时，我就想弄清楚是哪个小子，可是除了有几个没精打采和神情紧张的，我并没看出哪个孩子像一颗嘧嘧作响的炸弹。

后来我开始给大家介绍课程表，还讲到学校的午餐，班上大多数孩子因为家境贫困而享用学校提供的免费午餐。我提醒他们,为了身体健康和学业进步每天都要吃午餐,还慷慨地告诉孩子们,万一他们弄丢了午餐券,我可以为他们先垫付。

最后我说:"你们还有问题要问吗?"

这个时候,"炸弹"突然引爆了。

教室边上一个男孩举起了手,确切地说,不是举手,而是竖起了他的中指。虽然这是个地球人都明白的手势,可是由一个十岁的孩子对着老师做出来,的确令我目瞪口呆。他倒是滔滔不绝:"好吧,既然这样,你每天都得给我垫钱。家里的钱都被我姐拿去挥霍了,再说我根本就没有得到什么午餐券!"

"乔伊,"我只有极力让自己保持平静,"很高兴你能来我班上。"

跟乔伊相处太不容易了,他的个性相当叛逆,总爱惹是生非,且颇为擅长此道。从未有学生像他那样,既能破坏科学实验课,打断历史故事,又能扰乱文学课堂,我的许多烦恼都因他而起。假如当时我是个毛头小伙子,情况肯定会更糟,因为他一个人就能把课堂搅得天昏地暗、一塌糊涂。幸亏那时已是我从教的第二十六个年头,经过我的不懈努力,乔伊在课堂上的表现还能说得过去,我们相处的那一年也算是不错。毕竟姜还是老的辣呀。

不过,即使有了二十五六年的经验,依然会有艰难之处。现在当然不会像以前那么糟糕,但这份工作从来不会轻松,源自方方面面的麻烦随时都会发生:学生,家长,同事,行政人员,谁都可能给你当头一棒。

我认识一位来自宾夕法尼亚州的年轻老师,他拥有三年教龄。从一开始他就表现不俗,他是两个孩子的父亲,他把跟自己孩子相处的经验非常巧妙地应用到与学生的沟通上。他的课堂充分证明，高期望、严要求和循循善诱可以营造出良好的学习环境。学生们非常喜欢上他的课，每天早上都急不可待地赶到学校。

家长们也有充分的理由喜欢他，因为孩子们每天回家时依然对课业兴致勃勃。要找出一位未来可能会一帆风顺、前途光明的年轻老师，肯定非他莫属，他就是教师行业的标杆。他爱给学生讲些历史掌故。他认为让五年级的学生们去一趟华盛顿特区，参观那儿的博物馆和历史遗迹，亲自感受一下课堂上学过的东西，是非常有益的。这也不是什么痴人说梦，毕竟从学校到那儿也就几个小时的车程，而且很多家长也都积极支持这次活动。

而这位年轻有为的老师也绝非离经叛道之辈，该填的表格都填好，该走的程序也都一一走过。这一学年的大部分业余时间他都在精心筹划这次旅行。万事俱备，只等学校一放假就可以出发了。区教育局批准了，必要的款项也已到位，好几位家长和同事自愿以监护人身份共同前往。看来除了天灾，什么都不能够阻止他这次梦寐以求的旅行，也没有什么能够阻止学生们去开阔视野、体验新生活了。

离暑假只有三天了，突然来了一封公函，区教育局的某位上司变卦了。一位上司——记住，只是某一位上司——认为这位老师经验不足，结果整个行程也就随之取消了。这位年轻老师实在很气愤，孩子们也失望极了。为什么明明批准了，又突然无理反悔呢？他感到非常沮丧，夜夜失眠。

这种颇有戏剧性又很残酷的的故事是所有老师们都曾经

历过的。虽然这些故事很适合制作成广播剧或好莱坞片子,但在现实生活中,这种沮丧真的会极大地挫伤老师的教学热情和对未来的信心。

下面跟诸位讲一个我的亲身经历,这事刚刚发生不久。

最近一年来,每天放学后,我都会留下来继续给莎士比亚戏剧班的学员讲解莎剧。经过长期辛苦排练,他们最终能独立演出一部完整的戏剧了。为了增强演出效果,我们还编入了一些赏心悦目的舞蹈。这种世界上独一无二的表演,连到校造访的皇家莎士比亚剧院的演员们都表示惊叹。我这个莎剧班,只要是本校四、五年级的学生,都可以报名参加。

一天,一个叫艾迪的男孩来到我的教室,问是否可以参加我的莎剧班。艾迪是五年级学生,很可爱。这个班已经开课将近四个月了,我问他为什么这么晚才来报名,艾迪解释说,他过去认为像他这样的学生没有资格参加莎剧班。嗯,他说的有可能,在霍伯特公立小学,各班之间的沟通一直都不顺畅,误解也时有发生。于是接下来,我给他讲了参加莎剧班的一些基本要求。艾迪向我保证,他不会让我失望的,作为团队一员,他会在每天的排练中付出十二分的努力。艾迪的老师也是我校的优秀教师,她跟我说,艾迪虽然不是最优秀的,但这个孩子值得信赖,他能加入莎剧班绝对是件好事。当时,我完全赞同她的看法。

一天忙碌的教学结束了,当晚我又抽空去书店,买了一本我们正在排练的莎士比亚作品。一个新手,起步又晚,我希望利用一切可能的机会让他尽快赶上来。

我还刻录了整个剧本的 CD,让艾迪带回家一边阅读一边听,以帮助他理解此剧。此外,我还把全班已经学过的十四首歌录下来，连同歌词也打印好给他，便于他记忆。毕竟，只有下大工夫才能领会莎士比亚作品与齐柏林飞艇乐队、艾维斯·卡斯特罗乐队和奇想乐队之间的关联。

第一周排练结束后，我们还邀请他参加了寒假前的一个大型派对，这次派对精心为孩子们准备了一顿十分丰盛的大餐、各种游戏以及奖品，他们玩得非常开心。

寒假回来，开学第一天，艾迪突然眼泪汪汪地来找我，说他要退出莎剧班，因为他妈妈反对他放学后还要继续排练，要他放学后立即回家，多点时间跟她在一起。听到这儿，我的心都凉了，但作为老师，我必须尊重家长的意见。看他垂头丧气的样子，我还安慰说，排戏固然重要，但家庭永远排在第一。

不久后我却发现，所谓他妈妈坚持让他赶回家那些话竟然是彻头彻尾的谎言。实际情况是艾迪根本受不了排练莎剧的那份辛苦，是他自己打了退堂鼓，这样放学后就可以直接去操场上玩了。我懵了。有太多时候，你尽心尽力去帮学生，结果却发现一切都如竹篮打水。朋友们，想想我当时有多么沮丧呀！可是，又有什么办法呢？

一天，我在操场附近找到了正在吃辣奇多（注：一种膨化食品的牌子）的艾迪。我语气和缓但态度坚决地向他表明，撒谎是不对的，我希望他能好好想想自己的行为所带来的影响，比如，伤害了一个好心好意帮他的老师，更辜负了给他全力支持和充分信任的同学们。谁知艾迪只是耸耸肩膀，一句话都不回答，就径直向操场那边跑去。

这当然并非世界末日，其严重程度也比不上接到警察局通知，说我校某个学生因打架斗殴被捕了甚至丧命了，而且这更不是什么耸人听闻的虐童事件。但说句实话,这样冷酷无情的背叛累积多了,便容易使人意志消沉——即使最强壮的骆驼也经不起太多的干草压啊!

所以,当你感到非常沮丧时,请记住,还有人与你同病相怜。天无绝人之路,你肯定会找到新的前行动力。在艾迪这件事上,我就不断提醒自己,尽管班上有一个孩子向我撒谎,自暴自弃,但我决不能就此消沉,毕竟还有四十多个孩子正等着我给他们讲解莎士比亚呢!

也许在你读这本书的时候,我正在洛杉矶市霍伯特小学的56号教室,全心全意地指导十岁大的孩子们,让他们明白,他们才是自己命运的主人,只要不屈从恶劣环境,刻苦努力,未来他们人人都会取得非凡成就。假如没在教室,也没和孩子们一起走在校园的路上,那么我就可能在家和芭芭拉一起讨论该如何帮助某个孩子,或者在跟一个需要发音共振板的以前的学生通电话呢。

即使我每天这样努力,可还是不尽如人意。其实,教师这个职业让我们倍感沮丧、艰难和疑惑绝对事出有因:我们努力教导孩子要有荣誉感,而这个世界却让他们不断面对耻辱;我们努力说服孩子要做正派人,而这个世界不仅浊流当道,而且还有媒体为其鼓吹、大众为其欢呼!

当然教书也绝非一无是处,随着时光流逝、经验的积累,你的日子会渐渐好起来。你不会仅从教三年就成为优秀老师,那是不可能的。各行各业真正杰出的人无不需要比普通人付出更多的时间。也许在新闻与故事中你会读到某位传奇般的老师,但那通常不过是广告或虚构罢了。最优秀的园艺师、建筑师、音乐家、棒球手还有老师，谁都不可能一步登天。

有条件的话，不要一个人独自承受这份艰辛。当老师的确有可能让你经历悲伤和寂寞。一旦受挫，像独坐在四堵墙之内，你大概会觉得，谁都无法理解你的伤心、怀疑、沮丧和失望，但是你错了。

你们学校就有不少英才，他们也曾体验过你正经历的一切，他们是弥足珍贵的资源，也可能成为你最好的朋友，帮你克服困难。当你找到那些有经验的老师，向他们倾吐心声时，他们不会看轻你，反而会更加看重你。他们会感谢你的诚实，也会理解你的苦心孤诣。

但是也要擦亮你的眼睛。你见过那些热爱教学、心地善良、善解人意的老师，他们的价值远非一系列的考试分数所能衡量。但有些老师你可要躲着点儿。可悲的是，几乎每所学校都有这样的老师，他们常流连于餐厅或停车场，发泄他们对教学、校长、学生甚至同事的不满。他们在苦闷中不思进取，很容易吸引受挫的年轻老师加入他们的圈子。我劝你还是远离这些人吧，这样的老师无益于你，更无益于学生。

我们告诫学生要和好孩子一起玩，我也同样告诫你，要和好老师结伴而行。好老师会帮你度过最难熬的时刻，给你宝贵的建议，助你形成自己的教学风格。虽然你还是会遇到挫折，但至少不会酿成大祸。日积月累，经验增多，即使遭遇坎坷，你也会更加从容地面对，直至懂得如何最有效地防患于未然。

未来之路依然充满艰辛。那些不可理喻的孩子会令你失去理智，你的艰难处境会让你倍感完全得不到来自学校管理层或家长们的支持；拿起报纸，也丝毫感觉不到来自社会的关爱。

但是,假如你永不停步,不向学校里的一切不合理事低头,那么总有柳暗花明的一天。你的日子会越来越好。许许多多充满了欢声笑语的美好时光正在向你招手呢。

感谢曾经犯下的错误,从中吸取教训吧,总有一天你可以成为一位名师。漫长的岁月必将使你更加杰出。失败,反思,认识到"成功无捷径",那么,你那想要改变孩子人生的梦想就不会仅仅是梦想,而会变成活生生的现实。是的,相信我吧,你会创造奇迹的!

现在,让我们走进开学第一课吧!

第二章

一年之计

无论新老教师，凡到过 56 号教室，经历一天的观摩教学后，都感叹此行不虚，跟孩子们的互动让他们感到非常愉悦。但最令他们惊奇无比的，是看到课堂上学习气氛如此浓厚，孩子们都全神贯注，鲜有扰乱课堂纪律的现象。感叹之余，他们都会不约而同地说："雷夫，要是能看到你们班开学第一天的情景该有多好！"

其实，真要看到开学第一天的场景，恐怕大多数人都会非常失望的。

现在，大家都很关注开学的第一天。铺天盖地的文章和讨论一直都爱宣扬这一天，结果是宣传过了头。第一天固然非常重要，但在我的课堂上，第一天和第九十一天没什么两样。开学第一天在我看来并没有什么神奇之处。

不是说良好的开端就不重要，我当然也非常重视第一天，但作为优秀老师，我同样重视之后的每一天。开学第一天，我通常会简单介绍几个要点，这些要点将贯穿整个学年的每一堂课。孩子们人手一份有关课程目标的资料，但即便写得清晰明了，我也并不指望他们一下子就能读懂我的目的。要知道，一切只是万里长征的第一步。

约翰·伍登是全美大学生篮球联赛的传奇教头,他的篮球教练法几乎千篇一律。他指导球员们第一天的训练内容与冠军总决赛前夜的训练内容竟然一模一样。同样,我的56号教室的教学内容也是有始有终,这让孩子们很有安全感。要点确定下来,孩子们每天听在耳朵里,一时难以理解其中的奥妙,而我并不着急,毕竟他们才只有十岁啊!我只想摆好餐桌,在随后的每一分钟、每一天都为他们端上美味佳肴,我有一整年甚至更长的时间来让他们慢慢消化和吸收呢。

开学那天早上,其实我的发言很短,短得远远超出你的想象。我甚至都没花时间去熟悉学生的姓名,也不介意孩子们彼此间是否能叫出名字。实际上,那天早上的开场白,我只花了不到十分钟。我言简意赅地表示希望孩子们能够快快活活地来到学校,认真严肃地对待学业,并尽最大努力去完成学习任务。所以,八点钟上课,不到八点十分我们就开始学习了。

许多课堂的开学第一天,往往直到上课,学生们才得知教材还没有送来,不是缺了数学课本,就是自然科学资料下星期才能到,我则决不允许这事发生在56号教室。我希望孩子们随时严阵以待,从一开始就要开足马力全速前进。

只要一走进56号教室,孩子们就会看见公告栏下方悬挂着精美绝伦的挂毯,很多学生会不由自主地发出"噢"、"啊"的惊叹声。我会问他们:"喜欢吗?"孩子们立马异口同声地回答:"喜欢!"我等了大约五秒钟,又问:"你们愿不愿意自己也学着来钩织一条?"

又是异口同声的欢呼:"愿意!"这时,我平静地说道:"好的,再过三个小时,就开始让你们自己来织。"整个教室顿时鸦雀无声,随后又是一阵骚动,孩子们疑惑的眼神中夹杂着压抑不住的兴奋。现在,学生们开始感受到 56 号教室的独特之处了:这是一个讲究实践、注重效率、绝不拖沓的课堂。课堂任务和方案随时布置,未来始于现在,既然钩织挂毯的材料和指导老师都准备好了,那还等什么呢?

毋庸置疑,这种独特的教学方式特别能培养孩子们上课时的专注与专心,而这也让来访者感到惊奇。一次,一位记者颇感疑惑地问班上一个孩子:"你们怎么不去上洗手间啊?"

"我怕错过了听讲呀。"孩子小声答道,同时面露不悦,因为有人打断了他聚精会神的听讲。

前面讲过,孩子们不可能一下就吃透我订的课堂目标,但我还是要给他们讲几项要点。这些要点类似于"十诫"(注:"十诫"是《圣经》中的十条律法,包括不可偷盗、不可贪恋别人财物等十条),但与课堂规章制度毫无关系。其实,教室的墙上哪儿也没有明文的规章制度,但是孩子们全都相当有礼貌、守规矩。当然,你的课堂要求不一定非得跟我一样。我在第一天点名之前就让孩子们拿到一张卡片,上面是简单的十条要点,后面也几乎没有什么解释。卡片上所提示的内容至少要讲上一年,让我们现在就开始吧。

致霍伯特的"小莎士比亚们":

1. 我们的使命:友善待人,全力以赴。

2. 我们的箴言:成功无捷径。

3. 我们诚实守信。

4. 我们发挥主动性。

5. 我们为自己的行为负责。

6. 我们注意时间和场合。

7. 我们不怕提出问题。

8. 我们理解形象的重要性。

9. 我们有条不紊。

10. 我们谦虚谨慎。

一年过后,孩子们就会逐渐弄清楚这十项信条是如何贯穿在他们所有的学业、技能当中的。

未来的日子里,无论是数学课、地理课还是练习打棒球,这些信条将始终是我们行动的指南。确切地说,教导十项信条算不上是正式的上课,我主要是将它们以跟学生谈话的方式融入一些课堂活动中,在接下来的几周时间里,我们将逐条提及并加以详细阐述。

当然,这十项信条只是我的个人想法,你的目标也许与我的有异曲同工之妙,或者大相径庭,但无论如何,我建议,信条要订得简洁,过程要有耐心。毕竟,这将是持续孩子们一生的信条啊!

1. 友善待人,全力以赴。

我喜欢与善良的人为伍,你会发现,大多数孩子也喜欢善良的人。善良的人总是互相帮助,善于倾听,彼此尊重。也就是说,当有学生因疑惑而提问时,我们会保持安静。当有人在棒球赛中三击不中、黯然出局时,我们不会横加讥讽。当我们完成了课题后,会马上寻找需要帮助的同学。在我们班上,大

15

家从来闲不住，因为要互相支持、互相帮助，我们总有做不完的事。

我经常问孩子们："我们什么时候能闲下来？"

他们总是异口同声地回答："永远闲不下来！"

我们是始终如一的集体。彼此善待，不是说善待一次、一会儿，而是自始至终善待他人。要让孩子们理解这一点，我发现下面的例子很管用。我把一个学生叫到教室前面，设计一个场景：我想请他来看一场棒球赛，正在说服他的父母，以征得他们的同意。"戈麦斯先生，本周六下午我想带利卡多去看一场棒球赛，我会照看他一段时间。可以吗？"孩子们一下子炸了锅，纷纷做鬼脸，嘲笑我的荒唐。我又换了一种说法："好吧，戈麦斯先生，我理解你的担心，我会在大部分时间里照看你的儿子。你看怎么样？"学生们的反应可想而知，因为孩子们明白，始终照看利卡多才是我该做的。

善待他人同时也表示，不管有没有老师在场，不管老师是否公正、操场上体育教练是否跋扈或其他学生是否粗鲁无礼，我们要始终坚持与人为善。并且，不是有点儿与人为善，而是完全地与人为善。在 56 号教室，孩子们对此有着清醒的认识。

全力以赴是使命的第二部分：我们要竭尽全力做好功课。写作，就要精益求精；计算，就要一丝不苟；思考，就要全神贯注。无论做什么，我们都要力争做到最好。我们一以贯之地坚持下去，但我们一点也不死气沉沉。恰恰相反，56 号教室里总是笑声不断，因为我深知，让孩子们在笑声中全力以赴，争取做到最好，不仅完全可能，过程也更令人轻松愉悦。出错时，我们自己笑自己，一首歌的和声如果跑了调儿，不但刺耳，也很滑稽呢。而笑声一停,我们立即言归正传,一直练到声音和谐为止。我们总是为自己竖起更高的标杆。

整整一年,每一节课上,大家彼此善待,全力投入,这一信条根植在每个孩子的心中。这是我们课堂文化的一部分,它让学生们做每件事情都劲头十足。

2. 成功无捷径。

这句箴言就挂在我们教室的前面,孩子们一年到头都瞅得见。从开学第一天起,它就潜移默化地影响着学生们的一言一行。为了让孩子们更好地明白"成功无捷径"这个道理,我还特意设计了一个艺术手工课。

我先前曾提到,学生们一进教室就能看见公告栏下方悬挂的漂亮挂毯,教室后面还摆放着约三十五个新挂毯图案,供学生们观看,旁边还配有完工后的图片,主要是各种动物、卡通人物、自然风光、花朵和其他一些色彩斑斓的图案。孩子们在短暂的课间休息里浏览了各种式样的图案,大多数都选定了想要钩织的图案。

开始动手前,我告诉他们,钩织挂毯并非易事,短的要花一个多月,长的甚至要四个多月呢。

那天下午,实际的操练开始了,但真正动手钩织挂毯尚需一些时间。因为首先,他们得花许多天来整理针线包里的纱线,并根据颜色把它们一股一股分开,这并不是件容易的事,纱线颜色之间的差异微乎其微。根据说明书,钩织挂毯不仅要用上红色、蓝色和黄色,还要用香灰色、珊瑚色、乳白色和赭石色等。他们要花费好几天时间来阅读并理解发给他们的色卡对照表,然后在一个个小塑料袋上细致地贴好标签,标明里面不同的纱线颜色。

完成这样一个艺术课题，使得孩子们在享受钩织的同时，也一步步明了一个至关重要的人生道理——成功无捷径。时间在滴滴答答中流逝，还没有一个孩子整理完自己的纱线，但他们乐此不疲，毫无怨言。渐渐地，他们觉得钩织过程甚至要比结果更有意义。明天我将继续教他们这一人生道理，但场地换作棒球场。我会首先介绍这项运动，但真正打一场棒球赛将是在一个多月之后。第一周，他们将学习如何投掷和接球。我们的课堂从来不会匆忙。要知道，做好一件事情通常都需要花费很长时间，任何成功都无捷径，所以我们不慌不忙，同时享受这一过程中的快乐。

3. 诚实守信。

我开学第一天要讲的内容，可能班上有的孩子早已猜出个七八分。他们现在十岁左右，曾经历过大概四五位任课老师，也领略过不同老师的风格和不同班级的规章制度。在我们班，通常我会花上几分钟的时间告诉孩子们，没有什么能让雷夫感到沮丧的，你忘了做家庭作业、洒了绘画颜料、丢了课本、一点儿失礼行为等，它们当然都是一些过失，却都不是什么原则性的问题。但有一样东西却会改变我们之间的和谐关系，那就是：是否诚实守信。

开学第一天提到诚实守信似乎没什么特别大的意义。因为家长、老师曾无数次告诫过他们诚实守信的重要性，但无论如何，我还是要当面再说一次。我告诉他们，假如他们对我撒谎，虽然我还是会竭力做好我当老师的本分，但是我们之间的和谐关系肯定会改变。我认为，学生如若不能诚实守信，将是无法弥补的错误。

在第一堂数学课上，我要观察、了解这些五年级学生懂不懂加减法。通常，总有几个不懂的，他们可能忘了四年级学过的内容，或者压根儿就对一些基本概念一窍不通。

最重要的时刻出现在我批改了二三十道题之后，那堂数学课还剩十分钟左右时。我要那些没有完全弄明白的学生举起手来，我可以把他们做错的题再讲一遍。尽管之前他们做完了题，我做了解释，全班也做了交流，他们往往还是不甚理解。有些孩子虽然做对了，但是他们私底下也清楚，那只是运气好，他们并没完全掌握那一概念，所以我要求他们提问。

但是第一天，开始的时候，谁也不举手。

我在等。

我等了又等。

通常，总有一个勇敢的女生会举手。十岁之前，大多数孩子早已有过尴尬的时刻，某个不耐烦的老师可能会说："这个我们讲过了！"更大的心理伤痕可能来自同学的嘲笑："做错了，还有脸提问！"

第一天，我只想找到一个举手提问的孩子，然后回答他的问题，并就他的提问给予表扬。孩子们可能当天学不到多少，但是他们至少看到，在我们教室，所有的问题都能得到回答。我跟孩子们讲过，我愿意帮助他们，他们也看出了我是一个言出必行的人。诚实守信，就要从老师开始。消除恐惧，使许多年轻人一步一步走向优秀；而诚实守信，将会使得他们的生活越来越好。

但是，第一天树立起的榜样，并不能保证师生之间持久的

19

信任关系。上课第一天和蔼可亲，随着时间推移慢慢变得无精打采、闷闷不乐，这样的老师孩子们见多了，千万别让那种情况发生在你的班上。第一天没什么特别的，但是你有机会得告诉孩子们，你会每天回答他们的问题，哪一天也不例外。随着你和学生之间信任关系的加强，他们的学识和自尊同时也会得以提升。

4. 发挥主动性。

在第一天，我会花上两、三分钟的时间来讨论"主动性"这个词，这是孩子们需要在课堂上学会拼写的基本单词之一。

学校里的大多数孩子习惯于等着老师发指令，喝水或者上卫生间也要征得老师的许可。这是可以理解的，许多老师不得不和自由散漫的孩子打交道。即便是好老师也有理由担心课堂失控，一旦学生们不专心听课，他们就什么都学不会。

但是我发现，假如给学生们机会，让他们发挥主动性，自己拿主意，并为之负起责任，将会大大好于老师干巴巴讲、学生眼巴巴听的课堂效果。

第一天，当有学生问我能否上卫生间时，我会露出不解的神情，反问道："你为什么要问我可不可以上卫生间呢？"

回答通常都是："我们在以前的班上都是这样问的。"

围绕着主动性而展开的，并且持续一年之久的话题就这么开始了。孩子们一时被弄糊涂了，因为老师们都说，上课时不允许离开教室。他们觉得老师不信任他们，老师也时常有充分的理由不信任他们。

在我允许那个学生上卫生间之前，在我问了第一个问题之后，我还要明确下面几件事情才能让他离开教室。

雷夫:你为什么要离开教室?

学生:我要上卫生间。

雷夫:跟我讲讲你的行程吧。

学生:什么?

雷夫:讲一下你要怎么去卫生间?

学生:啊?

雷夫:你要跑步去吗? 你要顺着楼梯扶手滑下去吗? 那可是一件危险的事!

学生:(有些醒过神来)我要走着去。

雷夫:为什么呢? 跑步去不好吗? 我就爱跑步!

学生:哦?

雷夫:有些地方很适合跑步和大喊大叫。谁能举几个例子?

全班学生:操场……海边……公园……

雷夫:没错。那为什么我们要悄悄地走着去卫生间呢?

学生:你不想让我伤着或打扰别的班上课。

雷夫:完全正确。跟我讲讲卫生间里可能发生的事情吧。

学生:什么?

雷夫:你会在那儿磨蹭吗?

学生:我上完卫生间马上回来。

雷夫:你上完卫生间,回来之前还会干什么?

学生:(顿了一下,想了想)我会洗洗手。

雷夫:用什么洗手?

学生:用香皂,要是那儿有的话(全班学生都苦涩地笑了,他们知道,我们学校的卫生间里常常是不备有那类

21

东西的）。

雷夫：说得好。如果那儿没有香皂，我们56号教室这儿有。用来擦手的纸巾你会怎么处理？

学生：扔进垃圾桶……

雷夫：不会把湿漉漉的纸巾抛向天花板，对吧？

学生：（有些惊讶于我竟然知道许多孩子的所作所为）不会的。

雷夫：还有一个问题。我同意你上卫生间，但是如果这些事情你做不到，那会怎样？如果你疯疯癫癫、扰乱校园或在卫生间里磨蹭，那会怎样？换句话说，如果你辜负了我的信任，那会怎样？

学生：我就别再想去卫生间了。

雷夫：不对。你当然可以上卫生间，但是得有人陪着，得有人监督你，因为有些事情你自己做不到。我现在相信你可以做到，你觉得呢？

学生：我能做到。

雷夫：那就上卫生间去吧！我们还要上课呢！

在未来的一年里，孩子们还将通过类似这样的简单交流学到很多大道理。学生应该在课间休息时上卫生间才不会耽误听讲，而事实上，有些人在数学课或阅读课期间也想上卫生间。孩子们逐渐地开始接受56号教室的做法。我信任他们，他们也愿意为自己的行为负责。他们无须我的同意就可以上卫生间，或起身离座去喝一点水、拿一张擦鼻涕纸什么的。

即使不是他们的本分，他们也会打扫教室或擦拭乐器。甚至也会开始钻研还没布置的数学作业。虽然不在班上的演出中扮演具体角色,学生们也会饶有兴致地背诵台词。一旦学生们尝到了发挥主动性的甜头,他们成长路上的种种限制,诸如征得老师许可或同意什么的,也就失去了意义。

这些全凭一份责任心。让孩子们自由地发挥主动性,他们就会开始为自己的行为负责。如果老师能适当放松管制,甚至允许孩子有闪失、出差错,这会有助于学生正确认识和收纳他们性格拼图中一个必不可少的部分——主动性,而这一部分将给他们带来成功和喜悦。

5. 为自己的行为负责。

在谈到成绩单上的成绩时,学生们的表达往往很有意思。成绩好,他们常会说:"我得了个 A。"成绩不好,他们就说:"老师给了我个 D。"

在这个似乎谁都不愿承担责任的时代,我们更应该坚决地表明态度。在我班上,每个学生都要有责任心。他们必须做好自己的功课,同时也要体谅别人。如果做错了事情,他们应该从"我"而不是从"他"开始找原因。

我常常注意到,有的孩子上学时,是他们的家长替他们拿着书包。我还看见有的学生上课前几分钟还在给家里打电话,因为他们忘了带作业、课本或需要家长签字的一份表格。我教导孩子们,一旦忘了什么,直接告诉我就行了,这不是什么天大的事,而家长没有责任因为你们丢三落四而额外跑一趟学校。

我还告诉学生们,学习是他们的本分,他们必须认真对待自己的功课,课桌和学习材料必须整洁有序。如果做得好,就该得到表扬,如果做得不好,就要接受批评。一切都是"你"自己的选择，请别把我这个老师扯进来。我只是"你们"的老师，只是向"你们"提供尽可能成才的机会。"你们"的成长、未来成就等，完全取决于"你们"自己的责任心。

我常告诉他们，如果在科学课上胡闹，"你"就失去了这次做科学实验的良机；如果"你"胡乱使用艺术用品，"你"就无法进行艺术创作。这都是"你"自己的损失，因为"你"在浪费"你的"生命。任何行为都有其后果。这番话要在开学第一天就说，要和蔼可亲，才能使他们心服口服，最终让他们承担责任并行动起来，而不是一切依赖别人，坐享其成。

这仅仅只是个开始，但万里之行始于足下。班上的学生曾普遍认为，他们有权享受免费的早餐和午餐，是因为从上幼儿园的第一天起，餐券就一人一份地发给他们。学校还发给他们纸张和铅笔，我甚至还看见有的学校向那些经常迟到的学生发放闹钟。

我尽力让孩子为自己的教育负责。我帮助他们，并为他们打开神秘之门，教他们做一些从前想都不敢想的事情。我也常跟学生提到，针对教育如何帮助学生成才，人们一直都争论不休：有的说孩子教育最重要的因素是老师，有的说是家长，也有人把贫困视为孩子成才与否的主因。这些观点全都需要时间才能慢慢消化、吸收和理解。

但是在56号教室，孩子们从开学的第一天起就懂得，未来完全掌握在他们自己的手中。不等学年结束，大多数学生都知道去当地的市场，花很少的钱便可享受到健康食品，而不是每天吃一些垃圾食品，他们是在为自己负责了！一旦他们开始发挥主动性，内心感觉自信、强大，便会在学业上取得立竿见影的进步。未来的一年里,孩子们将学会按照自己的内心行事,而不是看我的脸色,最终他们将学习怎样打电话咨询、填写申请表并寻找有益于他们未来发展的人。只要让他们开始为自己负责,他们的才能多得连他们自己都想不到。

6. 注意时间和场合。

56 号教室通常都是安安静静的,当然不是沉默,而是安静,即便是几十个学生都在说话的时候,亦是如此。开学第一天,我便跟孩子们说,我个人并不害怕吵闹,但任何吵闹都要考虑到所处的环境。下面我们进行的是关于时间和场合的对话。

雷夫:谁喜欢大喊大叫?

孩子:(通常少有人应声。问题太怪了,这是开学的第一
　　　天,孩子们真拿不准老师想听到什么样的回答。)

雷夫:我喜欢闹腾,在座还有谁也喜欢闹腾?(许多人举
　　　手)好的,难题来了!我爱在海边冲浪时扯着脖子大
　　　喊大叫,你们说,可以在海边大喊大叫吗?

孩子:可以,当然可以啦……

雷夫:谁还能想出别的地方也适合闹腾?

孩子:球赛场……公园……游泳池……

雷夫:在医院里呢?

孩子:(觉得不可思议地笑)当然不行!

雷夫:葬礼上呢?

孩子:不……

雷夫:你们觉得有哪些地方更适合保持安静?

孩子:医院……教堂……

雷夫：没错。接下来，一个重要的问题是，你们在医院里保持安静，是因为医院的墙上贴有"保持安静"的规定吗？

孩子：不是。

雷夫：你们在医院里保持安静，是因为害怕在医院里喧闹而惹来麻烦吗？

孩子：不是。

雷夫：那么你们要告诉我的是，在医院里保持安静，是因为你们真正懂得为什么要在医院里保持安静。这跟某项规定毫无关系。在医院里保持安静，这是人之常情。我们不会向一个在医院里吵闹的三岁小孩发火，为什么呢？

孩子：因为他不懂事。

雷夫：完全正确。而你们是懂得事理的。我们越是成长，越是懂得关注周围的世界。我们懂得，我们的行为会对别人造成影响，会给他们带来不便。我们在医院里保持安静，医生和护士才能专心做好他们的工作，病人才能得到必要的休息。探访的家属本来就心事重重，我们也不想去打扰他们。

我的目的是要让孩子们学会体谅他人，而诸如此类的简短对话则为他们开启了一段复杂而微妙的礼仪行程。人与人之间需要彼此体谅，要时时考虑到周围的环境：什么样的时间和地点适合什么样的行为？久而久之，别看我的学生们在打棒球时大呼小叫，一离开球场，走回上课的校区，他们会立即安静下来,用不着别人来告诉他们要控制好自己的音量。这种观念要经常加强,特别是在开学之初。

在班上,我说话声音不大,因为学生们知道何时该保持安静。即使跟调皮捣蛋的学生发生不愉快的时候,我也不会抬高嗓门。"节制"是他们在课堂上学到的又一基本词语。

我上课的时候,教室里是安静的,学生们提出问题或展开讨论时,教室里也是安静的。在晚会上我们吵吵闹闹,而到了文学课上我们都会安安静静。经过整整一年一以贯之的示范和讨论,孩子们无须强迫也懂得要为他人考虑了。

通过以身作则,孩子们会意识到,如果自己违背了信条,到头来终会令自己大失所望。学生一旦尝到为自己而学的甜头,学习就会变成一件乐事。孩子们将格外珍惜在课堂上度过的时光,也会把课堂上学到的点点滴滴带进他们生活中的各个角落,而这将让他们受益终生。

7. 不怕提出问题。

我从教将近三十年,听到过上千孩子的心声,无一例外,他们上学时全都感到过害怕,甚至经常感到害怕。他们害怕受人欺负,害怕被人呵斥,害怕考试分数不理想。他们心中的害怕如影随形,简直挥之不去。

排在首位的是害怕受到同学的嘲笑。而这样的嘲笑时有发生,往往留下持续一生的心理伤痕。害怕会产生许多不良后果,其中之一就是孩子再也不敢提问了。任何有经验的老师都很清楚,当我们问孩子:"有什么问题吗?"他们的反应往往是鸦雀无声。这时,那些真心实意想要帮助学生的老师会感到沮丧,他们会想方设法让学生们相信,老师非常愿意耐心解答任何疑难问题。即便如此,孩子们还是宁可不懂装懂,也不愿冒着被同学嘲笑的风险而提问。

在班上形成一种鼓励提问、有问必答的风气,绝非简单之事,但老师至少可以做一件事情——一步步地让孩子们意识到,他们在你的班上是安全的。

这件事就是——微笑。

这似乎相当简单,却非常有效。但情况往往是,学校不鼓励新教师们这么做。多年来我接待过成千上万来访的年轻教师,他们中的许多人跟我说,在各种进修学习或与其他老师交谈的时候,他们得到的建议往往是,在开学的第一天,不要面带笑容。甚至有人说,他们得到的忠告是,一直要憋到圣诞节的时候再露出笑容。一位女老师说,她得到的传授是,要在开学的第一天,当着孩子们的面,猛踹一脚垃圾桶,以示威严。

就在去年,一位出色的小女孩向我指出了微笑是多么重要。她叫珍妮丝,在四年级的时候就参加了我的课外莎剧班。她聪明伶俐,勤奋友善,深得老师们的喜爱。哪个老师都愿意助优秀的珍妮丝一臂之力。这样的孩子必然成才,只需老师为她打开几扇门,余下的路,她自己会走好的。

珍妮丝的母亲在一家小美容店上班,晚上一直要工作到十点,这段时间里,她就在店内一角安静地看书。有好几次,上完莎剧班的课之后,我都很高兴地开车把她捎到她妈妈店里。她妈妈是非常好的母亲,很支持自己的女儿,所以我也很乐意帮她一点忙。有一次,在路上,我要珍妮丝跟我讲讲她前五年的情况,她便向我历数了每一年教过她的每一位老师。一般来说,像珍妮丝这样的孩子会很喜欢老师,她也一直很幸运,她所在的几个班级的老师都是霍伯特小学当之无愧的名师。我问她最喜欢哪一学年，珍妮丝立刻选了一年级，因为那一年有一位很特别的老师。我知道那位女老师非常好，但我还是有些意外。我还以为她会选择高年级广受爱戴的那两位老师之一呢，他们的教学成绩突出。

我问珍妮丝："你为什么最喜欢一年级呢？"

珍妮丝回答说："因为 C 老师笑起来最好看。"

你想想，碰到一位毫无笑容的服务生或推销员，会是什么场面？碰到一位毫无笑容的护士又会怎样？再从孩子的角度推想，看着一位毫无笑容的老师……

难怪他们不敢提问！

假如我们的初衷是想要让孩子们努力学习，奋发向上，吓唬是无法解决问题的。我对学生要求严格，孩子们必须掌握数学和文学，我的严格程度远远超出大多数人的想象，但是严格要求并不意味着就要把人吓死。很多老师千方百计地吓唬孩子们，要他们全力以赴，考出好成绩，但是很久以前我就发现，如果老师多动动脑子，用心营造一种友爱的氛围，那么就会很自然地产生两种结果：一，孩子们会变得更加友爱，因为有你作为榜样；二，会有更多的学生愿意提出问题。善良的人不会嘲笑他人，友爱的人会为他人考虑，他们知道，每个人提问时都会担惊受怕。

请你记住：开学第一天就要面带微笑，以后的每一天也要面带微笑。想想珍妮丝吧，她已经十一岁了，即将升入六年级，她生命中的将近六千个小时是在学校里度过的，做了那么多课题，完成了那么多作业，而她记忆中最最深刻的，却是一位老师脸上温暖的笑容。

从一开始就要严格要求吗？当然了。要让学生做最出色的自己吗？必须的。但首先得让孩子们无所畏惧地提出问题，才能发挥出他们的潜能。用你的微笑，用你脸上不时闪现的微笑，编成一张令孩子们信任的安全网，到那时，他们就会一步一步地、诚恳而又深思熟虑地向你请教问题了。

8. 外观很重要

学生穿校服这件事，我从来都不太赞成。尽管我也同意一些杰出教育家提出的理念：穿校服不仅会改善学生的行为举止，也有助于营造良好的学习氛围。可是，说句心里话，我还是觉得校服过度关注了学生的外表，而忽略了他们的内在。

虽然对校服持有异议，但对外观我也是非常注重。每当学生交上书面作业，我不但希望他们做得干净、整洁，而且明确要求必须做到。如果外观不整洁，则一律发回，整个页眉只有两个字的评语："重写。"

我时常告诉孩子们，外观很重要。也许你觉得这不公平，因为你写得十分精彩，可如果文章打眼一看就是乱糟糟的，读者还没读就倒了胃口。

作业仅仅是一方面，外观其实在任何时候都很重要。这也就是为什么当学生们在开学第一天走进 56 号教室，会发现里面收拾得那么亮堂。不错，天花板也许有些许污渍，屋顶上一些瓦片因年久失修而略有凹陷，但教室里总是擦得干干净净，一尘不染。公告栏换了新背衬，并装点得五彩缤纷。挂在墙上的各个大学三角旗(注：三角形的大学旗帜挂在教室里，作为奋斗目标来激励学生们)，刻有数百位考入这些大学的历届毕业生名字的木质牌匾;教室的空调机,暑假期间都擦拭一新;还有那些相框,里面镶有取得各种非凡业绩的历届学生的彩色照片,擦得像学生们的课桌一样亮。而课桌呢,就连其里面也洗刷过了,地板更是擦了又擦。新生一进来,对56号教室的美观与清新感到震惊。谁说外观不重要呢?

上课的时候,我总是衣装整洁。尽管区教育局没有具体要求,我还是每天都穿衬衫,打领带,头发总是梳得利利索索,像我的教室一样,来到学校的我也收拾得干干净净。

这么做有两点好处:良好的个人形象不仅有助于提升你的自尊和自信,也有助于学生关注你的讲课内容。

我要求孩子们工整、细心地完成作业,并谨记一条:即使你有可能写出一部像《了不起的盖茨比》一样伟大的作品,可如果字迹潦草的话,也可能没人愿意花时间来发现你的天赋。开学初始,孩子们并不懂这些,但一尘不染的教室环境和我个人整洁的仪表都让我有资格要求他们:交上来的作业必须整洁美观,甚至可供大家浏览欣赏。其实56号教室不必非得一尘不染,我也不必每天课前穿戴整齐。可作为一名职业老师,我必须这样做。同时,作为学生,我也要求他们对自己的学业尽力而为,这也是他们的职责。只要我以身作则,他们通常会欣然接受的。

未来几个月里,关于形象的讨论还将持续。当本班以前的毕业生回访56号教室,并展示他们大学的入学申请表或入学论文时,他们是在用活生生的例子告诉孩子们,入学申请表如若填得不规范或论文满是语法错误,代价就是被大学拒绝。名牌大学每天收到的申请表铺天盖地,外观欠缺的申请表肯定毫无胜出的可能。

对孩子们来说，当看见有些老师外表邋遢时，也会让他们心里犯嘀咕。不是说这样的人就一定不是好老师或不值得交往，但正如我曾向学生解释的那样，假如我们召开一次家长会，商量孩子们的旅行或其他校外活动，如果我的形象邋里邋遢，很可能造成家长们对我产生不良印象，同时质疑我的领导和决策能力，而这种质疑本可以很容易避免的。

班上的孩子逐渐得出结论：外观不仅指着装整洁、华丽与否，同时，活动是否准时参加、公共场所举止是否得当、说话的音量是否合适等皆是个人形象、外观的一部分。经过一年多的学习，学生们的言行大多比以前更加彬彬有礼，尤其是身处56号教室，学生们无时无刻都被包围在媒体镁光灯和采访录音下，他们的一言一行几乎每时每刻都受到严格的审查。

成为内外兼修的人才，不说需要一辈子，至少需要多年训练才有可能。所以从开学第一天起，一定要让你的教室亮亮堂堂，上课前要照照镜子，孩子们进来之前要好好检查一下，讲台干净吗？下发的材料印得清晰吗？身上的衣服熨得服帖吗？

当你自己做到了这些，你才能要求孩子们认认真真、工工整整地交上他们的作业，一步一步做到最好。

9. 有条不紊

对孩子们来说，学习如何有条不紊很重要，所以我会在教室里反复谈及。如果未来想要获得成功，有条不紊必将助他们一臂之力。

不过，若要真正做到，不仅需要时间，更需要反复训练，持之以恒。每个孩子都能细心整理好他们的书包、课桌、卧室，当然,还有管理好他们的时间。每当看到孩子们的课桌里堆满各种旧糖纸、旧报纸等,大人们往往一笑了事。其实这一点都不好笑,因为我希望学生们面对解决各种难题时,无论是生活还是学习上,都能保持有条不紊、思路清晰。只有当孩子们明白,干净、整洁的环境有助于他们集中注意力,才能让他们进一步了解,原来思维过程也是需要细致管理的。

这让我想起了开学第一天的钩织挂毯艺术手工课。从教早期,我常用美妙绝伦的绕线编图(注:一种艺术形式,以纱线或金属丝等盘绕于木板平面上的钉子,编成装饰性图画或图案)作为开场,但是从几年前开始,我改成了挂毯,因为钩织挂毯的过程更需要有条不紊地进行,整个课题也更有助于让孩子们认识到物归其位的重要。

糟糕的是,很多孩子来我班之前,不是不懂得怎样收纳自己的东西,就是想不起把东西放哪儿了。大家可能会说,这是因为缺乏家教或是受到电视或电子游戏的不良影响,但我发现,怪谁都没用。如果父母真正爱护孩子,在家教他们一些诸如此类的价值观,那当然是再好不过。可事实上,不少孩子对于如何管理好自己的东西一窍不通。这样的现实让我下定决心,尽量教给他们一些重要的技能——即使这些技能并不在年终考试的范围之内。用于钩织的挂毯我是在迈克尔艺术品商店买的,网上也很容易买到。钩织前,孩子们需要根据不同的颜色分拣出上千股纱线,装进一个个小袋子,并贴上标签。这需要好多个小时,而且必须有条不紊才能完成,很不容易啊。

渐渐地,有条不紊会变成一种生活方式,也是我们一切的基石。孩子们会小心谨慎地整理学习资料。每个周末,他们都会花些时间查看自己的作业，看看哪些可以保留，哪些该丢到垃圾箱里去。每天晚上睡觉前，孩子们都会花上几分钟时间检查自己的东西，这样，第二天上学要带的作业或乐谱就不会落在家里了。

班上许多孩子开玩笑说，他们现在整理东西有点上瘾了，因为他们已经深得其中的妙处。后来，有些学生甚至连各支棒球队不同阵容的详细图解也加以整理。56 号教室的学生们每天来来去去，而每天离校之前，他们一定会不厌其烦地把课堂用品橱柜摆放整齐，而且，他们还把乐谱按照曲作者名字的首字母排了序并摆放好。

家庭作业不仅能够按时完成，而且能够归好类，可以随要随交。来年的新生再做艺术手工项目时，不愁找不到锤子什么的，因为这一届学生也会像前一届学生一样，把所有的工具都完完整整地原位放好。

有条不紊是有感染力的，慢慢地也会成为孩子们的一种生活习惯。它始于开学第一天的钩织挂毯手工课，并贯穿于其后的每一天。不管你是幼儿园老师还是中学物理老师，教导孩子们做事要有条理都会收到事半功倍的效果，从开学的第一天起，就让有条不紊这一观念在你的班上生根发芽吧。

10. 谦虚谨慎

不是每个人都赞同要教导孩子谦虚谨慎，有人认为这项美德已经完全落伍了。自从安迪·沃霍尔（注：20 世纪艺术界最有名的人物之一，波普艺术的倡导者）预言说，"人人都有机会一举成名。"由于成长环境不同，年轻人的心恐怕很难再弹起谦虚这根弦了。

赖恩·桑德伯格,芝加哥小熊队伟大的二垒手,他在入选名人堂时的演讲中曾指出,太多的球手只是在休息区里知道你谦我让,一到了场上,就完全忘乎所以。另外,还有许多因流行电视真人秀节目而声名鹊起的所谓名人,往往都是徒具虚名而已,其实并没有什么大不了的个人成就和社会贡献。

处在这样的社会大环境,确实很难再教导年轻人为人处世要低调、不要张扬,可越是这样,作为老师,就更该努力地引导孩子们明白诸如谦虚谨慎这种优良的价值观了。据我观察,优秀老师从来都不会人云亦云、亦步亦趋地按照教学大纲去教育孩子,他们会将自己的信念在课堂上传递给学生们。所以说,大纲如何设置固然重要,但更重要的是你这位老师该怎样引导孩子们的人生。

谦虚谨慎也是我班的主题之一,虽然不会整堂课地谈论,但在开学第一天我就会通过一个事例引出这一话题。

大家知道,对于取得各种优异成绩的个人和班级,比如数学竞赛,学校都会给予奖励。当然,老师也好,学校也好,鼓励学生取得优异成绩都无可厚非。

实际上,开学第一天当我们全班走过教学楼过道时,我就自豪地指着一排展示奖杯的玻璃橱告诉孩子们,那是我校历年来因高出勤率而获得的。出勤率一直是公立霍伯特小学的头等大事,各班竞争激烈,都想让学生出满勤。可悲的是,这种竞争玩得过火,有时会掩盖教育的初衷。在我看来,满勤固然不错,但我更希望孩子们是因为享受学习和探索的乐趣而来。

回到56号教室,我告诉孩子们,我们不会挂任何证书,也无须摆放任何奖杯。未来的一年里,我们这些霍伯特的"小莎士比亚们"将学习怎样保持谦卑——无论成就多大，我们都十分低调！

我们不会在本队球员底线触地得分时便兴奋得手舞足蹈，或击出一支全垒打时向对手挑衅、炫耀。数学考试得了难以置信的满分时，也不会大呼小叫、高兴得忘乎所以。现在，一场精彩的莎剧演出结束后，孩子们不是马上又蹦又跳地庆祝成功，而是安静地休息后，为另一个班的表演而鼓掌欢呼。

尽管社会不推崇谦卑，但这一整年，我都会不遗余力地说服孩子们，让他们相信谦卑是一项美德。也许，这是一场艰苦的战斗，不过就像亨利五世（注：英格兰兰开斯特王朝国王，在短暂的九年统治期间，他取得了中世纪任何一位英格兰国王都未取得过的辉煌军事战果）创造了历史一样，我们老师也是孩子们品德、行为规范的创造者。现在当我们全班齐心协力为无家可归的孩子们拿来急需的物品时，我们只是默默地把它们送到救济所，并不会期待任何形式的感谢。经过一年的彩排，我们终于把精彩的莎剧搬上舞台，但是每一场演出之后，孩子们很快就开始擦拭地板、收拾道具等，他们都是沉默、低调的幕后英雄。

有些人善意地提醒说，我班上学生们太害羞了，还有人认为他们太缺乏自信。大家肯定也很熟悉电视中屡屡显示其他学校的现场片段：课堂上，孩子们一边兴奋地、声嘶力竭地喊出答案，一边热情地把手高高举起，希望老师能关注到他。我认为这样没什么不妥，可在 56 号教室，我们做法不同，即使知道答案，学生们也不是急吼吼地举手。他们不在乎别人怎么想，只要自己知道就好了。

接下来一年,通过文学、电影和现实生活,孩子们将会不断接触到谦卑的观念及其魅力所在。有些孩子最终选择拒绝这一价值观,那也没什么,那是他们的个人选择。但教书的魅力就在于,好老师一定会把他们最爱的食谱搬上课堂的菜单,并让学生选择。在 56 号教室,谦卑绝不是当日的特价菜,而是每天都有的一道特色美味。

开学第一天行将结束,但漫长的一学年开始了。

我总是告诉学生,我对他们充满期望,虽然他们一时不是完全理解,可他们渐渐发现,老师是认真的。因为我总是跟学生在一起共同学习,从来也不抬高嗓门,而且总是面带微笑,甚至笑出声来。每时每刻,我都会跟他们谈到未来,谈到下一个小时、第二天、下一周直至未来几个月可能发生的事情。有些词,诸如主动、节制、条理和谦卑等,我会经常挂在嘴边,讲给学生听。

开学第一天结束时,孩子们和我已初步建立了牢固而亲密的关系。当然,要保持这种良好的关系,我自己一定首先要做好表率,因为我深知,在一切看似漫不经心中,学生们实际上一直在悄悄观察我这个老师呢。

开学第一天,我使出了浑身解数,让孩子们有个良好的开场。放学时,他们眉开眼笑,快乐极了,有些孩子甚至急不可耐地想要知道明天、后天、大后天会发生什么呢。

没错,开学第一天,毫无奇迹可言。但是就在这一天,我摆出了满满一大桌美味佳肴,供孩子们在未来的几个月里细细品尝。只要不急不躁,足够耐心,并全力以赴,就一定会有奇迹发生。

仅供参考

＊孩子们不可能在开学第一天便完全领会整个教学计划,简单介绍即可。

＊凡事以身作则。

＊如若学生对上学有恐惧感,一定尽力帮他们消除。

＊让学生明白你的使命以及责任所在。你愿意尽力帮助、爱护他们,促使他们有美好的未来。能与班上学生在一起,你深感快乐。

＊展开与学生的对话,帮他们了解教室环境为什么要这样布置。

＊开学第一天,要非常有耐心。因为你在前一年取得了优异的教学成绩,可能会让你感觉这批新来的学生差得太远。其实,前一个班的学生刚来时也好不到哪儿去,只是经过你的出色调教才取得了巨大成绩! 又一次回到起点,一定要有耐心。记住,你以前成功了,以后也会成功的。

＊制定出你个人的"十诫"吧,并贯穿于每一堂课。简单明了,一以贯之,这必将引导孩子们迈向更高的人生境界。

＊保持开心、乐观。你的情绪会感染教室里的每个孩子。

第三章

天有不测风云

许多年轻老师总爱打听开学第一天的情况,却少有询问第二天情况的。就我的经验,第一天固然可能出现状况,但第二天才更接近于真实的课堂。好比约会,初次相约,人们往往会展现出自己最好的一面,可时间一长,交往一多,真相就会露馅。

即使开学第一天你旗开得胜,也还远未到大功告成的时候。未来可能会真的一帆风顺,但也可能会困难重重,这未必发生在第二天,可你须做到心中有数。未来某一天,或者某个时候,你所建立起来的一切可能会一下子土崩瓦解,遇到这样可怕而艰难的时刻,你只有牢记自己的崇高目标,才能够避免让苦涩的泪水把你泡得一蹶不振。

教学面临的困难会无孔不入,防不胜防。有时,一个小小的失误就能让你的教学效果泡汤。记得那年我刚从教不久,开学第二天,青涩的我满以为那堂科学课已准备充分了,我打算讲讲天文,因为孩子们对宇宙空间很感兴趣。大学那几年,我曾在洛杉矶科学博物馆和格里菲斯天文台做过兼职讲解员,对如何给在校学生做解说可谓得心应手。开学第一天,大家相处得挺好,孩子们喜欢我,也愿意听从我的指教。

上课伊始，我们一起回溯了历史，并了解了人类是怎样一直探究宇宙奥妙的。我当时想，这样的课程设计一定会吸引孩子们。我还打算给他们讲点儿星相学，要知道，在哥白尼和伽利略等伟大的天文学家提出挑战性的现代天文学理论之前，星相学曾一度风靡欧洲。我准备了一些卡片，好帮助孩子们查找自己的星座，然后对照我为他们打印出来的星座表，来预测他们的未来。我既有条理，又有热情，还试图在演示时做到生动有趣。我希望孩子们能开怀大笑，起码会发出一些唏嘘，可我绝没料到他们会哭。当时我想可能是我的玩笑开得不好，但也不至于那么糟糕吧。反正，卡片刚一发下去，一个小女孩就哭了起来，不到一分钟，至少七八个孩子都跟着哭了起来。

安东尼·德·圣埃克苏佩里（注：名著《小王子》的作者）的书中曾经写过，眼泪的世界是一个神秘的地方。过了好几分钟我才终于明白是怎么回事：我设计的整个教案之所以一步还没实行就先撞上了南墙，是因为星座表上的第一个问题就让大多数孩子的心凉了。

问题 1：你的生日是哪一天？

班上一多半的学生根本不知道他们的生日是哪一天。因为那是开学的第二天，我当时还没拿到保存有学生个人信息的电脑打印资料。另外，想要查看学生哪天生日，就得事先去办公室翻阅三十多份档案，我觉得太费时间了，也就放弃了。

结果，我向孩子们道了歉，承认这完全是我的错。不过十岁了居然连自己的生日都不知道，我心里还是暗暗吃惊，看来对我这个新手来说，要学的东西还很多。后来，更让我吃惊的是，大多数孩子连自家的住址和电话号码都不知道。这件事告诉我,如果我们能吸取教训,未雨绸缪,类似的事未来就能够得以避免。另外,要想上好课,看来还须多多了解孩子们的背景,只有做到知己知彼,才能百战不殆。

我再次向孩子们表达了歉意(别忘了,"十诫"之一就是要诚实),并保证未来会做好老师的本职工作。随着时间的推移,我的课上得越来越好,对他们也愈发了解了,大家相处得十分和谐。

回到当时的科技课,我一开始惊讶于很多学生居然连自己的生日都不知道,结果差点让那堂课泡了汤,幸亏当时灵机一动,随意给孩子们指定了一些生日,结果顺利地完成了星座预测未来的活动。而这只是我漫长教学生涯中的一段小插曲而已。

其实还有比这糟糕得多的,有时,即使你再有经验也是枉然。我经历过的最惨痛的开学第二天,就发生在精彩绝伦的开学第一天之后。

早些年,我一直用绕线编图这个艺术手工项目(通常学生需要学习一学年)作为开学第一天的压轴戏——当然近几年我才选了更好的钩织挂毯手工项目。孩子们非常喜欢。当时我用了雷蒙德·高特的《精美绕线编图手册》,书非常棒。学生们通常要花一个多月才能完成一幅作品,教室里至今还摆放着二十多年前老生们完成的作品呢。这个手工项目是这样的:孩子们从一百个方案中选一个,然后,从放在教室角落的木块堆里自己选一块事先已切割过的木块,再花三十分钟时间用砂纸打磨,使它变得像大理石一样光滑,完成后,再把木板放在一张铺着报纸的桌子上。放学前,孩子们还需要细心地给木板涂上合适的底色，这样在未来几周中，他们创作的作品将显得更加鲜艳夺目。

这项活动总能大获成功。虽然有过闪失，也有过教训，但是经过十到十五年的实践后，我自己觉得，凡是我应该知道的，比如哪种木板最好用、在哪里能买得到，我全都了然于心了。我知道应该选用哪种颜料，也知道哪几种画笔物美价廉又能为作品增色。我找到一家供应教学用品的五金店，那里的人很和善，愿意帮我大批量订购钉子，这就让我既省了钱也省了时间。他们还向我演示哪些牌子的钉子更适合用于绕线编图。每一年，我对这个活动都满怀信心，因为我知道，最大的麻烦无非就是学生弄伤了拇指或弄洒了颜料什么的。

直到我碰上了鲍比这个孩子。

开学第一天，鲍比是课上了约五分钟时才冲进教室的。我正在讲新学年的基本要求，他母亲和姐姐陪着他，打断了我的讲课，他们也丝毫没觉得有什么不妥。他姐姐告诉我，她弟弟毛病不少，最好每天晚上我都向她们汇报一下他在校的情况。我微笑着谢谢她们的到来及自我介绍。她们走后，鲍比找了个座位坐下，我又继续讲课。

当天下午晚些时候，我们开始了绕线编图，孩子们兴奋起来。我给他们演示了如何小心地使用砂纸，以及如何避免木刺扎手。像往常一样，每个人都做得很好。我告诉他们到教室外面做这项工作，不然会把教室里面搞得跟撒哈拉沙漠似的。然后就是涂色环节。凭我多年的经验，我向孩子们演示了如何用画笔从不同的颜料罐中蘸取颜料，我还根据孩子们选用的颜色把他们分成八九个小组。每一小组的孩子们都跃跃欲试，想用他们的画笔从刚刚打开的颜料罐中蘸一下那闪着亮光的色彩。孩子们小心地听取我的指令,他们轻轻地在桌子上铺开报纸,然后盯着我,静静地观察如何正确地使用画笔:在颜料罐中蘸一下,让多余的颜料滴回罐中,在罐口的内沿轻轻蹭一蹭,然后顺着木板的纹理一点一点地开始涂色。教室里安安静静,孩子们都在开心地动手涂色。他们欣喜地看到,新鲜的颜料很容易地就留在了经过他们细心打磨的木块上。这是一个相当完美的开学第一天,孩子们的表现非常好,在不知不觉中,他们已经在慢慢吸收我希望教给他们的许多价值观了。

就在这时,鲍比却把他的画笔当成了一支棒棒糖。只见他把画笔伸进一罐墨绿色的颜料中,蘸了一下举起来,四面看了看,然后得意地开始用舌头舔,惹得周围的孩子们全都屏息观看。在我发现并制止他之前,他已经结结实实地舔了两三下,还咧着嘴,得意洋洋地向其他孩子显摆他那鲜绿的舌头和牙齿。

以前我从未告诫五年级的学生不要用舌头舔画笔,看来以后得改了。

不过,一切还算处理得当。颜料是儿童专用的,无毒,但教室里无论如何也容不下"史莱克"(注:动画电影《怪物史莱克》中的主角)。看到鲍比的嘴巴清理干净后,我才让他回座,但现在他只能做拼写练习。我既没高声呵斥也没以任何方式羞辱他。其他孩子都在全神贯注地给他们的木块上色,也没太多工夫搭理他,何况许多孩子在几年前早就见识过鲍比的搞怪伎俩,这次已经见怪不怪了。我告诉他,刚才的事表明他还没有做好好好使用画笔的准备,不过明天他还有次机会。我的做法既公平又合理,余下的课堂时间我们相安无事。明天,我要跟这个问题少年多一些交流，严格而公正地划出界限，要他知道在这个课堂上什么能做、什么不能做。

转眼就是明天。开学的第二天将是忙碌的一天。除了上课之外，我还要在班上接待一组来访的高三学生，他们希望追随名师的脚步，以激励自己选择教学作为一生的事业。

56 号教室通常一大早就开门。那天早上一开始，我会为自愿参加数学小组的孩子讲解复杂的数学应用题。这一段课程进展顺利，七点五十五分左右，我结束了数学补习，再等五分钟就要正式上课了。当别的学生走进教室，看见数学班的孩子已经开始了学习，惊讶得瞪大了眼睛。我走向门口，与刚刚进来的孩子们道声早安，也向正在上楼来观摩我上课的十五六位高三学生打声招呼。

我站在台阶上面迎接他们，但简短的欢迎辞还没说完，台阶下面传来的尖声叫骂立时把我们全都震住了。

"喂，你个小兔崽子，干吗欺负我儿子？我要宰了你，你个混蛋……"

其实鲍比的母亲当时的用词比这个还要难听，她的脏话之流利与声音之高亢肯定都创了纪录，全校都能听见她那夹杂着污言秽语、连篇累牍的叫骂声。她的愤怒就是因为我在前一天拿走了她儿子的画笔。所以你瞧，我自以为是非常顺利的第一天，却让我在第二天一早就当着全班和来访的高三学生的面挨了一顿结结实实的羞辱。她冲着我的脸吐口水，我尽可能保持冷静，几次试着想要跟她解释昨天的事，可一点都不管用。我还试着劝她别当着孩子们的面冲我发火，可我的努力只是火上浇油，她反而越骂越来劲。骂到最后，她说一定要去找校长，还要去区教育局投诉我。

早上八点零五分，那些刚来的高三学生便向我告辞，委婉地告知，他们感觉自己不适合教书。这是跟鲍比相处的那一年里最令我沮丧的一天，其实，跟他相处的哪一天也不轻松。他总是面目可憎、自私自利且厚颜无耻。想想他的家庭环境，倒是令我多少可以理解他的所作所为，但这并不能令我完全释怀。我对他可谓仁至义尽了，花了四个月的工夫费心帮他，可他的绕线编图作品到头来硬是没有完成，不过后来，他倒是完成了一些手工项目。

教师这行充满了变数，的确需要精心准备，当然大多数意外并不像鲍比这事这么惊天动地，大多都是些小事。尽管有些事看上去挺吓人的，但只要处理得当，就能化险为夷，有时甚至事后想想，也挺有趣的，比如斯坦利事件。

记得有一年，开学第二天快吃午餐的时候，孩子们都很兴奋，因为我答应午餐后给他们上第一堂吉他课。想想几口饭下肚之后，他们就可以回到 56 号教室，趁着休息时间学弹吉他，谁能不兴奋呢？

去吃午饭前，我跟孩子们讲了他们返回教室的具体办法。因为校园里治安不好，我们安排了一些助教——学生们称其为"教官"——在走廊和操场巡逻，以保证孩子们待在该待的地方。午餐期间，没有通行证，任何一个孩子都不得返回教室。

孩子们不喜欢那些"教官"。他们一直抱怨，那些教官凶巴巴的，让人害怕。我让孩子们站在那些教官的角度上想一想，要看着一千多个孩子满校园里跑，还要维持秩序，容易吗？然后，我细心地向孩子们解释说，我们有办法在午餐期间返回教室，而且不会跟"教官"起冲突。

事先，我给每个孩子都制作了一张通行证，类似于名片，上面注明了持有者可以返回 56 号教室上音乐课。教官们都见过、也认可这些名片。我还告诉孩子们，吃完午餐，返回教室前，要记住几件事：首先，一定要保持餐桌干净，因为我们都知道，如果吃饭的地方弄得乱糟糟的，不但教官们看不过眼，也不利于环境卫生。我教导孩子们一定要收拾好自己的餐桌，同时托盘要放进回收笼，碗碟放进回收桶里。孩子们纷纷点头，因为我的要求合情合理，而且，我可以自豪地说，纵观整个校园，我班在收拾餐桌这方面历来都表现得非常好。

饭前我提到的第二件事是，教官们最不能容忍的就是乱跑和吵闹。我向孩子们解释说，如果他们悄悄地离开餐厅，安静地走回教室，甚至有可能不会被拦或被要求出示通行证。这一主题在未来的一年中还将反复提到。每当走进酒店，我们都会安安静静。我告诉他们，跑动和吵闹本身并没有错，但是需要注意时间和场合，毕竟，教学区不同于在操场上打棒球。只要他们安安静静地走回来，应该不会遇到任何麻烦的。

这样的谈话貌似很有效果。孩子们度过了一个愉快的上午，高高兴兴地走向餐厅，啃上几口难吃的午餐之后，他们就能返回教室，开始第一堂吉他课了。像往常一样，午餐过后，我到办公室拿邮件。办公室的窗户很大，可以毫无遮拦地俯瞰整个操场。

就在这时，我看见了班上的一个新生斯坦利。十五分钟前，他还向我连连点头，表示完全懂了怎么返回教室。还好，他是在走，不是跑；而且，也是按照我的要求，走的是直接回教室的路线,并没打算抄近路穿过大厅——我曾解释说,假如他们二十几个人一起穿过大厅,很有可能干扰到办公室里的工作人员或正在上课的其他班级。他也并没打算绕到学校后面穿过停车场——那里无人监管,被视为"非监管区",经常是学校那些名声很差的不良少年出没之地。斯坦利正完全按照他的承诺走回教室。但是,他给我们的约定做了两处微调,后果可能会很严重。

第一,他没吃午餐,因为他正端着满满的餐盘走在操场上。当然,不吃午餐,这对霍伯特的学生们来说,不是什么大事,但他竟违反校纪把餐盘端了出来,这就不同寻常了。或许斯坦利误解了我的要求,以为他可以在教室里一边上吉他课一边吃饭?意识到可能是我在课堂上没讲清楚,我赶紧出来,想让他回餐厅去吃午餐。

但是显然,斯坦利另有企图。就在我走向他的时候,我亲眼看见了以前从未见过、以后也再未见过的场面。他站在操场中央,双手握住餐盘,一股脑地把食物抛向空中,抛得足有五六米那么高。几秒钟后,他周围的柏油地面就铺上了一层学校的饭菜——原来装在盘子里就让人看着没有多少食欲,这下子散落得满地都是,更惨不忍睹了。这还没完呢,斯坦利开始上蹦下跳,双脚使劲地把食物碾进柏油地面。然后,他把餐盘当成了飞盘,随手甩向正在玩躲避球(注:起源于英国,随着欧洲移民新大陆在1900年左右盛行于美国的一种新兴球类运动)的一群三年级学生。"表演"完毕,斯坦利若无其事地走向56号教室,准备上他的吉他课了。

我拦住斯坦利,跟他谈起了他的所作所为。当时是开学的第二天，我对这孩子还不是太了解。就在不到一个小时以前，他还貌似明白了我的要求，承诺一定会安安静静地回到教室，看来他只是在胡乱点头。虽然有些沮丧，但我还是反复跟他解释，好让他明白为什么我要在班上提那些要求。在未来的几个月里，我了解到许多关于斯坦利的情况。他的家境很是悲惨。但当时我还不了解这些，对斯坦利而言，我大谈什么遵守学校礼仪之必要性都是无稽之谈，他根本就听不进去。

与他谈话时，我始终保持心平气和，而且避开了其他孩子。我很严厉，但不想让他没有自尊。我明确告诉他，他仍有机会学弹吉他，但是上吉他课的前提是，一定要安安静静地回到教室，不能到操场上演示什么饭菜飞扬的"物理实验"。斯坦利必须明白，如果他还是不能按照要求回到教室，那么他将失去上吉他课的机会。我一直很平静，时时提醒自己，要现身说法，不要盛气凌人。正因为如此，几个月过后，他才会向我敞开心扉，讲述了他生活上的诸多痛苦和烦恼。确实，开学第二天发生过种种的意外，但是，好老师知道如何一一化解。学年结束时，斯坦利已经是我们乐队的首席吉他手了。

天有不测风云，即使那天看似一帆风顺，也有可能莫名其妙地发生意外。例如，我认识的一位优秀的美术老师，他开创了一项精彩的活动，结果却让它毁于本应前来祝贺的人之手，你说丧气不丧气？

当我们教师一行到各地中学访问名师时，我有幸观摩了约翰的教学。他非常优秀，机缘巧合让他做了美术老师，但假如让他做个篮球教练或物理老师，我相信他也照样能做得风生水起，他真的就是这么棒！当然，教美术是约翰的专长所在。也正因为有像约翰这样的名师,才让我们时常感到教师这一行其实挺美好的。

他的学生在一年里创作了许多惊人的美术作品,约翰决定乘势搞个画展,庆祝学生们的创作成果,并感谢家长们的支持。他一年到头领着学生们往各家美术馆跑,终于说服一家美术馆腾出几间展室来展出学生们的作品。那将是一场精彩的展览。

事情的发展简直超乎约翰的想象。社区里的人们听到消息也赶来观看。作品很叫座,许多人主动掏钱,买画的买画,买雕塑的买雕塑。这笔钱正好可以让学校用来为下一个班购买美术用品。像许多老师一样,为了把事情办好,约翰也时常自掏腰包。为期两天的展览结束时,学生们已经筹集到好几千块钱了,大家都很开心。

不到两年,情况就急转直下。一见有利可图,学校就有人眼红了。本来像他们这种学校,决定一切的是考试分数,美术从未被正眼相看。可是现在呢,看到可以为学校赚钱了,先前毫无兴致的一些人摇身一变,不但为画展摇旗呐喊,还要从中捞取好处!

这边你还在讲毕加索呢,那边校行政官员早把学生们的美术作品"打劫"走了,办起了所谓的"年终盛典艺术展"。来宾们络绎不绝,学生们唱歌、演奏,场面热热闹闹,其实就是为了现场募捐。学校搞这样的活动当然无可厚非,但整个活动却把约翰和他的学生们晾在了一边。而与学生们的创作成果毫不相干的人却一个个大言不惭,仿佛学生们的艺术创作得益于他们的"金点子"似的。结果,募集的钞票更多了,却一分也没用于约翰所需的美术用品。

　　约翰很受伤,但说实在的,他又有什么办法呢?发几句牢骚吧,会让人觉得他自以为是,缺乏团队精神。是的,学校从他开创的事业中获得了收益,可是他的付出,尤其是学生们的艺术创作,却并没有得到校方的赏识。尽管如此,约翰还是一如既往,他的学生也继续创作出优秀的作品。每个星期六,他还是把手伸进自己日渐缩小的腰包,领着孩子们去美术馆研究大师们的作品,还要保证让孩子们吃好午餐。约翰的处境很差,可他却众人皆醉我独醒,从未失去定力。他没让自己变得愤世嫉俗或者一蹶不振,虽然现在学校举办的画展上没有了孩子们的身影,但他知道,自己眼中不能没有。七年过去了,他那独具匠心的教学方式始终得不到周围大多数人的理解,甚至包括他的一些学生。这个领域就是这样。他当初的理想就是想让孩子们能够发现艺术魅力,以及他们每个人身上都具有的非凡创造潜能。为了这一理想,约翰依然坚守在每一天的课堂上。

　　朋友啊,这才是你从教早期最应该铭记于心的。最优秀的老师一开始就要明确究竟想要孩子们从你这里学到什么。一旦目标明确,你就总能想出办法。但是,即便一开始形势不错,也难保以后不会横生枝节。

　　从一数到十,尽可能地坚守你的使命吧。当发现你的学生不记得自己的生日,你就告诉他们;当鲍比的母亲冲你大喊大叫,你要保持冷静,每天都用心对待鲍比;当你确信斯坦利已把操场上散落的饭菜打扫干净,他也知道了应该如何走回教室,那就继续上你的吉他课;当官僚们毁了你的美妙计划,你要想想那些精美的作品,继续培养新的艺术家。

　　天有不测风云。你知道为什么吗?因为这世上惟一不变的就是变化。要记住，无论你付出多少，总有些事情你无法掌控。好老师要学会适应。有些课程没法继续，因为孩子们不记得自己的生日；有些日子使你难堪，因为不可理喻的家长冲你叫骂，令你苦心经营的世界开始动摇；明明已就如何处理剩饭菜、如何走过操场做过通俗易懂的指导，但仍然有可能演变成蔬菜飞天、卷饼入地的一场好戏；孩子们的杰作也有可能遭遇"打劫"，被用作捞钱的工具，而小艺术家们却得不到关注。

　　天有不测风云，而你呢，要以不变应万变，成为教室里的定海神针。从教伊始，你就要找到你的课堂价值所在，不管周围如何风云变幻，你都要知道自己想让孩子们学会什么。在这个动辄风雨飘摇的世界，只有你的谆谆教导，你的一以贯之，才能让你的学生们稳住心神。你要记住，过了第二天，还有第三天、第三十三天、第一百三十三天，你有充足的时间来教导孩子们。当然也不是想要多久就能多久的，所以，只争朝夕吧。暴风雨中，稳稳地把握你的航船，坚持你的航向。当饭菜飞扬时，面带微笑。当孩子们的基础知识少得令你吃惊时，调整你的课程。有了你的帮助，饭菜自有它的去处，孩子们也一定会学到很多的。

　　意外在所难免，随时化解它们吧。

仅供参考

　　*教室里随时可能发生意外，呕吐、打架，几乎每天都会发生，令你应接不暇。意外发生时，一定要保持冷静。

　　*要从长计议。如果一项很有意义的活动意外搁浅，坚持你的目标，择日再来。

　　*要吃一堑长一智。一次意外，不算什么。假如屡屡出错，要么

换个方法，要么求助专业人士。

　　*要学会自嘲，笑看世间荒唐事。幽默和诚实的自嘲不但有益于健康，也有利于解决活动中发生的问题。

　　*每一次灾难都是让你变得更好的机遇。从前一年的失败中获取经验，终于大获成功，这种感觉真的很好。

　　*决不能松懈。以前从未出错，也有可能在你从教的第二十五个年头出错。换个角度看，你的这份工作是不是挺刺激、挺有趣的？

第四章
启动孩子的内在力量

观摩过 56 号教室的来访者无不惊讶于他们的所见所闻:这些十岁的孩子读书之多远超同龄人,再复杂的数学题也难不倒他们,莎士比亚戏剧台词到了他们这里就跟专业演员似的有板有眼。不过,一天下来,来访者印象最深刻的还是孩子们的行为举止。

在进行绕线编图的时候,需要用锤子把钉子钉进木块,孩子们就主动地走到教学楼外,以免叮叮当当的声音干扰到别的班。已经钉好钉子的孩子在我的指导下,在教室里一起研究如何编制图案。那些在外面钉钉子的孩子根本没人看管,但当你推开教室门,走上阳台,向操场上望去,孩子们六人一组,或十二人一组都在那儿专心钉钉子,没人心不在焉,也没人争吵,简直不可思议。

如今的课堂管理似乎比以往任何时候都难。每个年级都会发生一些令局外人瞠目结舌的事情。有时,校园里发生的恶劣行为与新闻报道的严重暴力事件相比,更是有过之而无不及。即使麻烦没那么大,让孩子们静下来听讲也是令许多老师头疼的一件事。所以,课堂管理往往会成为教学讨论的中心议题。

有人——特别是些年轻的老师，他们费尽心机，试图让学生们规规矩矩，专心听讲——经常带着几分好奇、几分沮丧地问我一个合情合理也无可厚非的问题："雷夫，你是怎么管理学生的？"

我的回答绝不是有意要耍花腔，而是基于多年教学经验。

我的建议是：根本用不着管理！（但前提是，要教孩子们学会怎样自我管理。）

当然，任何关于教学的书都像是一本包罗万象的食谱大全，可惜，哪一本都不是解决所有问题的灵丹妙药。所以，本书提到的56号教室的管理方法仅仅是引导学生的方法之一，既不是惟一，也不一定是最好。但我还是希望下面的内容能够激励其他老师，使他们能从中获取有价值的东西，并融入其教学实践中，最终使课堂上的每一天都更加快乐，也更有收获。

我前面曾提到过，许多关于教学这一主题的流行文章，往往都会就如何管理课堂而支招。例如，圣诞节前不要露出笑容；要一手遮天，要让他们知道谁是老大；要脚踹垃圾桶，要把他们吓唬住，等等。反正，不管面对一年级学生还是高三学生，目的是让他们对自己不良行为的可能后果感到害怕，要把他们吓得乖乖地听你的话，这样你每天的教学就会变得轻松许多。

有一位对学生充满爱心和关切的老师，在参加了一个课堂管理培训班之后给我写来一封信，信中有这么一段话：

我在培训班待了两周，经历的一切令我很受伤，我发现自己与他们在培训班上讲到的每一条几乎都格格不入。我感觉，他们的宗旨就是想要教导我们如何通过威胁恐吓的手段让学生们服从。比如，每一堂课学生必须达到每天的目标，结课时必须经过量化考核，每个学生的表现必须详细记录在案，等等。培训研讨会上发言的，个个都是衣冠楚楚的场面人物，每节课发言结束时，只有三十秒钟的时间让你思考，根本就没有任何批评或讨论的时间。我所喜欢的任何一位老师——不管是中学、大学老师，还是我所敬仰的任何一位像您这样的人——我认为都会为此感到不平的。看来，我只好忍受这番洗脑式的培训，等到秋季开学时，再把我的爱心撒给孩子们吧。

　　我想，此类培训班主办者们的初衷也许并无恶意，但我决不会参加这样的培训班。因为我的教育理想，除了教孩子们接受优良的价值观外，是希望他们能够努力学习，但这都是发自内心的喜爱，绝对不是基于畏惧某些惩罚。同时，让孩子们学习举止得当，也是基于他们相信优良的品行才是真正的为人之道。这是一个永恒的话题。让孩子们深入了解并接受"成功无捷径"和"尊重他人很重要"等一系列价值观从来就不是件容易的事。

　　目前，许多学校都有严重的学生违纪现象。在此情况下，年轻的老师们也只能不择手段，先让学生们闭嘴，坐好再说。但我认为，有些通行的方法即使在短期内可能奏效，但它们只能是些权宜之计，随着教学经验的累积，还是应该建立起十年树人的长效机制。

　　坦率地说，一些没经验的年轻教师利用一些简单技巧，好让教学得以顺利进行，还算情有可原。如果你是位小学老师，你用拍手、摇铃或关灯的方式来吸引学生的注意力，也未尝不可。可是，如果你的学生之所以在中学历史课上表现得规规矩矩，是因为害怕放学后要留校，或是你威胁要给家长打电话，这只能说明，之前你学到的最好方法不过是维持表面上的课堂秩序罢了。我希望我的经验能为你呈现一种不同的教学效果。别的老师用到的一些技巧，虽然我不喜欢，却被许多观摩者视为灵丹妙药，特别对于新教师来说，任何方法，只要能保证教学顺利，都可能被视为救命稻草。可我要说的是，有些课堂管理技巧只是金玉其外罢了。比如下面你将看到的一种方法，虽然我决不会用，但它却很流行。

为帮助学生，有些尽责的老师便把"倾斜"（SLANT）法则引进了课堂。这一法则的支持者们强调，没有规矩，不能成方圆，孩子们不集中精力，老师就没法上课，只有遵守"倾斜"法则，孩子才能保持安静，专心听讲，这样课堂才能顺利进行。"倾斜"法则要求孩子记住：

S：坐姿端正

L：认真听讲

A：有问有答

N：点头会意

T：聚精会神

我观摩过许多运用这种管理技巧的课堂，说实在的，我心里有点不安。公正地讲，在所有我观摩的课堂上，为确保学生能熟练掌握当天所学的内容，教师们全都充满激情，十分投入，而学生往往也"的确是"在安安静静地专心听讲。但我之所以感到不安,是因为他们不过是在装样子,一旦老师有事离开或去卫生间,整个课堂立即炸了锅。看来,学生们只有老师在场的情况下才会遵守"倾斜"法则,而这也让我想到一个很重要的问题,我愿提出来与运用这种管理方法的各位老师商榷:

你自己也能严格遵守"倾斜"法则吗?

我知道我做不到,我能做到的只是安心听讲和尊重他人。

当然,类似这样的一些管理孩子的技巧,其初衷也是合理的。我们希望孩子们专心致志,尊重老师和同学,在不懂的时候踊跃提问。但是,这些技巧存在一个共同的问题——会给孩子们造成恐惧心理,因为这种种方法背后暗藏的主旨就是,谁不遵守规则,就要受到惩罚。

还有的老师采用倒计时的形式,让孩子们一起参与,数到零,所有人都会安静下来。有的老师把手举向空中,等到所有的学生都把手举向空中,教室里也变得安静时,再继续讲课。为了让学生集中注意力,方法可谓五花八门。

我还见过有的老师轻轻说一声:"下面,请大家注意听。"这一句话,就足以让课堂安静下来。其实这也是我的做法,你也不妨一试。

这种方法说起来容易,做起来难,对新教师来说更是异想天开。其实只是每学年开始时有那么一段日子,孩子们不爱听课,不尊重老师和同学,只要你向他们提出要求并以身作则,讲授一些有趣而实用的课程,前方的路就会一天天趋于平坦;慢慢地,你的课堂就会不知不觉、自然而然地步入正轨。你也不必太严苛,别把有些精神涣散的孩子太当回事儿。我从不刻意要求学生以我为表率。我希望他们渐渐明白，我值得他们学习，每个人都可以像我一样成为表率。耐心地建立长效机制才能更加合理、有效地维持秩序，营造出更好的学习环境。

有一位朋友，一直要求学生遵守"倾斜"法则，可他却告诉我，他自己只在教工例会上才会遵守"倾斜"法则。虽然没有专心在听，他却摆出一副十分关注的样子。此法则可以帮他强打精神，应付无聊的会议，还能帮他免受校长批评。

这才是症结所在，但大家却很少讨论。学校里的确有些严重的不良行为，原因林林总总——缺乏家庭教养、贫穷、世风日下，不一而足。但很多学生不遵守纪律，是因为他们感到课程太无聊，而这往往是大多数老师不愿谈及的一点。当然，我也不否认学校里总有一些爱捣乱的学生，你和颜悦色也好，铁面无私也罢，他们总要给你惹是生非。

以我的经验，维持秩序最有效的方法就是让你的课堂生动有趣。当你的课堂活动精彩纷呈、激动人心时，你就有了更好的方法惩罚违纪的学生——不让他们上那堂课。当他们真的觉得可能会错过一项好玩又刺激的活动时，谁又会愿意违纪呢？

曾有位记者对我班的一个学生很感兴趣，课间休息时，这个孩子还在练习吉他曲，将近四个小时，他就那么一直待在教室里。记者问："你怎么不上卫生间啊？"

"我怕错过了听讲。"说完，孩子赶紧又去解当天布置的数学难题了。

要想让你的课生动有趣，肯定需要多年的实践。刚开始，你可能必须按区教育局的要求并根据各年级水平按部就班地进行。区里布置的一系列教材、问题和考试，每个班都必须完成。但教着教着你会发现,有些课程不管你投入多大热情,学生们还是不感兴趣。那么,你就要根据经验在指定的内容之外做些补充。最好向优秀老师请教请教为什么他们的课会上得那么生动有趣。一般来说,老师讲的内容越吸引人,在课上捣乱的人就会越少。从教伊始,你用威胁、恐吓等方法或许很容易就让学生们乖乖听你的,但长远来看,这绝非上策。

"从长计议"的原则也符合"成功无捷径"的理念。这个信条不仅适用于学生,也适用于老师。课堂上难免出现这样那样的问题,一旦火车偏离轨道,有人不听讲、做鬼脸甚至出言不逊,请你想想下面的建议吧。

教书育人好比春风化雨,最终目的是要让学生自觉听讲和守纪,而不是被迫服从。我们都希望学生集中精力、用功学习、团结友爱,但现实往往难如人意。有时貌似大部分学生都不听话,不爱学习,不友善。结果,为了让学生们停止喧哗,坐好听课,有些老师和培训机构甚至采用些极端的方法。

设法把你的每一堂课置于更宏大的视野中。当天的重点可能只是一堂数学课、科学实验项目或历史讨论课,但要设法扩大学生的眼界,当你经常提及与当天内容相关的未来课堂活动时,学生们往往会听得很认真。下课前,我常会简要地说一下明天要讲的内容。给孩子们朗读文学作品,我常会在高潮时戛然而止,让他们怀有期待,因此学生们兴趣倍增。另外,周末常有高中生来听课,考量教书这个职业是否适合他们。此时所学与他们的将来直接相关。他们明白这点,所以听得都很专心。你看,所学内容与学生的未来对接,课堂就会风平浪静。

遇见不良行为,多数年轻老师往往要批评学生,就跟评判作文一样。我们总是手拿红笔，圈出每一处拼写错误，语句不通的地方都要加以修改。老师当然要纠正错误，这是我们的职责，但是，像军训教官那样紧盯学生的一举一动，那可就麻烦了。如果真像那样，任何教学都将无法进行。别忘了，我们要和学生共同走过一段长长的旅途，有些事可以暂时放一放，改日再谈，切莫捡了芝麻丢了西瓜。每次上课，我都能看见许多小动作，早年，我就会立即上前制止。但多年的经验让我明白，与其把精力花在纠正不良行为上，不如花在改进课堂内容上。改进了课堂内容，捣乱的人就少了，学习的人就多了。

接下来以我教过的三个学生为例。这几个孩子虽然不同班，却有一个共性，那就是，开学不到两天，他们的表现就告诉我，考验我耐心的时候到了。

出言不逊、恶语伤人的安娜

安娜不仅长得漂亮，也很聪明，不过她有个毛病，喜欢在课堂上讲话。她很少插嘴课上内容，倒是经常打断别人的发言，也不听老师的，非常自以为是。她能毫不费力地应对各科考试，语言能力也很优秀，因为她是少数几个来自说英语家庭的孩子（注：班上大多数学生是移民家庭，主要为亚裔，英语非母语）。但是，安娜很不顾及他人情面，有时甚至口无遮拦，明显带有恶意地侮辱其他同学，伤人感情。有些孩子很怕她，一旦被她瞄上，她的恶语相向很可能带来持久的心理伤痕。

可我对她依然和蔼，这让安娜和同学都感到奇怪。虽然她在课堂上分神、插嘴，我仍旧继续讲我的课。几天后，我私下跟她说，课堂上不能没有礼貌，结果她哭了起来，还辩解道，所有人都误会她了，每个老师都看她不顺眼，从来就没公正地对待过她。后来，我打电话给她母亲，这位十分和善的母亲高高兴兴来到学校。交谈中我说出了我的担忧，表示觉得安娜在体谅他人方面有些欠缺，我跟她说，其他孩子发言时，安娜常显得心不在焉，我还让她看看安娜的作业做得多么潦草。可这位母亲倒好，非常自豪地向我解释说，安娜智力超群，所以才会心不在焉；作业邋遢点没有关系，关键是内容。我的所谓"作业外观很重要"，不仅愚蠢，而且幼稚。真是"有其母必有其女"呀！无奈下，我只好笑了笑，感谢她的到来。

　　老师能有什么办法呢？我们全都遇到过学生不听讲、家长也不闻不问的情况。无论如何，我们还是希望学生学有所成，讲课顺利进行，因此，许多老师才会板着脸，严厉要求安娜这样的学生闭上嘴巴。然而，即使安娜不听话，我依然保持冷静，也不理她，只管继续讲课，时间一长，她就开始收敛了。安娜逐渐意识到，想吸引大家的关注，口无遮拦、出言不逊是不行的。在此需要澄清的是，我并没要求这位小女孩改变自己，也不是某一天她突然醒悟，痛改前非，一下蜕变成了特蕾莎修女。随着时间的推移，她确实安静下来了，课堂表现也好多了，更重要的是，其他学生并没因她个人的出格行为而横遭牵连（很多老师因为一个出格的学生，而在全班实施严厉的纪律）。安娜渐渐明白，她只是三十四个孩子之一，全班小小的一分子。这一发现不但拯救了安娜自己，也令其他同学感到十分快乐。

懒惰的亚历克斯

　　亚历克斯是另一种类型。他不伤害也不打扰别人。他非常聪明，从不失礼。他的毛病是几乎从来不做作业。既不想做数学题，也不想写作文，他脑子里只是电子游戏。他每天穿的都是绘有游戏人物的 T 恤衫，也经常涂画一些他喜欢的卡通人物。每天我都得找他谈话，或坐在旁边督促他做作业。他很少做课外作业，这样就得在课堂上补。为了让他补作业，有些下午的艺术手工课，我只好限制他参加。让他回家完成什么是毫无指望，他是外婆带大的，母亲又很少在家。当我跟他外婆谈起他的情况，她解释说，亚历克斯才十岁，每天玩上十个、八个小时的游戏没啥大不了的。他总是早上五点起床，一直玩到上学前，然后放学铃声响过不到十分钟，他就又手握游戏操纵杆了，至于作业，早就抛到九霄云外去了。

我曾经拜访过一所学校，那儿的老师十分严肃地告诉学生，即使生拉硬扯，也一定要把他们送上大学。这确实可以理解，老师作为过来人知道做什么才对学生最好。人们大多认同，一个学生除了打游戏什么也不做，他能有什么未来呢？

在这所学校，一旦学生没完成作业或上课走神，就会受到一种不同寻常的处罚：放学后他们得留在教室，盯着时钟看两个小时，老师就坐在旁边监督着。鉴于这方法在此颇为流行，我不禁要问，管用吗？每天都会有几个学生留下来盯时钟，最终可能会有些学生为了免受这番无聊之苦，终于开始集中注意力了。可是，帮助学生纠正不当行为的同时，更需知晓他们缺乏注意力的真正原因。学习应该是一段快乐的经历，如果他们是被迫集中注意力，哪还会有快乐可言呢？

当然，亚历克斯必须为他未完成作业付出代价，那就是，别人在上他很喜欢的艺术手工课，他却不得不做数学或语言作业。但是大门永远是敞开的,只要他好好完成作业,随时都有资格参与到班级活动中来。

"全力以赴,友善待人"是我们全班的使命。假如我变了脸色,冲着亚历克斯大喊大叫,岂不是有辱使命!每天我都花时间给他讲道理,倾听他的心声,并好言好语劝他完成作业,我希望他把我看成一位总是不厌其烦帮他的敦厚长者。对他来说,如果有人相信他的潜力(尽管他的表现很难让我有信心),不断给他鼓励,那简直太重要了。不管怎么说,到头来,学还是不学,还得靠亚历克斯自己。目前,很多学校都豪气冲天地打出了"人人努力学习"、"人人考上大学"的宣传语。依我看,情绪高昂固然可嘉,但是这样的目标显然不会实现。高期望固然重要,但是不切实际的期望无益于任何人。而一旦学生们辜负了期望,年轻老师也就容易失去信心,甚至一蹶不振。我不认为亚历克斯的前途会一片光明,他像现在这样继续走下去,是不会有什么出息的,所以我才要每天鼓励他。我希望多年后的某一天,亚历克斯也许会因我多年前曾激励过他的那些话突然醒悟。当然,我也可以用吓唬的方式逼着他完成作业,但实际上是没用的。无论如何,功课最终还要靠他自己独立完成。我的经验表明,声色俱厉和过度关怀都不是上佳的教育方法。同时孩子们也要慢慢明白,即使最需要帮助的学生,老师也不可能每时每刻都跟他在一起,因为还有别的孩子需要关心和帮助呢。

偷东西的黛博拉

偷东西这事儿,可能听上去让人不舒服,可一旦孩子偷了东西,千万不要包庇他们的行为。学校里确实有偷东西的孩子。剖析一下为何有的孩子会认为他们有权拿走不属于自己的东西,也许是件有趣的事情,可是当这种事情真的发生了,却往往没有充分的时间让你扮演弗洛伊德(注:奥地利心理学家、精神病医师,精神分析学派创始人),就窃贼的心理进行深入分析。传统家庭价值观的缺失、贪婪、同龄人之间的攀比,还有许多别的因素,都可能导致这一问题。

在 56 号教室,我们有一套"经济制度",孩子们参加"工作",每月领取"薪水"。教室里的"现金"储备,类似于"垄断资金",其实就是卡片上面印有一些幽默图画以及班级格言什么的,面值分别为 25 元、50 元和 100 元,平常就放在一张白板或一张小桌子的边缘,任何学生都不许动用——别忘了,霍伯特的"小莎士比亚们"个个诚实守信,这是学生们格外看重的一项价值观。

但有一年,一个叫黛博拉的女生拿了一大笔钱要存进"银行"。"行长"惊呆了,即使班上最好的几个学生也没有赚到她那么多"钱"。"行长"立即向我做了汇报。我把她叫到一边,问她从哪儿弄的这么多钱。几次抵赖不成之后,她终于承认,是趁着我上古典吉他课的时机,偷拿了班上的"钱"。

偷窃是件需要严肃认真对待的大事,完全不同于上课嚼口香糖或忘了做作业什么的。我跟黛博拉进行了一番长谈,明确指出了她尚未意识到的严重后果。我打电话叫来她的父母,谈了她的情况,他们也都感到震惊,表示完全支持我的工作。他们告诉我,他们的另外两个孩子从未做过这种事情,我曾教过其中一个,知道他们是实话实说,没有掺假。

黛博拉破坏了我们 56 号教室奉若神明的信任,所以,她将面临严重的后果。她将被排除在课前课后所有的班级活动之外,直到我和全班同学都认为她有权利再参加活动为止。上课期间黛博拉不能单独上厕所,除非有同学陪伴。她必须认识到,因为她的不诚实,即使上厕所这样小小的请求也让人有理由产生怀疑。但是,全班每一位同学都像我一样,与她友好相处、礼貌有加,始终把她看成我们班的一员。终于,在一次班会上,黛博拉正式承认错误,请求同学们的原谅。两次这样的班会后,她又参与到所有的活动中来了。她确实犯了大错,但是,如果救赎的大门不向她敞开,她怎么可能主动改过自新呢?

不诚实行为无论在学校还是社会都有愈演愈烈之势。许多老师为了防止学生考试作弊,就用一些纸板把学生们隔开。

我的学生考试时,我从不用挡板隔开他们。是的,这样做,他们更有大把机会作弊了,但别忘了,老师完全有能力杜绝考试中的任何欺骗行为。用挡板把学生隔开,目不转睛地在教室里转来转去,的确会让大多数学生无法抄袭。

可我有意识地不用挡板。我的目标是教导孩子们学会自我管理。我希望黛博拉最终明白,不能偷拿别人的东西,因为她不是贼。我希望通过我的现身说法和一以贯之的教导,让学生们把诚实守信的原则铭记于心:班级资金放在那里,任何人不可随便动用;宁可诚实地做错一道题,也不能以欺骗的方式获得正确答案。

某些最新的调查显示,95%的中学生承认在上一年的学校考试中曾经作弊。这种情况下,我还要坚持培养一个人真正的道德品质,也许人家更有理由把我列入堂吉诃德之流了。随他们怎么说吧,我很愿意骑上"驽骍难得"(注:堂吉诃德给他的马

起的名字），冲向风车。我也能以吓唬和强迫的手段防止学生
作弊，但是，这些方法即使暂时奏效，他们将来总有一天还是会
作弊的。我的目标是为学生创造机会，使他们在考场正常发
挥，更重要的是，我希望课堂上播下的种子在他们心中发芽，逐
渐长成正直、诚实的参天大树。

始终如一的集体

当老师跟学生分析行为后果时，他们能否听进去，关键要
看老师怎么说。我很认同"始终如一"这个词，可能你也爱跟学
生们强调这个词的意义。但通常情况是，即使老师在课堂管理
方面很有一套，可当他（她）一离开教室，学生们就立即撒开了
欢，学生们只是当老师在场时表现良好，说明他们并非真的表
现良好。孩子是否遵守纪律或努力学习，取决于老师是和风细
雨还是严峻苛刻，这是不正常的。学校教育的终极目标，是让
学生在自己内在价值观的驱使下真正学有所成，而不是在外部
的压力下，不得已而完成学业。

下面这个例子我曾提过，不妨再提一次。每年开学伊始，
我都会叫来一个学生，让他坐在我身边，全班同学都看着我们。
下面是我们的对话：

雷夫：大卫，我弄了几张道奇队的比赛门票，想带你一起去
　　　看。要是我征求你妈妈的意见，向她保证我只会照
　　　看你一会儿，这样说行吗？

大卫：不行！

（这么荒唐的问题，很多孩子忍不住笑了。）

雷夫:好吧。我向她保证我会在大部分时间里照看你,这
　　　样行吗?

全班:不行! 根本不行! 绝对不行! 当然不行!

雷夫:我真搞不懂你们这些孩子,这可是一票难求啊!

大卫:你必须自始至终照看我。

雷夫:哦,好。

你瞧,"始终如一"这一话题的交流就这样开始了。我们是
一个始终如一的集体,始终用心听讲。我们尊敬所有敬业的
人,当牙医补牙时,我们希望他始终全神贯注;司机开车上路,
必须始终集中注意力;看戏时,我们希望演员们的台词始终清
晰流利,等等。孩子们也随即举出了好多有趣的例子。

最后,他们开始审视自己。只是当着老师的面才表现友
善,那不是真正的友善。当访客在教室发言,我们都会注意倾
听,之所以这么做,是因为我们相信,注意倾听是一种礼貌、正
确的行为。我们专心听讲,不是因为害怕盯时钟这样的惩罚,
而是我们认识到,专心听讲是一种共赢的局面。首先,发言者
的发言得到了认可;其次,听讲者有机会获得有价值的信息;再
次,其他同学也有机会不受干扰地获得信息。

有的老师强迫学生遵守纪律,甚至责骂:"你们想浪费自己
的生命,我管不着。但只要来到我班上,就得守规矩,有我在,
你们就休想捣乱!"

这样的气势可真值得羡慕! 从教早期,你肯定也很容易走
上这条路,但仔细想想我提供的这份精神食粮吧。让学生们养
成良好的品行,那将会使他们终身受益。对学生蛮不讲理,只

是令他们屈辱地服从，老师是省事了，学生却不会受益。

这是一份春风化雨的工作。理性、智慧、公平地对待你的学生吧。严格要求是理所应当的，但是，即使忍无可忍时也要保持冷静。请记住，到头来，真正重要的不是你的注视、监督，而是他们自己内在的注视。总有一天，你的许多学生将始终如一、诚实而高尚地表现自己，不管你是否在场"注视"，他们都会严格地"注视"自己。

仅供参考

* 在课堂管理过程中，语言至关重要。切记，不要用威胁的话语把学生变成听话的犯人。"在这个班，一切我说了算"之类的话语也许会在短期内奏效，但长远来说，严格而耐心地引导学生遵守班规才是更为有效的方法。

* 教导孩子们学会自律需要花很长时间。一学年刚开始，你要做好思想准备，实施让孩子们自我管理后，他们可能会犯很多错误。以这些错误为契机，教导孩子们吸取教训，更好地约束自己的行为。

* 业余时间组织全班同学就课堂纪律进行讨论，听取他们的意见和体会。午餐期间是让孩子们畅谈酸甜苦辣的大好时机。一旦你关注和关心他们的情感，他们就会更乐于接受你针对他们行为举止的种种建议。

* 无须说得太多。你的目的是要让学生为自己的行为负责。你说得越少，学生反而投入越多。

第五章

沉默是金

我认识一位很棒的老师,他曾建议我写一本书,书名就叫《一切都太难了》。他是在抱怨自己的处境,因为在他的学校,即使要完成一项最平常不过的任务,也似乎总会遇到麻烦,不是触犯了这个规则就是违反了那个规章,他的任何想法总会被扼杀在实施过程中。他愤愤不平地讽刺道,即使他们班在课堂上发明了抗癌药,也总会有某个亲癌组织的代表站出来,发布禁令,禁止学生们把这一消息公之于众。

当然,这位老师这么说是在开玩笑,但他的沮丧也确实情有可原。有位成功的商人来考察,看是否可向我班提供些赞助。出人意料的是,他竟然对琐碎的教师生活产生了浓厚兴趣,本来他只计划待几个小时,结果却跟我们待了整整一周:无论是开会、备课,还是跟班上学生、以前的学生、学生家长、行政人员及来访者会面,他都如影随形。一周后,他成为56号教室终身赞助人,更可喜的是,我们也成了好朋友。他后来告诉我他的考察结论。

"雷夫,知道你最厉害的地方是什么吗?这么漫长的二十五年教学生涯里你竟然没有失控!"

我哈哈大笑。

"说真的，我不是在开玩笑，你怎么能忍受这种地方而不发脾气？你怎么会这么泰然自若？你有什么秘诀吗？这周遇见的有些人，我真想臭骂他们一通！"

我有两点理由。从大处说，不要忘了，孩子们在看着呢。我们要求学生与人为善、礼貌待人，我们就要从自身做起。遇到不好相处的人，也许正是检验我们文明程度的最佳时刻。也正好可以利用这机会向孩子证明，无论在学校还是在外面的世界，当他们面临如何处理自己与他人关系时，发脾气不是惟一的选择，因为还有更好的选择。

从小处说，选择沉默更有其实际意义。做老师的经常容易发火，因为我们关怀每一个学生，希望教学能帮助更多孩子过上更好的生活。这种火气和为了一个目标而战的愿望，都是出于好意。发火当然胜于冷漠，但有实效才是孩子们的利益所在。

一位年轻且富有爱心的老师曾来信谈到，为教学他付出了很多，却屡屡受挫，最后不得不离开教师岗位。但现在，他想再给自己一次机会。他信中写道：

可以说，我是带着一腔热情投入到教师工作中来的。作为一个音乐人，我认为教孩子学习音乐是天经地义的。我任教的学校根本没开设专门的音乐课。孩子们只有一位艺术"万金油"老师，但他每天上课时都冲学生发脾气，孩子们学艺术的乐趣荡然无存。所以一开学，我就承诺组建一个晨曦音乐俱乐部，教大家学习吉他、钟琴、贝斯、口风琴等，孩子们喜欢极了，我也很乐意。我用的是课外业余时间,也不拿学校任何报酬。尽管如此,校长还是要看我的教案。当我告诉她,我所做的跟我硕士论文上写的一模一样,所以就没写教案。她听后立即叫停了这项活动。我很伤心,孩子们听到这个消息更如五雷轰顶,绝望极了。师生关系本应建立在信任的基础上,而我的第一个诺言就因学校的行政干预而未能信守。

自那以后,仿佛所有的快乐都被挡在了窗外。在进行每月一次的班级竞拍或其他课外活动(比如谈谈人生、理想和情感等)时,我总是担心校长会突然闯进教室。最后我想了个主意,准备趁校长不在教学楼时,再给大家上这些人生课。不过,真待我要实施时,学生们却再也不拿我的话当真了。这不能怪他们,因为我很多时候表现得前后矛盾。例如,校长在教室附近巡查,我表现得像个严厉的军训教官,校长一走,我又得跟他们解释说,灵活处事总是没错,可重要的是,得做个正派的、有良心的人。

校长给我造成的恐惧最终影响到了课堂,一切都变得一发不可收拾。年底时,几乎每周我都在处理班上学生骂人和打架事件。我受到了严厉批评,最后校长说:"或许你该考虑换个职业了。"

也许她说的对。我的成就曾一度令我自豪,但过去的一年,所有的努力似乎统统化成了泡影,只留下莫名的疑惑和透顶的失望。

虽然受了校长一年的压制,可我还是收到了合格的教学评定。当她终于把这一消息当面告诉我时,她解释说,区里的评估标准比她的低很多,其实我是配不上"合格"的。

于是，我改行了，专卖欧式休闲鞋了，眼下的工作比较轻松，主要靠提成，收入也算不错。我一直难以下笔给你写信。想起去年，我总是耿耿于怀，第一次的教学生涯令我充满痛苦。我希望能够战胜恐惧，再次走进课堂。要是我就这么放弃，我还怎么给我的孩子树立榜样呢？

多好的人才，他本可以教给学生很多有益的东西，但最优秀的人也有难以承受之重。他最终被迫离开了课堂，多么令人伤感；可最大的输家其实是学生，多么悲剧。如果他回到课堂，同样的沮丧还在等着他。所以，只有保持心平气和、沉默以对，永不言弃，才能有益于你和你的学生。

我给新老师的一个建议是，每天怀着远大的目标走进教室。这跟你的教案不同，即使你做了最充分的准备，课程的进展也不见得完全符合你的设计。从司空见惯的紧急集合到教育局官员的意外"关注"，课堂经常会被此类突如其来的人或事打断。

每天早晨上课前，我会选择两三项必须完成的内容，只要当天完成这些，就算成功了。教案里也许写有十五项内容，但是经验告诉我，要完成所有的目标难乎其难，所以我总是抓取重点，套用一种说法，即眼睛一直盯着大奖。当障碍摆在夺取大奖的路上，十分烦恼，我会立即想到必须完成的使命。要知道，很少有哪位老师经过抗争达到了自己的目的，当然这并不是说有些事不值得为其抗争。但是，我见过许多名师在遭受打击时，没有忘却使命去反戈一击，而是利用自己的正义之火帮助学生们学有所成。你看，沉默的人看似输了一场战役，实则赢得了整个战争。

～～～～・～～～ "用书太多" ～～～・～～～～

　　F 是位才华横溢且富有创造力的四年级老师,我曾有幸观摩过她的教学。请原谅我对她的溢美之词,因为她还很小的时候,我跟她家就很熟。小时候她就特别懂事,上学后也一直是优秀学生。她从小酷爱阅读,甚至跟家人泛舟河中玩水上漂流时,也随身带着一本书,然后趁着午餐休息的间隙,在河边阅读。

　　正如新老师都会经历的,教学的头几年令她十分沮丧,特别是在课堂管理和坚持己见方面遇到了诸多苦恼。令人惊讶的是,大家最大的苦恼普遍不是因为学生,而是其他因素。阅读课上,学校有一套指定的基础读物教材,可 F 老师认为应该让孩子们直接阅读文学名著。为什么让大家蔫头耷脑地阅读乏味的教材,而不让他们兴致盎然地直接捧起《纳尼亚传奇》(注:英国作家 C・S・刘易斯著,为儿童文学作品)呢? 从教第二年年中,她的学生们已经酷爱阅读了,甚至课外也花大量时间阅读。F 老师喜上眉梢,和有些老师一样,为了满足孩子们的读书爱好,她慷慨解囊,建起了班级图书室,书架上琳琅满目的文学名著让大家乐在其中。

　　不幸的是,几位行政人员一周内数次考察了 F 老师的教学,并就她没有使用指定教材提出意见,其中一位更是措辞严厉地批评了她的教法。巨大压力下她一连多个晚上在床上辗转反侧,不知如何是好。可她坚信学生们的阅读能力正在大幅提升,事实上,五年级的老师们都非常喜欢从她班上毕业的学生,她带过的学生各方面表现俱佳,而且酷爱阅读。

可是,校方管理层对她的批评始终不绝于耳,年底教学评估时,她终于遭到了致命一击,校方评估报告指出了 F 老师的教学失误:"用书太多。"

她很想跟校方大吵一通,但最终还是平息了愤怒。F 老师冷静地在测评表上签了字,认可了这次评估结果。表面上,她接受了校方行政人员的建议,用指定的基础读物取代了她所选择的文学书籍。几个月之后,很少有人来查课了。显然,其他老师也愿意为她通风报信,帮着 F 老师避开那几位行政督导的监视。渐渐地,F 老师又改用经典名著了,到了她从教的第四年,这位遭遇不公平对待而保持沉默的老师就只拿文学经典来招待她的学生了。而这时,那些曾对她指手画脚的行政人员早已调离。

今年 F 老师刚刚结束她从教生涯的第十个年头,具有讽刺意味的是,《洛杉矶时报》竟把她评为了本市最佳教师之一,用的还是那套臭名昭著的教师评估系统。

J 老师的星期五

因有主见而遭受压制在学校里司空见惯,可奇怪的是,就在 F 老师隔壁,另一位 J 老师倒是用了指定的教材,也采取了寓教于乐的传统教法,本应皆大欢喜,但她也遇到了麻烦。

J 老师也教四年级。学生能遇到这样的老师是一种幸运,她有亲和力,对教学要求很高,很多学生放学后都自愿留在教室,跟 J 老师一起做些有趣的课外活动。作为三个孩子的母亲,J 老师深知寓教于乐的道理,她希望和学生建立一种和谐亲密而不是你问我答式生硬的师生关系。所以,她决定每个星期五都要跟孩子们共进午餐。

　　整个计划简单易行。星期五中午,她和学生们一起排队打饭,然后端着餐盘走回教室。他们边吃边谈,话题时而严肃认真,时而轻松活泼,这样在不知不觉中增进彼此的了解。过程中,孩子们不仅回顾了过去,反思了现在,并进一步思考他们的未来之路。这个计划真是太棒了——它既不占用上课时间,也不耽误任何课程。像成千上万甘于奉献的老师一样,J 老师情愿放弃午休来帮助学生。她相信,跟孩子们共进午餐将有助于他们全面、健康地成长。午餐一结束,餐盘就会立即被送到回收桶,教室也收拾得干干净净,学生们又回到按部就班的学习中。

　　可惜她很快就被叫到了行政办公室,并被告知不允许在教室里吃午餐。J 老师一下愣住了,心里很不是滋味。经常有外卖的比萨送进教室,也有家长拿来纸杯蛋糕为孩子庆贺生日或节日,凭什么她就不能和大家在教室里共进午餐呢? 当她向同事诉苦,大家纷纷替她打抱不平,准备向行政部门投诉此事,可她明智地制止了他们。

　　尽管计划遇到了校方的行政阻碍,但 J 老师保持了沉默。后来,她变通了一下,选中了教学楼附近的一块草坪。这地方远离教室,无可指摘。于是,每个星期五,J 老师都和大家在草坪上共进午餐。多么令人愉快的场面啊! 孩子们开开心心,老师也寓教于乐,同时免受任何干扰。现在,那位给她带来苦恼的督导已离开了学校。歪打正着的是,午餐活动在草坪上进行反而更胜于在教室内。你看,当 J 老师碰到了不通融的行政人员,不是奋起抗争,而是首先稳住重心,保持沉默,仍然达到了她的目的。最终,孩子们才是真正的受益者。

教育局局长来电

以上看似是些小事，可能忍忍也就过去了，可有些事情实在是孰可忍，孰不可忍。即便如此，我还是奉劝各位，沉默是金。一次，一位颇为烦恼的一级教师联系了我，他已从教十多年，口碑一直很好。这位老师——妻子眼中的好丈夫，两个孩子眼中的好父亲——既敢于创新，又充满激情。一批又一批学生都想到他的班上，家长们也都赞不绝口。像眼下许多优秀教师一样，他的课堂管理也包括一项经济制度，教孩子们学会省钱、保持收支平衡等重要生活技能。

他班上有个学生非常懒惰，尽管老师三番五次地鼓励他，也给了他很多机会，可他的"银行户头"上依旧空空如也。最后当班上举行"竞拍"活动，孩子们纷纷拿出"钱"来采购学习用品时，这个学生只能眼巴巴地瞅着。比他用功的孩子们拿着自己赚来的学习用品回家时，他却只能两手空空。结果，这孩子的家长愤怒了，认为是老师（凡事责怪老师，看来是时下的风气）导致孩子没有取得任何学业进步。但请注意，这孩子在哪个班级都表现不好，问题明显不在老师，而是在他自己身上。

可这位家长既没找老师当面交流，也没找校长，而是直接打电话给区教育局局长，投诉这位"糟糕的"老师对她儿子的诸多"不公"。

接下来发生的事，很多老教师不用猜也都能知道。局长直接打电话给这位老师，劈头盖脸一通批评，说他这项活动搞得过于草率，伤了学生的心。老师试图分辩几句，说自己是优秀教师，曾获无数教学嘉奖。但是局长不由分说，令他立即停止实施所谓的"经济制度",然后就撂了电话。

一个孩子,一位家长,一个电话,让他十二年的工作付诸东流!

很长时间后,他的心情才慢慢平静下来。是的,那年他确实取消了"经济制度",结果一个孩子开心了,三十多个孩子感到伤心失意。尽管心里窝火,但他的目标是要教更多学生学会省钱、规划未来。他希望在未来能一直这样教下去,所以他暂时保持沉默,既没当面抗议,也没给区教育局写信投诉。

过了一年,他的学生们又一次开始"做账"、"存钱",学习那些将使他们终身受益的生活技能了。老师也许在那一年有些损失,但是他忍住了正义的怒火,所以才能在后来许多年里继续帮助学生。可取之处在于,他在沉默中等待时机,终于实现了他的长远目标。虽然有过挫折,但是毫无疑问,最终"盈利"的还是他。

那场雨和学校的钥匙

写这一章之前的两个月,那是我记忆中最快乐的一个六月份。每年的那段时光,都有约四十个八到十岁的学生将上演一部完整的莎士比亚戏剧。为了这台戏,各专业的许多精英纷纷前来,为孩子们出谋划策,这真是个难得的美妙场面。今年的演出是《仲夏夜之梦》。本来我不打算排练这个剧本,因为它早被演得烂熟了,但这群快乐的孩子却给这部戏赋予了新的生命,甚至连一些最挑剔的戏迷也跟我说,他们从没看过这么精彩的《仲夏夜之梦》。有位女士告诉我,她笑得下巴都疼了。那真是一段快乐的时光啊。

可就在六个月前,近三十年的教师生涯中,我头一次准备甩手不干了。

我们学校换了校长，任命去年夏天就公布了，可当时还未走马上任。他既精明又能干，还是位实实在在的好人，他能当选我感到非常高兴。一天，校办主任通知全体老师，保安轮值时，为保证安全，所有的钥匙都必须上交，由专人负责保管。这就给我带来了一个问题。前任校长——也是一位很棒的上司——给过我学校的大门钥匙，这样我和学生周六与假期也能来 56 号教室。进入学校前，我总是先打电话给校保安，让他们关闭警报器。将近二十年了，一直就是这样，从未出过问题。这些额外的时光给许多要求上进的孩子带来了无尽的快乐，甚至改变了他们的人生。

我告诉校办主任，暑假排练我还需要钥匙，她说没问题，过两周就可以拿回来，一点都不会影响我的排练计划。

两周后，我顺路到办公室取钥匙，可得到的消息是，必须等到九月开学才行，因为教育局刚下发了一份文件，严禁各校钥匙外借。这时新校长尚未上任，连个求助的人也找不到。可惜，暑假两个月的莎剧排练计划就这么泡汤了。

等到了九月，莎剧项目再次启动时，我们已比原计划整整落后了两个月。学生们希望利用周六上午把进度赶上来，于是我去找新校长商量。他知道我们的难处，也深表同情，他曾给教育局打过电话，但得到的答复是谁都不能破例。

我呆呆地走出办公室，不就是拿一把钥匙嘛，不应该这么费劲啊。其实，只要有人再打个电话，多解释几句，就能让孩子们利用课余时间排出一部精彩的大戏，同时学到更多的人生真谛。但是，政策变了，有什么办法呢？最后，我们发现，如果继续排练，用时就要比前一年缩短一千多个小时。用不着我说什么，那一届孩子特别有上进心，也有天赋，而且，排练时间的缩短似乎更激发了他们全力以赴的热情。

寒假邻近，我得到通知，圣诞节前一周，总务主任和清洁工们从早七点到晚六点都会在学校，校门开着，警报器也将关闭，我们可以返回56号教室。学生们一致同意要好好利用这段宝贵的时间。

周一下着瓢泼大雨，漏雨的教室里摆了六个接水的桶，但这丝毫不影响我们排练的热情。一切都进展顺利，而且我们都觉得，那天早上的前三个小时比此前的三个星期进步更大。我们精神饱满，准备迎接高潮的到来：我以前的学生乔安即将起来，他目前正攻读音乐博士学位，将就配乐方面的几个高难部分给我们的键盘手加以指导。

十一点刚过，教室的门开了，孩子们一阵欢呼，他们以为是乔安到了。结果，一个清洁工走进教室通知说，他们决定休息半天，我们都得离开校园，所有的门都将上锁，警报器也将启动。我耐心地解释说，不能这么做，我们是得到通知可以待在教室里的，更何况这四十个孩子也没法回家，家长都在上班，不可能过来接孩子。那人耸耸肩说，他也没办法。

我只好领着大家来到外面一小块雨淋不到的地方，旁边是脏兮兮的长椅，他们每天就被集中在这儿吃午餐。瓢泼大雨还在下着，因为哪儿都上了锁，孩子们也没地方上卫生间。我坐下来冥思苦想如何把孩子们送回家，却突然意识到，即使把他们送回去，多数孩子也没有钥匙打开公寓楼的大门。我低着头，想啊想，猛一抬头，只见乔安在暴风雨中穿过停车场向我们走来。她惊讶于我们的狼狈相，我则一五一十地向她交代了情况。

"乔安，"说着，我叹了一口气，"实话跟你说，这么多年我头一次觉得，莎剧班恐怕要办不下去了。"

"雷夫，十年前也很困难啊，但是你也坚持下来了。"她一语惊醒梦中人。

我苦涩地笑了，转过身去，只见四十个孩子围着长椅，正在排练《仲夏夜之梦》中的一场戏呢。他们可怜巴巴的，却都认真投入。他们提醒了我，排戏才是大事，其他全没什么大不了。暴风雨，没有钥匙，甚至要走两三个街区到加油站上卫生间，这些都统统没什么大不了！

来年一月开学，许多老师来到我的教室。听说钥匙出了问题都纷纷帮我出主意。他们想要集体去找校长，或向区里反映情况。他们的建议充满关切，也很周到，但是我都一一谢绝了。别的地方更需要我的精力。

六个月之后，最后一场演出结束了，我问扮演奥伯龙（注：《仲夏夜之梦》中的一个角色）的那个容光焕发的男孩，这个月的演出会不会令他终生难忘，他承认演出"太棒了"，但他又告诉我，在这一年里，冒着暴风雨排练的那一天最是令他难忘。从那一天起，他就一直相信，我们肯定会奉献一场最精彩的演出。

我至今也没拿到学校的钥匙。雪上加霜的是，每天晚上都有电工和管道工畅通无阻地进入学校。他们跟我讲过，他们很喜欢走进 56 号教室，把各种乐器和设备玩个遍。这些乐器可是我花了一辈子的心血才购置起来的！到了早上，不是吉他找不着了，就是音乐共鸣板被挪了位置。我能高兴起来吗？让我和学生进入教室才对！可我能说什么呢？全班已经在排练明年的剧目《一报还一报》了。没问题的，我们继续在沉默中前行。

仅供参考

＊谨慎应战，当有人试图阻止你创新实践时，保持沉默往往能起到"不战而屈人之兵"的效果。

＊换位思考，管理人员也有他们的压力。专业、岗位不同，分歧在所难免，但千万不要发展成个人恩怨。

＊需要记住的是，与学生们每天面临的糟糕处境相比，你的痛苦或愤怒很可能不值一提。只有把学生放在第一位，你才能更容易保持冷静，凡事为他们着想。与行政人员或同事激烈争吵往往无益于学生。

＊当你的教学实践遭到不公正评价时，你可以把它当作反面教材：出了问题应如何解决？面对不合理的政策，你必须冷静而又理性，如此，当你的学生在生活中也遇到类似问题时，他们才能懂得机智变通地应对。

第六章

减压——留住你教学的"本钱"

这一章谈的是个令人不悦的话题。我并不想夸大其词，但事实是，选择了教师这份职业，你可能就走上了一条让你的生命之花过早夭折的不归路。

你的有些学生从来就不是早晨八九点的太阳，他们会带来许多问题，就是超人也奈何不了他们。尽管如此，许多好心的决策者和普通大众依然竭力要求老师教好每一个学生。可是有些孩子，即使老师为他们操碎了心也收效甚微。

批评的声音甚嚣尘上，指责老师应对目前公立教育的混乱局面负责。公正地讲，某种程度上，老师确实难辞其咎。任何一位好老师都很清楚，他们同行中有不少败类。的确有些班主任懒懒散散，邋里邋遢，无所作为。但除此之外，其他问题就不是老师力所能及的了。得了癌症，能怪医生医术不精吗？一些学生，即使苏格拉底、柏拉图或亚里士多德来教他们，他们也照样不爱学习啊！

请年轻的老师记住，所有的学生都值得我们付出最多的关怀，好老师从来不会放弃任何一个学生。但是，要帮助一个刺头，也请量力而行吧。你不可能、也不应该负责解决他的一切问题。如果你听信那些政客或慈善家们的夸夸其谈，以为当老师的就应该拯救每一个人，你将会在挫败中跌入失望的谷底。

C老师是位可敬的小学老师，一向对学生关怀备至，即使在教工例会上，她也常向人讨教好的教学法。她每天早出晚归，总是想尽办法，一心要把课堂变成一个严肃认真又温暖活泼的学习场所。

有一年，她带了一个刺头班。班上十来个男孩在校园里横行霸道，在教室里胡作非为。有几个竟能在上课时溜出教室和教学楼，翻过五米高的围墙，逃得无影无踪。这种情况在这样的公立学校太司空见惯了，C老师也求助无门。后来学校好歹截住了这几位不可救药的逃学少年，把他们"押回"教室，就这样，他们在路上也是不停地互相咒骂、推搡、吐痰。

C老师要求自己必须挽救他们，社会也是这么要求她的。如果不能帮这些孩子通过考试、将来成为合格的公民，那就是她的失职。站在客观的立场上，谁都看得出这其中的荒唐。但是，确实有许多像C老师这样的优秀班主任，内心深处已接受了强加在他们身上的那些无理要求。

C老师虽年龄不大，却有心律不齐的毛病，医生也曾警告她多注意休息。可她背负的工作压力实在太大，突然心脏问题告急，晕倒在讲台上。就在她被抬上担架、推进救护车时，那几个她付出了多少心血的男孩子跟在后面大声嚷嚷："死了才好呢！"

C老师后来很幸运地康复了，又回到了讲台。可等待她的又会是什么？

D老师的运气就没这么好了。

　　我和 D 老师一起任教许多年了。她是一位非常严格的好老师，兢兢业业，从不缺课，她的学生也都很勤奋，许多学生经过她的一年的调教后进步很大。D 老师身材苗条，很注意保健，从不吸烟，每天打扮得漂漂亮亮。她待人亲切又很敬业，不过，有时我发现她因为某些刺头学生的“恶行”而情绪低落，特别是学校的规章制度无法追究他们责任时。我清晰地记得，有一天，她非常恼火，因为一些学生在卫生间墙上乱涂乱画，而他们受到的惩罚仅仅是擦去那些涂鸦。她觉得惩罚太过稀松平常，不够严肃。她就是这样，对学生关爱有加，尽心竭力，很多方面却又无能为力。

　　忽然有一天，她突然去世。那是一个星期二，她在教工例会上还跟往常一样，我们就学校新近发生的一件事进行了简短的交流，然后一起走向停车场。她回家之后，当晚死于中风。她年龄并不大，但二十五年的从教生涯包含了太多沮丧与艰辛，最终耗尽了她的生命。做老师的，每天都要应对那些恶毒的刺头、冷漠的家长以及职业本身的压力，而这是要付出代价的啊！虽然我不是医生，但可以想象，她的尸检报告上一定写着“过劳死”三个冷冰冰的字。

　　年轻的老师要当心，你所从事的是一份充满压力的工作。你会经常读到一些批评性文章，听到一些无情的指责，说老师们如何如何不知足。是啊，的确有些怠惰的老师，每天一到下午三点就溜之大吉，还要享受长长的暑假时光。想想每年老师有多少假期，难怪有人会说我们拿的薪水太高了。

　　那些抱怨的声音只说出了部分事实，这对大多数老师是不公的。许多老师每天早早来到学校，下班后很晚才回家，假期

84

也常用来规划未来的教学,或伤心地反思往日的失败。曾经的失误,错过的机会,时时浮现在他们的脑海。别人以为他们会到海边享受阳光灿烂的日子,而事实上他们往往独自待在家里,为了更好地教学而冥思苦想。

我曾看见有老师午休时在教室里失声痛哭,因为他们付出了巨大的努力,却没能达到区教育局设立的苛刻标准。我也亲眼看见了几位朋友满怀悲伤地去参加一个孩子的葬礼——这个孩子在他们的指导下取得了长足进步,可悲的是他却意外丧生于飞车党的流弹。

现在,为了强调老师应尽的责任,媒体也对老师口诛笔伐。有些报纸登出了各校学生参加年终州考的成绩。其实这样的成绩既不准确,又很荒唐可笑,可是当一般读者看了这种误导性质的报道,随后又来品头论足,你就很难笑得起来了。这些文章把各个老师评为"优"或"差",其依据仅仅是学生们两三天内仓促回答的标准化系列考试成绩。有点头脑的老师都知道,这样的标准化考试过于主观狭隘,很难反映出学生的真实水平。我接触到的绝大多数老师都认为理应肩负起教师的职责,但他们期望得到公正的评价。可事实却非他们所愿,在这样的评估标准下,优秀老师的优异特质根本体现不出,反而一些低劣老师在标准化考试中更胜一筹。

这样一些不实的评定和过高的期望令所有的老师都倍感压力,特别是刚任教的年轻老师。你很想做好工作,也很在乎别人的评价。谁不希望通过自己的努力而有所成就呢?去年考试中约翰尼得了70分,经过你一年调教后,成绩提高到了77分,你当然有理由高兴。

在从教早期,你一定会面对一些冷冰冰的事实。不管付出多大努力,总有这样或那样的因素阻碍着你。一般人认为,孩子在校的成绩与老师密切相关,但事实并非如此。其实孩子的不和谐的家庭比老师的影响力更大,影响着孩子的学习态度、潜能发挥以及未来的发展。

看来这是个无解的难题。有些老师在贫困和暴力家庭面前被碰得头破血流,最终败下阵来。他们举起双手,在辛酸的泪水中发出哀叹:"我该怎么办?尚未冲锋陷阵,就已经一败涂地了!"

好老师从不放弃,希望永远在前面,这是他们教学的动力。但是,你那英雄或超人情结必须在现实面前冷却下来,你不可能解决所有孩子的问题。是不是每个孩子都该得到你最大程度的关爱?当然!该不该放弃某个刺头孩子,不再为他费心劳神?绝对不该!但是,请允许我,也许有点不合时宜地向你提一点建议:

有时候,你需要回到你温暖的家,将一切都扔在脑后。

这是我写的第四本书。我的书都是关于如何教导孩子,以及我是如何在他们身上花费大量时间精力的。许多有爱心的读者忍不住问我:你有私人生活吗?

当然有。之所以不写我的家庭,是因为我觉得没有人会对这些感兴趣。结果倒好,貌似我这个人只知道埋头教书了。虽然我很多时间是在教室里度过,但那不是我的全部。一天辛苦过后,家庭才是我休憩的港湾。换句话说,你的家人才是你坚实的臂膀。

压力太大时,不妨暂时躲避。将近三十年的教学让我认识到,大多数情况不会十分急迫,除了学生想要自杀或开始逃课。大部分压力——不管令你多么痛苦难眠——其实一觉过后就觉得没那么可怕了。无论是愤怒的家长威胁要找校长,还是哪个同事粗鲁无礼,抑或是读到哪篇文章指责教师拿钱太多、干活太少什么的,统统别理。

去玩飞盘吧,去跳舞、打保龄球,去高尔夫练习场练练球技。逗逗小狗,做道美味佳肴或在花园里打理花草,散散步,或随便干点令你开心的事。除了陪伴家人之外,我个人减压的方法还有弹吉他、看棒球赛。

总之,如果你倒下了,除了贡献一篇不错的新闻报道外,无益于任何人。但你的学生需要你,需要你的力量和激情。只有抛开拯救整个世界的念头,你才能活得健康长寿,最终做出更大的贡献。

跟成千上万的老师一样,我几乎每天都在勤勤恳恳工作着。选择这一职业我很自豪,但我也知道劳逸结合的重要。我经常利用周末、假期等业余时间加班加点地工作,尽管如此,我也不忘每周都和太太芭芭拉共进几次浪漫的烛光晚餐,或去看电影、健身。别忘了,我还要再教470年才能为芭芭拉换来新厨房呢,假如现在我垮了,她就永远得不到新厨房了。

放手绝不是自私,今天的问题大多可以等到明天解决。假如你在喘口气、醒醒脑的时候感到有些愧疚,觉得自己不是个好教师,就想想莎士比亚《亨利五世》第二幕第四场中的一句台词吧:

父王啊,与奋不顾身相比,爱惜自己的生命算不上什么罪过。

仅供参考

* 要好好照顾自己，如果在过度操劳和各种压力的双重折磨下弄得自己憔悴不堪，无论对自己还是学生都毫无益处。

* 下班后，找个贴心朋友或亲人聊聊天，说说你这一天的经历，然后就把这页翻过去。一个愉快的夜晚会让你第二天的表现更加出色。

* 仔细想想批评的来源。几乎每个人都对学校教育有意见，其实，他们大多对教育这行毫不了解。是的，他们有权说三道四，可你也别把那些无知之谈当回事。

* 要和学生一起哈哈大笑，也要学会一个人笑出声来。这份工作应该带给你更多的快乐，不管别人怎么说。

第七章
平常心

开学伊始，如果你的学生不爱参与班级讨论，我透露一个肯定能让他们积极热情地参与发言的秘诀，即使最害羞的孩子也毫不例外。

那就是，就家庭作业要他们谈谈看法。

从教早期，我并未重视此事。跟多数老师一样，对家庭作业，我遵循基本原则，布置一系列针对性的练习，希望能使学生有效地完成学业，并熟练地掌握一些重要技能。

不过，多年前女孩简的哭声让我有了不同的思考。那是开学第一天，放学时，简突然放声大哭起来。好端端的，为什么哭呢？我完全懵了。简说她不敢出校门，而且并不是因为有人会欺负她。在几个朋友的轮番询问下，最后她才断断续续道出实情。原来，前一年教她的四年级老师还等着要她交作业呢，可她根本没做。

上学期暑假前，那位老师布置了一系列暑期家庭作业，钉在一起足有七十五页之多，上千道繁复的数学和词汇练习，内容之枯燥无论是谁都会觉得兴趣索然！

我送简走出校门，果然，那位"好心的"老师迎上前来，见她没有完成作业，冲着小女孩就是一番数落，言辞之激烈，似乎她犯了什么滔天大罪。这位老师还当着我的面，大声警告简，不要以为升了五年级就可以不交暑假作业了。

后来，见到简的妈妈，我告诉她不用担心，简不用完成四年级的暑期作业，因为现在的学业够她忙的了。最后，在校长的协调下，这事圆满解决了。

家庭作业怎么会搞得这么离谱？

如今，老师布置的作业量一个比一个大，在这一点上，我甘拜下风。毫无意义的家庭作业堆积如山，而造成这一切的往往正是关怀孩子们的各位班主任——他们的良苦用心既不对路也无实效。

许多孩子功课落得太多，老师想到用家庭作业来弥补。当老师发现，上了四年学的孩子竟然读不出一个基本句子时，他们就慌了手脚。一些高中老师更是因为学生写不出一个正确的句子或一段连贯的文章头疼不已。许多学生确实差得惊人。就在本月，我迎来新的一批暑期学生，他们想报名参加霍伯特莎剧班。这些九到十岁的孩子倒是很爱学习，想把暑期时光都投入到莎士比亚作品中来，他们当中有我校最积极上进也是学习最好的一些孩子。但是，当我要求他们填写一份个人信息表时，十三个孩子中只有六个写下了他们的家庭住址和电话号码。再过几个月，《洛杉矶时报》就要依据他们在标准化考试中的成绩来评定我的教学表现了，可是他们连自己住哪儿还不知道，你说我能没有压力吗？

其实，许多老师和家长在给孩子留作业的问题上已经走偏了。理论上讲，学生完成家庭作业是为了强化那些有益于未来发展的重要技能。家庭作业可以促使他们做事情要有条理和责任心。而且,这事也提醒学生,虽然下午三点放学,但是学习远未结束。适量的、目的明确的作业不仅有助于他们成才,更有助于他们成人。完成高质量的家庭作业往往能在潜移默化中提高学生的自信心,从而有益于他们在课堂上的优异表现。

可惜的是,适量且有效的高质量家庭作业日渐减少,后果极其尴尬:首先,愈来愈多的老师发现学生连最基本的技能都十分欠缺;雪上加霜的是,铺天盖地席卷而来的标准化考试又在苛求老师立即拿出好成绩,双重压力之下,孩子们背负起多得令人窒息的家庭作业。

不幸的是,家长们也吃这一套,主动要求老师布置一些死板的作业让孩子回家完成。有些学校甚至为此夸口说,即使八岁的孩子每晚也得做三四个小时的作业。高中生更像夜猫子,要做到凌晨三四点。

多数学生私下里都承认,之所以硬着头皮完成作业,是因为害怕受到惩罚或不想成绩太差而已,至于能否学到什么,他们根本不放在心上。

繁多的作业不仅扼杀了孩子们的学习乐趣,也危害到他们的健康。学生睡眠不足的问题正日趋严重。虽然没有任何权威数字告诉我们每天应该睡多少小时,但专家们大多认为,五至十二岁的孩子每晚应睡十到十一个小时。家长们有时笑言孩子成了夜猫子,但是,当小宝贝早上醒来脾气暴躁、喜怒无常时,他们就又笑不起来了。研究表明,睡眠不足的孩子更容易肥胖,也更容易患心脏病和糖尿病,上课时也更难集中精力,这根本不奇怪。具有讽刺意味的是,虽然老师煞费苦心地布置了那么多作业,以为额外的作业会有助于活跃课堂,可到头来却弄得孩子们在课堂上蔫头耷脑,郁郁寡欢。

造成过量家庭作业的因素依旧强大,即使表面上看,有些作业似乎是健康和有教育意义的。其实,各校这种急切地想帮学生提高成绩,以使他们达到年级水平的冲动,有百害而无一利,它根本忽略了十年树人的长期效果,甚至近视到连短期效果都顾不上。

有次,东海岸(注:雷夫的学校在美国西海岸,与东海岸相距几千公里)的一所中学跟我联系,希望他们的学生能来 56 号教室观看一场莎剧演出。让学生们为远方的孩子演出,这主意不错,我欣然同意。随后他们发来了具体行程。飞机将于早上七点起飞,这意味着孩子们必须凌晨四点起床,五点赶往机场。航班抵达洛杉矶后,机场大巴将载着他们直奔威尼斯海滩游览,然后从那儿再坐大巴直达我校,观看一场将近三小时的演出。看罢行程表我赶紧给他们一位老师打电话,道出了我的担忧:旅行前夜孩子们可能会因兴奋睡不着觉,第二天晚上七点的演出,对到访的学生来说其实就是东部时间的晚上十点(注:美国东西海岸约有三小时的时差)。看完演出后,他们去一家汽车旅馆休息,第二天一大早又要赶往几百公里以外的塞米蒂国家公园游览。

最后我说:"孩子们哪有时间睡觉啊?"

"在飞机上睡呀。"对方回答。

这所公立学校的老师兢兢业业,尽心竭力地关怀学生,可由于贫困和其他社会因素,这些可爱的孩子从小就输在了起跑线上。应该说他们能遇到这样的老师是一种幸运。但这些老师求胜心切,为帮助孩子从各方面迎头赶上,撵得他们筋疲力尽。真的不应该这样急功近利。旅行对孩子们确实很有教育意义,可行程安排也该张弛有度,孩子的健康总是头等大事。

年轻教师们,你们所从事工作包含很多完成不了的任务。也许,你教的是高中英语,可有的学生连名词和动词都分不清;也许,你教的是十三岁左右的初中生,可他们竟连作息时间表也看不懂。不管你每天付出多大的努力,孩子们还是很差。回到家,你打开电视新闻,却听到无论是政府人士还是社会人士都在谴责教师未尽到责任。殊不知,学生的境况这么差,换了谁来也无力回天!

让我们直面惨淡的现实吧。确实有诸多的因素导致你的学生表现落后,但他们的读写能力不是生来就比别人差很多的,他们的粗口或恶劣行为也不是从坐到你班上才开始的。家庭环境、贫穷和许多的复杂因素共同造就了你面前这些学生,纵使你有心与他们交流,他们也可能拒你于千里之外。当一个九岁的孩子开学第一天穿着风帽衫、一脸满不在乎的样子到我的教室,我就知道,想让这孩子成为优秀学生的那条路几乎已经完全被堵死了。当他告诉我,他和他爸昨晚上刚看了《电锯惊魂》(注:美国恐怖片,儿童不宜),我就知道,想用不到一年的时间教给他一种不同的生活方式,这将比登天还难。他去年考试成绩一塌糊涂,而在新学年第一次教工大会上校长告诉我,能否让这个孩子迎头赶上,全看你的了。

你不能放弃,也不应该放弃。每个孩子都值得你奉献百分之百的爱心。相信他,听取他的心声;鼓励他,当他的功课不及格,布置额外的作业帮他赶上来,这是有必要的,往往也是有效果的。但是，重要的一点是，帮他赶上年级水平会是一段漫长的旅途，所以不必操之过急。

说起来容易，做起来难。眼下很多年轻教师会担心，一旦学生考试成绩不理想，工作恐将不保。当然，你要花费大量的时间与精力帮他们做好考试准备。考试是很现实的，做好准备是必需的。但是，明智的老师会以一颗平常心来看待考试和作业的关系。你要让学生们了解，不能只见树木不见森林。为了通过考试和升上大学而忽略教育本应有的作用是令人遗憾的。最好的老师总是引导学生，最终让他们享受到学习之乐。找到适当的语言，做出正确的示范，这可能需要很多年。一定要让孩子们知道，学到的最重要的东西是不可能用标准化考试来衡量的。鉴于目前决策者们过分看重考试成绩这一令人不愉快的现实，我们这些当老师的就必须起到一个缓冲区的作用，既要让孩子们做好准备，知道如何在标准化答题卡上画圈，又要调动他们的热情，令其享受到数学、写作、运动、音乐、自然、历史、美术甚至睡眠之乐。

这需要一颗平常心。从教早期，我也曾布置过太多的家庭作业，结果却并没帮助学生熟练掌握预想中的各种技能。后来，通过观摩一些名师的课堂，我慢慢地有了耐心，逐渐学会既督促他们积极上进，又不伤害他们的学习兴趣和身体健康。哈姆雷特告诉他的母亲，为了仁慈，他不得不残忍。老师们也可能有这种想法，但是我们的目标之一是要激励学生成为善良的人，当我们试图缩小所谓的成绩差距时，还是不要成为食人魔兽吧。我的兴趣更多放在机会均等上面。在确保学生喜欢上学也有足够休息时间的情况下，我再给他们留一些额外的家庭作业;学生们愿意按时完成作业是因为对所学的东西感兴趣，而不是为了交差而硬着头皮写完一页又一页的作业。

家庭作业并无定规，经由深思熟虑，下面给出我对课外作业的建议。

仅供参考

*学生需要睡个好觉。老师应换位思考，孩子们需要娱乐、承担家务及做家庭作业，这些都需要时间，要尽量安排得合情合理。

*布置家庭作业，通常是为了让学生练习和加强你刚教的某些技能。

*经常告诉学生们，家庭作业能锻炼他们的责任感和独立能力。

*告诉孩子们，入睡前整理好家庭作业，这能锻炼他们做事有条不紊。当有的学生说"我确实做完了"却怎么也找不到自己的作业时，你要提醒他们，整理好自己的作业也是作业的一部分。你可以举个例子，假如一个外科医生出诊时忘了带医疗器械，谁还会相信他呢？

*学年伊始就要召开班会，让学生们知道，有问题时应如何求助。他们可以给朋友打电话，或给老师发电子邮件甚至直接拨打老师的手机。如果你到校很早，告诉他们，可以到教室找你。

*家庭作业不应该是一种惩罚，而是为了帮助孩子掌握必要的技能。

*跟孩子们讲讲如何合理地安排时间。问问他们通常什么时候走出家门。让他们估算做家务、吃饭、完成作业和其他活动所花的时间，如何才能按时完成作业又不耽误上床睡觉。

*有的学生因家庭环境不好而无法在家完成作业，让他们在教室里完成吧。大多数老师放学后会留下来批改作业或备课，这段时间正好可以利用，同时也可以增进师生间的信任。

*学生千差万别。如果尤金同学无论在课堂还是考试中，数学都

毫无问题，那就没理由再让他做那些简单的数学练习。给他布置一些别的难题，或干脆不留任何作业。

＊学习音乐的孩子总得不断地练习，他们也愿意在放学后或上学前摆弄摆弄乐器，鼓励孩子学习音乐吧。

＊当学生没完成作业，你的惩罚应该严厉而又公平。冷落或羞辱他们只会违背布置家庭作业的初衷。如果在你的班上，学生必须完成作业，不然一定会被扣分，这很公平。但是，要向没完成作业的学生敞开大门，相信他们以后会做得更好。

＊要跟学生谈谈抄袭的危害。上网使得抄袭变得轻而易举。虽然很多学生不理会你的警告，但必须告诉他们，你的目的是要培养他们诚实的品性。让我们接过第欧根尼（注：古希腊哲学家，据说他每天白天都会打着灯笼在街上寻找诚实的人）的灯笼吧。

第八章
见仁见智

为检查学生的学习成效,老师需要考试。就像医生治病前要给患者量体温一样,也从未有老师否认过考试的重要性。

但是物极必反。强调学生和老师需负起应尽的责任本无可厚非,可如今,雪崩般倾泻而来的标准化考试不仅有损孩子的健康,削弱了他们的学习乐趣,也使年轻教师们处境窘迫。

你无处躲避,这种考试从目前看来还将长期存在。其实,这一考试体系在任何一位有识之士看来,都是漏洞百出、难以令人信服的。

不幸的是,一些权势人物完全无视其制定的政策所带来的危害,他们只管把老师当成替罪羊。无论是否情愿,所有老师都陷入了一个困境——为了评估体系下的系列考试而拼搏,尽管考试与真正的教育没有必然关联。

该考虑一下学生的感受了。如果我们成人都在狼狈地为应付标准化考试,为逼迫学生记住一系列答案而搞填鸭式教育(其实不等成绩出来,学生早就把答案忘了),并因此感到压力重重,那学生的感受就更可想而知了。他们会变得战战兢兢、疲于奔命,最终可能对学校里的一切都感到厌倦。

有的学校和老师紧跟政策，整年都让学生全身心地投入没完没了的备考。更可叹的是，他们竟糊涂到会相信，学生取得的成绩越高，即意味着未来的前景越好。真正的优秀教师绝不认同这些，更不会疯狂地这么做，他们岂能让宝贵的时间浪费在与真才实学不相干的事情上呢？

由于我平时经常评估学生的学习情况，再让他们参加区考和州考，确实显得画蛇添足。我时常想象着在篝火晚会上，熊熊大火不断吞噬那令人作呕的考试手册，四周的学生则不住地叫好。

应对那种考试我有些特别的做法。由于我一直遵循着几个教学原则，我班多数学生不仅考试成绩优异，而且求知欲也日益高涨。备考的同时，我们也就考试的作用进行思考和讨论，大家了解到，将考试成绩用作评估标准是浅薄无知的。像伯尼·麦道夫（注：华尔街史上"最大诈骗嫌疑犯"）和安然公司（注：世界最大的能源公司之一，由于其高管虚报账目误导投资人，2001 年突然申请破产保护）等高管之流，他们求学期间的考试成绩无疑都很优异，但哪个有正义感的人会认同这些罪犯呢？我们能将这些人归为成功人士吗？

真正的好学生除了乐于助人，他们还需开阔视野，关注周围的世界。有才学的人都知道，背诵些知识只是刚开启了求知之门，路漫漫其修远兮。记住哈姆雷特戏剧台词跟理解其内涵可是有着天渊之别，同理，解了一道数学题也不等于能够将其原理运用于生活。

鉴于此，我将备考与其他课程分开来教。早上的黄金时光我们上文学课，绝不做任何应试阅读练习。我们不仅阅读名著,也探讨作品的主题。

文学课后,我会适当抽出十五分钟,让学生做些阅读练习。这种枯燥的练习纯属不得已而为之,学生也心知肚明。老师有责任让学生知道,取得良好的考分固然不错,但拥有真才实学、课后能继续待在图书馆愉悦地读书学习才是更值得称道的。考试成绩和真正的学习是两码事,对此我在班上有着严格的区分。

除了教些最基本的考试方法,我的备考课程毫无神秘之处。大家知道,关于应试技巧,所有的参考书都强调了时间管理的重要性。另外,由于选择题众多,考试高手会利用排除法,首先剔除明显的错误答案,这样获得正确答案的概率会大增;再就是选中了答案后,除非你十分肯定,否则不要轻易更改。

一个星期总有那么几次,我会举行模拟考试。教室里比较安静,模考的效果会更好。但我绝不会布置任何备考作业让孩子回家去做,或是让他们在家用考试手册进行模考,因为这样的手册在我眼里毫无价值。另外,从开学第一天起,每个星期班上会有几次备考课,时间一般都很短,约二十分钟左右。我发现通过当堂批改作业并详细讲解题目,即使做题不多,学生成绩也会有大的提高,如此少而精的训练却有事半功倍的效果。事实证明,如果只顾给学生填鸭式地布置大量习题,没有举一反三地分析讨论并弄清原理,最后老师虽费力批改了作业,学生的考试成绩仍好不到哪里去。

中学老师可考虑抽出专门时间,为学生讲解些应试技巧,当然,也绝不要因噎废食,让主课缩水。很多老师在数学课上,只用半个小时简单讲解一下基本概念,再让学生做二十分钟相关练习。其实，应该多花些时间让学生学懂基本概念，我发现学生对基本概念越明白，成绩才越好。远比利用些眼花缭乱的欺骗手段获得好成绩效果好。

优秀老师常在班上进行学习测试，这个跟标准化考试截然不同。这种测试是为检测学生是否掌握了刚刚学过的内容而专门设计的，值得鼓励。通过测试，老师获得了第一手信息，知道哪儿出现了偏差，是否需要补课或是继续开讲新课。

而标准化考试完全做不到这点，甚至连可靠的数据都提供不了，这真是莫大的悲哀。

标准化考试一点都不标准

一天，在教学楼走廊里，我看见两位优秀的年轻女老师站在那儿，一副饱受打击的绝望表情，其中一位在哭。她俩刚刚被校长痛斥了一顿，因为她们许多学生的考试成绩比上一年有所下滑。结论是，两位老师在应试方面完全不称职。

不称职的老师理应受批评，但这两位可是称得上完全称职。这种考试数据失真，成绩不能反映出学生的真实水平，老师得有多冤啊。

标准化考试一点也不标准，因为举办该考试的方式和环境往往差异很大。荒唐的是，这样的考试成绩却被各校用来相互攀比，然后得到一个貌似正确的结论。其实，重要的州考多在各校教室里举行，而监考老师恰恰是各校所谓的"应试专家"。你根本不需要诺查丹玛斯的智慧便可预知，会有一些监考老师，甚至有时整个学区的老师都会卷入欺骗丑闻。最近就有一些学校陷入了这样的丑闻，他们考生的试卷明显被更改，很多错误的答案被匆匆涂改成正确的。显然是在交卷前,有监考老师报答案让考生修改,或亲自上阵帮着涂改;甚至竟有这样的案例,有的学校行政官员在收到试卷后还帮着偷偷修改。

对这一切,两位年轻女教师其实也心知肚明。一年前,她们接手了一批新生,州考成绩显示他们的数学水平尤其"优秀",可班上进行的新生评估测试却得出了完全相反的结论。事实上,他们跟年级水平相比差距非常大,绝不是落后一点点。这种局面真的让老师们陷入了困境。

两位老师工作踏实,从不弄虚作假,一年后,即使最差的孩子在数学方面都毫无疑问地取得了长足进步。现在问题来了,这些学生的州考成绩去年如此"优秀",为什么今年没有重复这种"奇迹"?明摆着,是任课老师不称职。

无端的指责让优秀老师流下了无辜的心酸泪水,不管她们一向怎样尽职尽力、超额完成教学任务,等到年终教学评估也一定够她们受的。诚实正直的老师饱受惩罚,而极少数败类却由于在考试中大肆欺骗受到了赞誉。

该举报这一情况吗?可你拿得出证据吗?那么,是否应该向现实低头,为了考分,也利用监考的机会作弊呢?

事实上,她们什么也没做。眼泪擦干后,她们平静地回到教室,继续站上讲台。是的,在考分至上的氛围中,考试成绩不如人让她们处境被动,她们也清楚这一点。对这两位以及成千上万深陷同样困境的老师而言,诚实和正直的代价太大太痛苦了,但即便如此,她们依然我行我素,绝不为获得高分出卖自己的灵魂。优秀教师视道德品质为生命,即便一时声誉受损的也毫不动摇。别人对我们的教学水平产生误解,这不重要,重要的是，我们是否确确实实尽到了老师的职责。

感谢菲耶·艾兰德

视考分为一切不仅会让年轻老师感到受挫和痛苦，有时他们还得面对工资下降的现实。而对老教师而言，会更令他们痛苦地质疑，这一辈子的教学生涯难道竟是个错误的选择？

菲耶·艾兰德是位很特别的老教师，我很荣幸在教师职业生涯刚开始那年就认识了她。当时我在一所中高收入阶层的小学任教，在我以前的一本书里，我戏称它为卡米洛特（注：亚瑟王传奇中的王宫所在地），那儿的学生普遍是富家子弟，家长受过良好教育也很关心子女。放学后学生的课外活动也十分丰富，有参加游泳队的，有去上小提琴私人辅导课的……这所小学真的很棒，拥有许多在这一行干了二三十年之久，敬业而充满智慧的老教师。

当时我是个初来乍到的毛头小伙，脑子里充满拯救世界的奇思异想。菲耶老师关注到我，时时给予我呵护，颇有老鸟护雏之情。就性格和教学风格而言，我俩毫无相似之处。她属于传统老派的老师，为人正直，教学严谨，从不允许学生随意涂改作文，做错了就必须重新开始。学生们排队整齐得像是部队出操，教室整洁得一尘不染。简言之，围绕她的一切是那么秩序井然，她就是整洁有序的化身。

尽管对学生高标准，严要求，但很受学生的喜欢和尊敬，而她的确是关怀班上每位学生，学生对她的付出也心存感激。一学年结束后，他们从学业到为人都有了长足进步，她是当之无愧的优秀教师！不过我对她羡慕归羡慕，我俩的教学始终是风格迥异。

举例来说，我班学生开始棒球训练时，一定会跑向球场；而她的学生会悄无声息地列队走来，每位学生都知道该坐在哪儿，该做什么。记得有次圣诞晚会，她们班表演的是中规中矩的《小鼓手的故事》；我班则因表演了奇想乐队的一曲《圣诞老人》而震惊了全校，最终还招致了校长的一通谴责。虽然现场观众的反应如痴如醉，令我满足，可受到训斥还是让我颇为消沉，是菲耶老师给了我安慰和鼓励。

我们多次共进晚餐，有时她也顺道观摩我的教学，可她从未建议我改变教学风格。事实上，在鼓励我的同时，就改进教学方面她给了我很多智慧的建议。虽然学识丰富，水平高超，她并未傲慢到盲目认为她的教学法是世上惟一可行的方法，全校只有她在我身上看到了不同寻常的特质。多亏了她，让我度过了在卡米洛特小学最初艰难的两年。后来我去了霍伯特小学，随后的三十多年里，因忙于各自的工作，我们只是零零星星地有点联系，但只要听说我获得了什么奖，她都会写封短信祝贺我。

媒体的介入

两位《洛杉矶时报》的记者近来不知为何会忽发奇想，利用一个漏洞百出、名为 Value - Added 的评估体系，依据过去五年的考试成绩，将小学老师划分为四等，即"优秀"、"一般"、"差"、和"很差"，学校也未能幸免，一并被拉入评估对象。对每个老师和学校的评估结果被发布在网上，以便于学生家长了解。可怕的是，这股邪风愈越刮愈烈，不仅影响到各校的行政官员，也震动了制定政策的当权者。

关于老师的教学质量，家长当然有知情权。然而真实的情形是，对老师、学校的评估本是一个复杂的工程，现却被过分简单化了。雪上加霜的是，该评估所采纳的"数据"都是不可信的。我和学校所有老师都对这样的评估结果感到震惊，也惟有摇头叹息。许多评上所谓"优秀"的老师其实根本就不配，反而一些真正优秀的老师被贴上了"差"的标签。再者，这个 Value – Added 评估体系除了数学和语文成绩，其他重要科目全部不予采纳。即便有部分人认同这一评估，它也难逃漏洞百出的事实。举例来说，有的老师数学成绩评估良好，其实他们从来就没教过数学，学生都是去另一个班学数学。

支持这一评估体系的人士辩称，每次评估报告发布前，事先都会有一份道出其局限的正式声明："该评估结果仅涉及数学和语文两门课程，并非老师教学的全面评估。"

哦，真是太感谢了！不过，还是看看现实吧。一旦哪个老师被标注了"差"的标签，谁还会留意一行角落里的文字声明呢？只要被打上了"差"的标签，还能让人记得住别的什么呢？

再回到菲耶·艾兰德老师身上。《洛杉矶时报》刊登评估结果不久，一天，该报的一篇后续短文吸引了我。它报道的竟然是我崇敬的菲耶老师，照片上的她正坐在公寓里，看上去一副失落无助的样子。她的一旁放着一大沓历届学生写来的感谢信，而另一旁则是那份《洛杉矶时报》。很不幸，她刚被该报标识为"很差"。太不可思议了！你还不如干脆把托马斯·爱迪生标为"懒惰"，或者称毕加索为"平庸"呢。

教书育人四十五年，她的许多学生都接受了高等教育并获得了人生的成功。他们经常跟她通信,感谢她的鼓励和对他们潜能的激发。

可就在她即将退休前,班上突然来了许多移民家庭的孩子,他们都不会说英语。作为老教师,菲耶知道,如果这些孩子小学毕业后英语达不到流利程度的话,那么进入中学后他们的前途将会十分渺茫。基于这个想法,她根本就没理会什么标准化考试,而把大部分时间精力都花在给他们补习英语上。结果可想而知,学生们的标准化考试遭遇了滑铁卢。

将近半个世纪的时间里,她为学生付出了一切。无论用什么尺度去衡量,她都是当之无愧的优秀教师,对这一点,所有的学生、家长、同事和学校行政官员都有口皆碑。可《洛杉矶时报》竟将她评估为"很差"。

菲耶对这一结果表现得挺大度,仅轻描淡写地希望该报刊登评估报告方面该做得更翔实点,她只是在提高标准化考试成绩方面"很差"而已。尽管表面显得很坚强,可她内心深处一定会感到悲哀,而制造这一切的罪魁祸首,非我们这个考分至上的社会莫属。

老师们,请坚强些。就像菲耶老师一样,每天精神饱满地来到课堂,为学生树立积极乐观的榜样吧。考试成绩固然重要,可学生的未来无疑更重要。考试成绩和学生的真才实学孰重孰轻呢?考试成绩会随着时间很快被遗忘,可学生会把一个一心专为学生利益着想的优秀老师永远铭记在心。

仅供参考
*一定要让你的学生了解这个事实:无论在哪儿学的,他们学到的最重要的东西,根本就不是标准化考试能衡量得了的。

＊也不妨让学生知道,对他们未来的教育而言,优异的考试成绩意味着更多的机遇,这是目前可悲的现实。

＊开学伊始就该抽出专门时间让学生做备考练习。备考课必须连贯而且每次时间要短。经常做这样的练习,年底考试的时候学生就可以有备无患,从容应对了。

＊刚开始上备考课,花点时间听听学生怎样看待这种考试,当初怎样备考的,等等。孩子们的回答一定会五花八门,有淡然处之的,有感到很惨或是惴惴不安的。冷静地告诉他们,年末考试他们必定成功,但在做足准备的同时也无需对结果期望太高。

＊批改模拟考卷时,可问问学生选答案的理由。很多学生知其然不知其所以然,所以不要仅仅告诉他第五题的答案是 B,还要问问他们选 B,而不选 A、C 或 D 的理由是什么。

＊需要提醒自己和学生的是,优秀老师真正的价值,体现在十年后你的学生在社会上表现如何;体现在你当年上课所传授的技能是否依然让他们获益;也体现在当他们长大后,无论是享受大学时光还是成家立业时,他们是否记得你并常跟你联系。相比所谓的评估表,这些才是更准确的评价,也才是老师前行的最大动力。

第九章
家庭才是根基

我愿意做个沉默的人。

教工培训课上,培训专家一边在 PPT 上演示,一边夸夸其谈地强调考分的重要性时,我保持着沉默。新学期开学,我领到了最新的阅读课本,该书前言竟大言不惭地吹嘘"该系列将为所有孩子的识字和阅读带来革命性突破",我依然保持着沉默。当听到某个区教育局官员发表言论,表示一定要统一步伐,让所有学生同一天、以同一速度阅读同一教材时,我继续保持沉默。我固然鄙夷那些观点,但是人微言轻,即使举手反对也根本无人理睬。

不过,有个老生常谈的话题一直让我如鲠在喉,不吐不快。历任总统、一些作家、改革家甚至脱口秀主持人都不断拿这个话题说事,看来是该有人站出来揭露这个皇帝的新装了。

下面是我从《洛杉矶时报》网站上摘录的一句话,这句话在善意的人们那里可能版本不尽相同,但含义一致,尽管他们都错得离谱。

"研究结果一再表明,在儿童教育方面,学校老师是惟一的核心因素。"

大错特错！别忘了，我可是在学校里摸爬滚打了三十几年的老教师，对此太有发言权了。

公平地说，优秀老师的确能改变学生的命运，而这种情况在世界各地都有可能发生，但以此断定老师为学生成功的惟一核心因素实在荒谬。有人尽管稍作退让但仍固执地坚称，至少在儿童学业进步方面，老师是核心因素。

我仍然不同意这种观点。要知道，相对于老师、教育体系、教材等，一个家庭对孩子的影响，绝非同一个重量级的。

年轻的老师，你可别误解了。是的，你的确能改变、提升甚至拯救一个孩子。积极乐观当然是优秀老师的基本素质，但由此忽略学生家庭的作用，那就未免太幼稚了。面对一些冷漠的或者更糟糕、粗暴无礼的家长，你的"击球"成功率比棒球赛场上遇上了山迪·柯法斯（注：美国棒球史上最具主宰力的左投手。）还要低得多。

同样可叹的是，有些很好的父母却深陷贫困的泥淖，在生存线上痛苦地挣扎着。毋庸置疑，贫困全方位地影响着孩子的成长。明眼人都能一目了然地发现，来自贫困家庭的孩子一开始就输在了起跑线上。营养不良加上缺乏书籍会在很大程度上影响他们的学业。另外，很多这些家庭的父母都打几份工，他们分身无术，没有精力帮助孩子们规划和实现个人目标。全美约有 1500 万生长在贫困家庭的孩子，没有哪个老师能否认这样的现实——这些孩子学业成功的希望很渺茫。

事实上，我深知，来自家庭的情感呵护和经济能力才是决定孩子学业成功与否的核心因素。

〰️·〰️ 两个家庭的故事 〰️·〰️

来讲讲我班上罗伊和丹尼尔的故事吧。他俩都很聪明,罗伊给人印象深刻,他目光锐利,观察力强,同时语言表达出众。丹尼尔呢,同样让人难以忘怀,他天生求知欲强,每每学到新东西,他总是一脸发自肺腑的微笑,多年来我很少见到像他这样的学生。我对他俩都寄予了很高的期望。

然而,对两位孩子而言,前行的道路漫长而曲折,甚至有时会遭遇重大挫折。先说说罗伊,学年刚开始时,我发现尽管他聪明过人,却没有朋友。他跟同学讲话尖刻并带有恶意,他觉得自己的笑话挺幽默,可惜被他取笑的人感到很受伤。而他明知自己说话让人难受,却根本不在乎别人的感受。

开学后三个星期时,我给他父亲写信邀请他参加家长会。信中表达了我对罗伊很高的期望,希望做父亲的能与我携手,共同帮助改善这孩子与同学们的关系。当晚他父亲回了电话,和我谈好下星期一下课后在学校会面。但电话里他父亲的语气似乎对我的邀请有几分恼怒,我想他大概工作压力太大,于是让自己的语气尽量积极、关切和职业化。

星期一早上六点半,几个学生走进教室,问我是否听说了罗伊的消息。我一时有点发愣,询问后得知他在离学校三个街区的购物中心偷东西,而且被抓了。当时他偷了几个电子游戏卡,出门时触发了店里的警报,不过后来被他父亲领回家了。

那天放学后,罗伊、他父亲和我坐在了一起。我只字不提罗伊偷盗的事,焦点只是放在一件事上——他对待同学粗鲁刻薄的态度。我尽可能委婉地解释说,这种行为在班上不可容忍，这不仅伤害同学也伤害了罗伊自己。他父亲也证实从没有同学给他儿子打电话，也没人邀他出去玩。我告诉罗伊，这个问题不难解决，只要他愿意改变态度，他满可以成为受尊敬的孩子王。

我刚说完，他父亲就破口大骂起来，他叫我少管闲事，做老师的教教语文、数学就罢了，管得着他儿子跟同学的关系吗？见来者不善，我马上停止说服工作，并仍礼貌地感谢他能抽空来校。那时开学还不久，我暗自决定继续帮助这孩子，无论他父亲帮不帮忙。

我站起来想送他们走，可这个男人却说："别急，我要你为我做件事。"

原来，他想让我为他儿子写封推荐信，明年他要把罗伊转到一所私立小学。我写不了这封信，开学才三个星期，我对罗伊的了解还很不够。可他父亲坚持要求我写。僵持中，我解释说，我不能为因偷盗被警察逮住的孩子写推荐信。一听这话，他父亲勃然大怒，气冲冲地走出教室，一边走一边吼着要向教育局局长投诉我。

第二天晚上，我接到罗伊母亲打来的道歉电话，她跟孩子父亲几年前离了婚，已离开了加州。她听说了偷盗的事，认为前夫是个不称职的父亲。她同时透露，罗伊这孩子从小给娇惯坏了，所以她想搬回来自己抚养孩子，可能的话，这个星期就回来。

可她并没有回来。罗伊的父亲也再没来我的教室，尽管我多次打电话请他务必来校。罗伊勉强度过了这一年的学习，也通过了考试，一年后升级离开了。后来他上了中学，听说还是经常惹是生非。

有一年,我在学校附近的一家超市看到让人大吃一惊的场景:一位中年妇女跟罗伊在一起,我当时还没意识到那就是罗伊的母亲,看来她还是信守诺言回来了。超市里有些人也正吃惊地盯着这对母子,罗伊上初二,该有十二三岁了,正坐在购物车上,由他母亲吃力地在后面推着。

罗伊的同学丹尼尔,这孩子虽然聪明但很没条理,干事情东一榔头西一棒子。由于他的聪明,小学总算是有惊无险地度过了。当时他学习还算不错,但已经有点力不从心。果不其然,进中学后他的问题日渐增多,到了初二时不得不留级了。

好在他父母一贯支持他,除了经常跟孩子的现任老师商谈良策,他们也常来我这里寻求帮助。看得出他们很爱孩子,对他的期望很高,也了解他的优点。他们煞费苦心地为丹尼尔量身定制了几种合理的方法,旨在促进他学业进步。他们开诚布公地告诉他,他们希望孩子心无旁骛,惟学习为己任。到了高中,丹尼尔成了好几个学校组成的学术团队的队长,而且在体育竞技上也异常突出。高中毕业时,他收到了好几家全国最佳院校的奖学金。他后来选了加州一所大学,因为他愿意亲近父母,周末可以常回家看看。

你瞧,两位学生所在班级一样,任课老师也一样,我对他们因人施教,竭尽我的所能,甚至很多时候超出职责范围去给予帮助。其中一位孩子的父母通情达理,是孩子的坚强后盾,遇到困难不轻言放弃,跟孩子共同努力,并配合老师积极寻求相应的对策,终获成功。而另一个家庭呢,父亲动辄发怒狂吼,母亲居然推着已经青春期的儿子满超市转悠,丝毫不觉得有什么不妥。结果一位进入了一所常春藤大学,另一位呢,则庸庸碌碌，一事无成。凡事有因有果，所以这一切的发生也根本没什么可奇怪的了。

在儿童成长过程中，有很多的因素左右着他们，老师只是他们成长拼图里重要的一分子而已。即使你拥有超人般的能力，也无法取代家庭的作用。在通常情况下，家庭的状况才是决定一个孩子成功与否的根本要素。

这就引出了一个问题。在教学过程时，遇到不支持你，甚至跟你的良好愿望背道而驰的父母，该如何处理呢？

有的老师很不幸地就此轻易放弃了。这些颇具爱心的老师在沮丧中举起了白旗，绝望地哀叹："那我又有什么办法呢？这孩子毫无胜出的可能呀！"多数情况下，这种悲观的预期确实在理。

但老师们，不要放弃，即使只有百分之一的机会，也要放手一搏。如果轻易放弃了，那这孩子不是一点机会都没有了？虽然成功率不高，但我也的确帮助过来自问题家庭的孩子，尽管这对我的教学有极大的挑战。

遇到貌似不可逾越的困难时，可别忘了我们的使命。即使有的学生书包乱成一团，课桌混乱不堪，我依然不放弃，并以身作则，经常跟学生示范有条不紊的重要性。有件事让我记忆犹新：一个差生曾在我班待了整一年，各方面却毫无进步，让我特别沮丧和失落。然而出人意料的是，多年后他居然取得了不错的成就，令人刮目相看。他回母校的时候告诉我，在我班学习的那一年，是他人生的重要转折点。

做老师的很难注意到这一转折点，因为这种潜移默化的改变是不易被觉察的，当然，学生自己也觉察不到。但这个学生的故事告诉我们，希望固然渺茫，但也不要绝望，我们艰苦的付出终会有收获的一天。

另一个学生乔伊目前正在一所全国名牌大学读书，我们有八年未联系了。小时候他的家境很差，因为移民问题，他父母很少跟他一起生活。他的童年是在几位亲戚家轮流度过的，尽管他们也尽力抚养、照看他了，可寄人篱下的滋味惟有他自己清楚。大三的时候，他给我写了封信：

雷夫，你好！

我是你周末班的乔伊。见信好。

再过四天我就是化学和生物分子工程专业的大三学生了。另外，今年我还参加了本系的一个专业科学研究项目。

回想起当年在你班上，我不仅平均分达到4.03分（满分4.3分），而且更重要的是，我学会了自我管理。

如今，课余时间我经常弹夏威夷小吉他，健身，踢足球，跟朋友出去玩。我渴望不断从他们身上学习些优秀的东西。

我十分珍惜现在的一切，同时也十分快乐。

我深知，如果当初没有你这个良师益友的引导和扶持，我能有今天的成就简直不可思议。

雷夫，再次真诚地感谢你！

你瞧，暴雨过后，终见彩虹。一个家庭背景很糟糕的孩子也能获得人生的成功。这些在问题家庭成长的孩子克服重重阻碍，并取得了相当的成就。他们的事例是在提醒老师，对这样的孩子，我们不能轻言放弃。当然也不必因此走极端。很多情况下，当老师遇到无能为力的现实因素，即便再怎么殚精竭虑，无情的打击和失败也会让我们跌入失望的谷底。而一旦被失败情绪所笼罩，老师未来能收到类似乔伊来信的概率便是零。这种感觉真是太痛苦了，不过让我们来看看著名篮球教练约翰·伍登是怎样定义成功的："当我静下来扪心自问，确认我已尽力竭力，那我就是成功了。"的确，很多年轻老师会为班上有的学生因家庭因素导致学业失败而深深自责。让我来告诉你，如果你以讹传讹地认为老师是学生成功或失败的决定性因素，那就大错特错了。认识到这一点很重要，它不但会帮你渡过目前很多难关，更会让你在以后的教学中遇到相似情况时能够胸有成竹。

亚历汉德罗是个招人喜欢的孩子，不仅长得可爱，也擅长体育，在戏剧方面更是天赋异禀，是个天生的喜剧演员。另外，他还是班级领袖。他没有父亲，家里只有过度干涉他的母亲。他母亲不知何故，特别讨厌我的教学。为阻止她儿子参加班级活动，每天晚上她都会当着儿子的面，长时间谩骂和指责我强行灌输谎言并作虚假承诺。最后，她竟跑到校长那儿，要求让她儿子换班。好在我们校长挺支持老师，没有偏听偏信，而是将亚历汉德罗叫到办公室，当面问他的想法。这孩子可怜巴巴地求母亲别逼他换班，他哪儿都不想去。但他母亲态度坚决，结果年中的时候，他去了别的班。那天晚上，他哭着告诉了我这一切，我尽量宽慰他，叫他不用担心，去别的班也绝无问题，凭他的聪明才智，前途也一定会光明的。

几个月后的一次放学后，我在街上碰巧遇到他们母子俩，当时他们正走向汽车站台。我跟亚历汉德罗打了个招呼，可一

见是我，他马上阴沉着脸，转过身去。我一脸的愕然。我当然
明白他母亲对他的影响，可我们师生间的关系一直都是很好的
呀！真的没想到有一天他会这样待我，仿佛我感染了什么高危
传染病似的。

八年后的一天傍晚，当时我还在教室里改作业，突然一个
陌生人走了进来。

这个年轻人自称是亚历汉德罗——多年前我所熟悉的优
秀男孩。他似遭受了生活的重创，整个状态糟糕得令我不敢相
认，一张脸显得十分粗糙，似乎是极度营养不良所致，深重的黑
眼圈说明他的睡眠也很差。这么些年里，他一定饱尝了生活的
痛苦辛酸。

亚历汉德罗告诉我，他正在读大专。过去八年的生活让他
感觉痛不欲生，层出不穷的家庭问题逼得他过着颠沛流离的生
活。尽管如此，他还是奋力拼搏，考上了大学，而他也是家族里
的第一个大学生。这次他特地过来跟我问声好，我们在一起只
聊了五分钟他就走了，从此再未相见。

真不容易，这孩子为了成功竟付出了如此沉重的代价。

尽管处境艰难，伤痕累累，身心俱疲的亚历汉德罗还是有
所成就。这么坚强的孩子，是可以拥有更好未来的。当然对他
的期望也不能太高，现实毕竟无情。是啊，在贫困和严重家庭
问题的双重阴影下，很多孩子过早地体验了生活无情的一面。

"学生学业失败全是老师的错"，如果你遭遇到这种荒谬的
指责，记住我讲的这些故事，轻装上阵吧，你只需尽力而为即
可。随着经验的丰富，你一定能应对更多的问题，不过也不能
对前行路上所面临的荆棘掉以轻心。

仅供参考

＊请接受这个事实：就对儿童的影响力来说，老师远不及家庭和家庭的经济条件。然而尽管有很多不利因素，老师还需每天做好本职工作，尽其所能帮助每个孩子。

＊尽量倾听孩子的心声，了解他们的喜怒哀乐。多抽点时间，课前、课后或午餐时跟他们在一起。一旦你了解了他们的想法，对他们的未来之路也就更能了然于心。

＊要富有同情心，对学生的种种困难感同身受，鼓励他们不要消沉，让他们明白，身处逆境、遭遇生活打击绝非罕见，事实上人人都会经历到。讲述自己和别人的故事来激励他们，告诉他们，只要不丧失勇气和奋斗精神，人生所有的艰难都不可怕。继续保持积极乐观的生活态度吧！

＊有机会的话，邀请老生回校讲讲他们的故事。在黑暗中痛苦摸索着的孩子亟须听听当年处境相似的学长们是怎样迈出关键的几步，并最终获得成功的，这对他们大有裨益。

＊如果当权者指责老师需为社会的一切弊病负责时，请切勿气馁。正如马克·吐温曾幽默地说过："年轻时发生的事我什么都记得，不管它们是否发生过！"那些头头是道指责老师的人对教书育人什么都懂，不管他们是否教过哪怕一天的书。只要你在学校里工作过，见识过形形色色的孩子，你自然就会明白，"绝不放弃一个学生"的口号在现实面前是多么不容易。

第十章
善妒之人

　　十七岁那年的某一天,我突然遭遇一大堆脏兮兮的粪便。直到今天,这堆东西从何而来我还是一头雾水。更恐怖的是,有人蓄意将它放置在礼堂的舞台中央,目的是阻止我带领一个六岁孩子的小组进行戏剧排练。

　　为了赚点外快,当时我在一个夏令营打了份暑期工。夏令营负责人打算在夏令营结束时进行才艺表演,各个不同小组的孩子都参加,表演除了唱歌、跳舞,还有各种滑稽短剧。我那组的孩子觉得我好酷,因为我能用吉他弹唱皮特·汤森特的那首《弹球游戏奇小子》里的即兴小段。最后我们决定根据 The Who 乐队著名的歌剧《汤米》排练一个滑稽短剧。在舞台艺术方面,我的几个朋友也尽他们所能出了一份力。夏日一天天流逝,孩子们的排练出乎意料的精彩,而他们也乐在其中。当时我并没有意识到,这种经验实际上为我多年后举办莎剧表演打下了很棒的基础。

　　为了这次演出,大家都在辛苦地排练。正式演出时孩子的父母将被邀请参加,在前一天要给孩子们进行一次正式着装排练。各小组负责人要领着他们去营地礼堂进行半小时的排练,好让他们适应舞台。约有十二支小组参加排练,顺序是随机安排的，我这个组排在最后出场。记得我们从棒球场走入礼堂，经过空荡荡的座位走上舞台时，却猛然发现中间有一大堆粪便。

当年我也没多想，就找营地管理员借了把锹清理起来，让孩子们在一边等着。糟糕的是我很久都没清理干净，结果排练也泡汤了。好在孩子们早已准备充分，第二天的演出仍赢得了雷鸣般的掌声，而这一偶然经历也让我发现了艺术在儿童成长中的重要性。

许多年以后我才突然明白过来，那堆粪便肯定是当时某个同事捣的鬼，目的是破坏我们的表演。真想不通世上竟有心胸这么狭隘的人，为阻止一群六岁大的孩子唱几首歌，会干出这等缺德事。

我真不想提这个话题，但它却真的很重要，年轻老师都免不了会遇到诸如此类的事。

跟一些优秀老师交谈时，我也不记得有多少次，他们会跟我诉说，因工作成绩优异而招致某同事的嫉妒。人类的嫉妒是多么丑陋的负面情绪啊，只因它，很多人失去了职业道德，变得残忍起来。

在过去的几十年中，情况变得愈加糟糕了。随着互联网越来越多地控制着我们，更多的人选择在网上任意发泄。随便浏览一下网上的评论，你就会发现上面充斥着污言秽语。假如某个名人不幸去世，你想都不要想，肯定有人会大放厥词，发布恶意的垃圾评论。

其实，让人烦恼不已的嫉妒现象在各校都司空见惯。在我早些年的教学生涯中，就耳闻目睹领教了多次。

那天是星期五，办公楼走廊的公告栏旁突然被围得水泄不通,原来又展出学生的新作了。当我凑近一看,顿时大为惊讶,嘴巴半天都合不拢。这些艺术作品太精美了,简直像是现代艺术博物馆的世界名作在我校展览。而这些作品竟然是出自本校四年级的孩子之手,简直不可思议!无论构图还是内涵都显示出超乎寻常的艺术功力。感动的同时,我也很受启发,指导这些学生的艺术老师一定十分杰出。其实我对绘画知之甚少,但即便如此,我想任何随意浏览这些作品的人都能看出,这些孩子已经学到了远超简单涂画的本领了。我在其中品味到了坚韧不拔的冒险精神和创造的欢乐,真是太棒了!我目不转睛地继续欣赏,突然有两个念头涌入脑海:让我班学生也学习绘画艺术;我一定要见见这些小小"伦勃朗"的指导老师。我特别渴望了解他用的是何种神奇的教学法,我知道我是无论如何也教不出这样的绘画高手的。那时我年轻又特别上进,能遇上一位会促进我成长的良师让我很兴奋。

　　然而有几个老师当时就站在旁边,毫无顾忌地谈论着这些作品。尖锐的语气表明,他们认为这展览是个彻头彻尾的骗局,那些恶毒的评论弥漫在空气中,不绝于耳:"这样的作品,他的学生怎么画得出来?""肯定是老师代笔的,目的就是为了显摆。""要真是学生画的,那还不是他班上招了几个艺术天才。""一点都不稀奇,我们班要有这样的学生,一样可以画得出。"

　　这样的言谈让我十分伤心。我本以为老师们不仅会关心儿童,也会互助互爱,这几个人活生生地毁掉了我对这一行的美好憧憬。后来那位艺术老师最终去了别的学校,而我也失去了向一位良师请教的机会。当然,最惨的还是学生,他们因此失去的就太多了。

很多情况下，一点鸡毛蒜皮的小事也可能导致嫉恨。我校曾有位女老师休产假，学校找了位代课教师来完成这学期剩下几个月的课。代课老师表现很棒，做了该做的一切。她没有因为只是代课而敷衍了事，反而雄心勃勃地期望孩子们学期结束时能收获更多。为此她办了个读书会，利用午餐时间跟学生一起分享阅读的快乐。这个读书会对谁也没有干扰，她只是跟自愿参加的学生静静地待在教室里读书而已。谁知还是有几个同年级的老师过来，问她为何不和大家一起在教师休息室吃午餐。她声称也想跟大家在一起，不过她有个刚刚进入正轨的读书会，对一些学生挺有帮助。话音未落，她就被打了一闷棍。

"你想干吗呢？就你有能耐，你这样做不是让我们难堪吗？"

但凡有良知的老师听到这话都会摇头不已。这到底是哪门子事呀？读书会跟她们的指责完全沾不上边。同事的指责让代课老师心情沮丧，幸好多数老师还是赞赏她的，有些还纷纷仿效她的做法。但即便如此，一次她私下里告诉我，每次遇到那几位心怀妒意的老师，她都会感到浑身不自在。

年轻的老师，这种事也很可能发生在你身上。一旦发生了，你会很受伤害的。如果你个性敏感，再多的劝说也难以抚平你的伤痛。这种敏感是把双刃剑，一方面，它使你更关心学生，促使你做得更多；另一方面，当你遇到恶毒的指责，会在手足无措中倍感痛楚。

只是你也不要太往心里去，这不是你的错，错在那个放冷箭的家伙。再者，这也是全世界的普遍现象，而且故事千篇一律。这样说是因我曾有幸跟世界各地的老师交流过，无论是曼谷、里约热内卢还是美国的普通小镇，所有的学校都存在这样成事不足、败事有余的平庸善妒之徒。

我校有两个教龄十几年的老教师，为了开阔视野并在教育领域有番作为，他们决定报考高级教师资格证书。知情的老师都知道，这意味着必须投入大量的时间与精力，并参加一系列艰巨的评估课程和考试，才有可能获得这一荣誉证书，持有此证的老师堪称教育行业的佼佼者。

大家都认为这两位老师专业水准和造诣极高，不仅课堂管理、教学效果一流，还深受家长们的赞赏。学校管理层对她俩参加这项考试也毫不意外，因为她们都属于特别有上进心的人。

经过几年的拼搏，结果出来了。一位过五关斩六将终于获得了证书，而另一位非常遗憾地落选了。

然而落选的那位从此视成功者为陌路人。

获得证书的老师既没有到处炫耀她的成功，也没有摆出居高临下、高人一等的样子。本该是庆祝她成功的喜悦时刻，却让她感到苦乐参半。每当她俩在教学大厅碰面，那位同事都冷若冰霜，连声问好都没有。

太具有讽刺意味了，这位老师曾经那么努力地试图获得高级证书——教师职业巅峰的标志，实际上又表现得那么不像一个好老师。但凡善妒之人皆是如此吧。最可怕之处在于，善妒之人忘记了，做老师的是学生行为举止的楷模。偏狭、敌意和妒意是教书育人的大敌，切不可让学生有机会模仿。一旦老师展现了这些负面情绪，即便是最年幼的孩子，学起来也比我们想象的要快得多。这位老师真正失去的，远比未获证书要多得多。假如一开始就开诚布公地告诉学生，她未能获得证书，但决不因此放弃，会再度拼搏。榜样的无穷力量会激励学生，使他们在学习、生活上遇到挫折时，也会重整旗鼓，东山再起。她也可以第一时间祝贺同事的杰出成就，以此教给学生雍容大度和真正尊重别人的重要性。而嫉妒等不良情绪不仅伤人害己，更会影响到无辜的孩子。别忘了，恰恰是由于他们，我们老师才到学校教书育人的。

实际上，这种恶意在学校并不鲜见，很多我接触到的班主任，尽管工作业绩出色，也未能免除嫉妒心。早年间，我迷茫于一个人生十字路口。当时我刚刚在学校取得了一点成功，虽然也犯过不少令我难堪、难忘的错，但我对教学的热忱和勤奋也终获硕果。一天，洛杉矶富人区一所超常儿童学校的校长打来电话，问我是否愿意参加工作面试，她学校明年刚好有个机会难得的空缺。

有这么好的学校要我，感觉真是太棒了。我很爱眼下的学生，同事们相处得也很好，但我并没打算在霍伯特小学待上一辈子。年轻气盛的我还根本没意识到坚守的重要性，总是这山望着那山高。

教的是天才儿童，接触的是关怀子女的家长，学校管理高效并富有人情味，不会让人处处掣肘，这样的前景简直让我难以自已。当时我教的学生学业上特别落后，老实说，这一方面也令我感到沮丧，并没想到他们是多么渴望我能多帮上一把，让他们能得到公平竞争的机会。倒是我自己的机会来了，我迫不及待地去面试了。

走进校长办公室，我发现除校长以外，里面还坐了二十九个人——他们是学校行政管理人员、教师和学生家长，要仔细地"拷问"我,看我是否够格教这儿的孩子。我任教的霍伯特学校根本就没有这样一个家长教师协会,冷然面对这么一大群正准备对我进行"拷问"的人,真是吓了我一大跳。

面试持续了一个多小时,问题虽然尖锐但还算公平。基本调子是这样,既然这所小学的孩子特别杰出,所以对老师的要求也极高。作为应聘老师,怎样能说服他们,我的教学会激励这些智能超常的孩子百尺竿头更进一步,变得更加出色呢? 我描述了我在霍伯特学校的教学情况,着重强调了怎样进行数学超常班教学和课后怎样教学生莎剧。我还承诺,如果聘上的话,每年会帮学生导演并制作一部完整的莎剧,而且是完全义务的,那可是需要一千多个小时的投入呢。

面试进行得十分顺利,家长们看起来也很兴奋。结束后,有几位老师还表示他们很想跟我合作,共同制作莎剧。回家以后,我仍然沉浸在喜悦中,感到生活又为我打开了一扇大门。

然而一周后,我收到了那位校长措辞谨慎的短信,信中很抱歉地告知,我没被聘上。回想一下,其实未能获得那个职位并没有让我特别沮丧,让我难受的是为什么会被拒绝。面试不是很好吗? 那为什么如此没有道理地被拒绝呢? 带着这个疑问,我给校长打了个电话,请她告诉我到底哪儿出了错,以后再遇到类似面试,我好有个借鉴。

于是她有几分尴尬地告诉了我实情。学校在应聘方面有个政策:所有求职者必须获得由三十人组成的家长老师协会成员的一致通过,一票未通过都不能被聘上。而我这次应聘获得了二十九票。

我接着追问她,到底我得罪了哪位评委,让他或她投了反对票呢？她迟疑了。接着她又告诉我，我还年轻，碰到这类痛苦的人生经验是难免的，这种现象在各校都存在，她愿意跟我分担这份痛苦。

"到底是谁投的反对票？"我又追问了一次。

"是我校最受欢迎的一位老师。"她泄气地回答。

痛苦的经历尽管刻骨铭心，但我依然视之为人生的机遇。看来应对善妒小人的最佳方法是走自己的路，做正确的事。这样，我继续留在了霍伯特学校，并竭尽所能成为优秀的职业教师。

成功是对待嫉妒的最佳方式。被那所学校拒绝的同一年，我有幸获得了"迪士尼全国杰出老师奖"。不久，那所学校又打来电话，邀我再次参加面试，但这次我写了封信，礼貌地回绝了。

仅供参考

*牢记杰出教师嘉妮·德普的话吧："当你的优秀让别人觉得相形见绌时，敌意定会油然而生。"

*如果你的想法、做法异于常人，肯定会招来不满，也会有嫉妒之人对你大肆指责。

*好老师不会嫉恨优秀的同行。他们会模仿、学习，并跟他们合作，以提升自己。

*如果遇到善妒小人的不良行为，别忘了，值得宽慰的是，多数老师都是好人。糟糕的是，碰到了几粒老鼠屎的经历，往往让我们忽略了多数教育工作者是人类精英这一事实。

*请记住，你无法让别人变得恶意、善妒。一切后果都是他们自己种下的，对此，你无能为力。

*有时候，事情确实变得艰难，不过，应对善妒小人的最佳方法

还是走自己的路,做正确的事。如有必要,读读《杀死一只知更鸟》的第三章,看看阿提克斯·芬奇是怎样对待坐在轮椅上的杜博思夫人的。尽管她态度恶劣,阿提克斯依然有礼有节地尊重她。对你的学生来说,遇到无理、恶劣之人依然能够以礼相待,将是最生动的以身作则事例。

第十一章
学以致用之道

　　学生是否在课堂上兴致盎然、聚精会神地听讲,或对所学内容兴趣索然、不断开小差,老师无须柏拉图的智慧便一目了然。为吸引学生的注意力,很多老师使出浑身解数,想出了种种方法。有吓唬的,有把自己变成高明艺人的——在课堂上不停地又唱又跳,还不时穿插着笑话。我在这儿给大家推荐一种十分行之有效的方法,诸位不妨一试。

　　前面章节中说过,但凡来56号教室的参观者,无不惊讶于孩子能长时间、聚精会神地沉浸在学习中。九十分钟的莎剧排练,孩子们眼睛眨都不眨便坚持下来。阅读课上,孩子们静静地坐着欣赏马克·吐温的作品,整整一个小时,教室里鸦雀无声。

　　到底有什么窍门呢?

　　你随便找个其他在校生,问他个简单问题:"你为何学这个?"

　　无论你问他多少遍类似的问题,回答基本上大同小异。

　　"你为何学加法呢?"

　　"老师要我学的。"

"为什么要写这篇作文呢?"

"不写不行呀。"

"为什么要复习这一章的历史知识?"

"星期五有测试。"

"为什么要背这些词汇呢?"

"期末考试要考这些词汇呀。"

我来帮他们回答一下:"你为何要学这个?"

其实这些学生想说的意思是:"我也不知道!"

再问问我班孩子吧,同样问题,他或她肯定会这样回答你:

"学会了这一知识,我的生活会更好。"

是的,千真万确。我经常告诉孩子们,现在学的东西将来肯定会用到。我教的这些知识不是让他们应付考试的。考试的惟一目的是检查学生是否明白无误地掌握了所学内容,跟为什么要学习计算或写作没有丝毫关系。

课堂所教内容一定要跟学生的未来紧密联系起来,这样才能激发他们内在的、长期的学习热情,考试分数、奖励、奖品和聚会等外在诱惑只能有短时效应。

另外,所教内容应贴切有趣,这不仅会让学习效果倍增,也会使你的课堂管理顿觉轻松。

内容贴切不仅应根植于每一堂课,还应贯穿于整年的教学中。

举例来说,教小数点时,我会问:"学小数点对我们有用吗?"

然后我等着他们回答:"学会了小数点,生活会变得更好。"

"那什么情况下能用上这一知识呢?"

随后我给他们读一篇报上的短文:医院里某个医生开处方时,粗心大意写错了一位小数点,结果病人吃了比平时多十倍

127

的药量，不幸去世。孩子们听罢都瞪大了眼睛。

"所以大家明白了吗?"我接着说，"学会使用小数点可是性命攸关的大事。"接下来，小数点的教学开始了。

毫无意义的阅读

告诉你一个关于高中阅读的故事吧。杰森是我以前的学生，现在读高二。他前两天过来看我，聊起了英文课上老师布置的阅读作业——哈珀·李的《杀死一只知更鸟》。

全班四十个学生被要求在家阅读此书，预备两星期后参加一个全是选择题的考试。杰森在全班做了个不记名调查，结果发现，只有两位已经读过了，另外三十八位全都在网上浏览了本书概况以及各种版本的摘要。考试结果是全班都通过了。

可叹的是，学生根本就没觉得这次阅读跟他们的生活有任何关系。老师本应告诉大家，所有名著其实写的都是关于人生的故事。无论你教几年级，老师都该经常跟学生分享阅读，让他们了解，书上讲的点点滴滴，都会和他们的生活息息相关。

阅读本该如此

鲁迪是我以前的学生，家庭背景很糟糕。当初根本看不出这孩子有任何成功的可能。但是很幸运，那年他找到了阅读的快乐，我们一起阅读的名著给了他极大的启迪和激励。

多年后，他竟然考上了纽约大学，可惜学校的助学金不够支付他所有的费用。当时我正囊中羞涩，不过还是把支票账户上仅剩的几百元全部寄给了他。不料他却拒绝了我，下面是他的回信。

亲爱的雷夫:

感谢你寄来的支票,坦白地说,我不能接受你的钱。记得我跟你谈过,只要我再勤奋些,节省些,眼下这点困难我完全能克服。你劳神费力帮我走上了正道,并传递给我正能量;而我,在目前能力完全许可的情况下,未能传承这一积极力量,我会为此寝食难安的。你的心意我全领了,如有可能,还是让这笔钱帮助你班上更有需要的孩子吧。也许有一天,他也会有我今天这样的好运。

雷夫,如果当初不是你,我可能早就死了,对这点我深信不疑。有段时间,我渐渐走入了歧途,根本不觉得贩毒有何不妥,在那个环境里加入帮会也是再自然不过的事。幸亏有你挺身相助,及时为我指点迷津,引导我读了许多名著并让我参加戏剧表演,我才有了今天,能够在一流大学校园里学习艺术,这恰如你当初为我描绘的那种更好、更美的生活。当我跟其他人谈到你和56号教室时,我体会到你曾为我所做的一切,堪比柏拉图的"洞穴寓言"。遇见你之前,我的生活里只有痛苦和绝望,而我也认为世界本该如此。真心感谢上帝让我的生命里出现了你!

因不太了解柏拉图"洞穴寓言"的具体含义,怕误解了他的意思,我还特意查了词典。一番自嘲后,我认为这年轻人已经成为一个出色的阅读者,他不为完成作业或考试去阅读,而是从书本中汲取智慧,并运用到生活中去,而这正是老师苦苦寻觅的阅读效果。所以,前提依然是,让学生真正体味阅读内容跟生活的种种关联。

鲁迪今年毕业了，他依然酷爱阅读。

仅供参考

＊可以经常问学生："你为何要学这个？"一定要让他们回答："学会了这一知识，生活会变得更好。"

＊一定要理论联系实际，让学生有机会把课堂所学应用到生活中。然后让他们讲讲实际感受，而不是光听你讲。

＊如果觉得课程枯燥，以 SAT 为例，可将其比喻成教育体系中的缺陷部分。参与这一考试并学习如何战胜它，等于打开了一扇如何应对冷峻社会现实之门。面对这样的考试，学生应学会何时该拼搏，何时该放松，这也是重要的一课。

终于，在磕磕绊绊中，你度过了漫长的五年。教书这一行确实不易，我在此祝贺你。现在你的课堂秩序井然，一切都在你的掌控之中。遥想五年前，你总在课上不停地去看墙上的钟，焦急地盼着放学钟点早些来临；那些艰苦岁月里，你不懈地努力着，期盼吃一堑长一智，变得更成熟。渐渐地，课堂出现意外时，你也变得处乱不惊了。因为有你，课堂气氛也变得不同，有你这样的好老师学生们很幸运。

比起当初，你更成熟冷静，也更有说服力了，当然，也更加自信。生活展现了它美好的一面。

现在，你又来到了人生的十字路口。是的，你更有能力了，很多事都能泰然处之。岁月流逝，你也成家立业了。然而不知何故，在你眼里，如今的学生却变得愈加迟钝、刻薄、可恶，甚至更冷酷。是时候冷静下来，重新规划一下你的未来了。

当然，你也可以像一些老师那样浑浑噩噩地混日子，每天按部就班上上课,月底领一下薪水,朝九晚五地准时上下班。

　　然而,你也可以选择另一条艰险而具挑战性的道路。经过五年的岁月磨砺,你跟孩子们更有默契了,也更有经验和方法帮助他们了。未来十年,你就可能迎来教学生涯中最激动人心的岁月。

　　来吧,老师们,欢迎进入一个全新的时期——成长期。

第二部分
成长与收获

光阴似箭，一眨眼你已在教师岗位上度过了五个春秋。现在，你常为不得不参加教师职业进展培训烦恼，本来会议是为年轻老师准备的，况且培训内容陆陆续续已听了不下十几遍了，早已耳熟能详。你觉得很疲倦，更糟糕的是，你突然发现你对教学的热情在慢慢减退，这让你陷入了深深的苦恼和沮丧。

　　看来你需要读读本书第二部分了。在这里，我为那些有志继续从教的老师提供了更丰富的精神食粮，继续答疑解惑。现在，你的课堂管理更富成效，学生也学得更专心了，你可以飞得更高、更远。

第十二章

艰涩的日子

一次星期五,我在教学楼过道里遇到一位老师,她正前往教室上课。"周五愉快!"我跟她打了个招呼。经过多日的辛苦,周末快到了,我本以为她会感到心情愉快。

"我讨厌周五!"她很不爽地回应,未等我追问她又解释道,"我讨厌周五,是因为它在提醒我,下周一又近在眼前了。"

天哪,这么消极? 这可是位有爱心的好老师呀。看来她一定是身心疲惫到了极致。这个行业怎么会让一个好端端的人变成这样? 老师一旦在教室里待上几年,很少有心情不苦涩、不消沉的。

看看每天折磨老师的事有多少吧。教师职业进展培训课上,专家们又在口若悬河地推荐"新"教学法,可它又跟几年前推荐的方法自相矛盾,这能不让人烦恼和厌倦吗? 还有,不管你愿不愿意,学校管理层硬塞些刺头学生到班上来,而同时,管理层却很冷漠和不作为;更别提你每天面对的,是一群不爱学习的学生。手头正批改的作文简直不忍卒读,试问你的心情能好吗? 这还不够,拿起报纸、杂志随便浏览,又看到指责老师的文章,称老师需为学校教育的失败负责。纵然你再富有理想和

135

热情,也经不住这接连不断的负面影响,结果,老师渐渐变得愤世嫉俗,而这难道有什么意外吗?

一旦在这行干了五年左右,你就会面临一个人生的十字路口。其实某种程度上,你也算是成功了。你有惊无险地度过了最初的艰难时光;现在你比较自如地管理着班级,一切看起来都风平浪静;你也拥有了一定的教学经验,即使换个年级,甚至换个学校,你也很快会应付自如的;你更有自信了,跟学生的关系也更默契了。那么,该是你做决定的时候了。

打算未来几十年就这样平平常常、一成不变,还是不断地挑战自我,让自己变得更好、更强大?

一些挺不错的老师也选择了让自己更省力的工作方式。教学本身就已经很辛苦了,再加上如果你成了家,也不可能晚上继续在学校加班。即使你不畏辛苦,可现实中的种种挫折也会让你心灰意冷,会让你发出绝望的疑问:"我如此这般的辛苦,到底是为了什么?"

一条不归路

丹妮丝选择教师这一行是有充分理由的:还在大学时,业余在几家托儿所工作的经历让她喜爱上了孩子。毕业时她获得了幼儿教育证书。刚当老师那阵儿,她很挣扎,很艰苦,但经过不懈的努力和奋斗,辛勤的汗水终获回报,她成了一位年轻的优秀老师。到了第三个年头,她甚至积极地参与到了学校的管理,无论在家长还是教职员工的眼里,她都是颗冉冉上升的耀眼新星。

这里说说她班里一个叫薇拉蕊的九岁女孩。她妈妈很难缠,老师经常被她弄得头痛不已。只要看哪位老师不顺眼,她大白天会闯进教室,对着老师就是一通乱吼。薇拉蕊学习不错,在她母亲眼里,她简直就是爱因斯坦、特蕾莎修女以及圣母玛利亚的复合体。如果薇拉蕊带回家的作业上没有老师的好评,她母亲定会跑到校长或区教育局那里给一通无理的投诉。有次正上课,她突然来捶打教室的门,原来她要去看病,非得要女儿陪她。丹妮丝告诉她,薇拉蕊已缺了很多课,这样做很不利于孩子。一听这些这位母亲马上发飙,当着全班的面破口大骂起来,并强行将女儿带走。

丹妮丝心里憋屈,她强烈要求校长出面,阻止薇拉蕊母亲干扰正常的课堂秩序,不得任意带走薇拉蕊。校长回答说,已就此事跟她母亲沟通过几次,但毫无效果,目前看来,还是只能忍耐了。丹妮丝听罢愤懑不已,她觉得校长作为学校管理者,本应挺身而出制止家长这种无理行为,即使将她轰出校园也未尝不可。可校长却毫不作为,这让她十分的消沉和沮丧。到后来,她开始粗鲁地对待薇拉蕊,无论小女孩是需要帮助还是举手回答问题,丹妮丝不是态度火爆就是冷漠以对。

得不到校长的支持,失望中丹妮丝拒绝了所有曾参与的行政管理工作,她觉得这样的管理层不值得她加入。在她人生的十字路口,她做出了错误的选择,走入了一条不归路。如今,丹妮丝仍在学校教书,她的能力还是绰绰有余。她的班级秩序尚可,但毫无生气的课堂氛围让大多数学生只是麻木地学着,他们应付完考试,一年后也就离开了。现在的课堂和当年那个充满阳光的快乐课堂真可谓大相径庭。

众所周知,莎士比亚悲剧之所以让人潸然泪下,就在于它本可以是个快乐的故事，结果该拥有的幸福却不幸早早夭折了。我们为哈姆雷特的死流泪，更为他错失当上国王的美好前景而痛彻心扉。假如老师因工作上的挫折而一蹶不振，自暴自弃，不仅失去了其展现才华的机会，也让生命之花过早失色，更可叹的是，学生在成长的道路上遭受了最大的损失，这难道不也是一出悲剧吗？

痛苦的因子

——分析那些让老师沮丧、苦涩的原因定会让我们大吃一惊。最常见的是对学校管理层的不满，其次是教那样一些学生——他们的家长漠视孩子的教育或表现得态度恶劣，当然，还有刻板无理的考试制度、死气沉沉的学校管理模式、恶劣的同事关系，以及社会对老师的横加指责。长期遭受这些压力，让老师不堪重负，甚至导致心理扭曲。于是，星期五的下课铃仅仅只是意味着又一个漫长、压抑和无聊的星期终于结束了。

更有甚者，如果老师劳神费力地为学生开启了一扇门，而学生却无知地拒绝进入，没有什么比这个更让老师心灰意冷的了。劳神费力的结果是惨遭拒绝，这会让老师心有余悸，再次遇到需要帮助的学生，他们会踌躇不前。借用莎剧《李尔王》里的台词："遭遇最锋利的牙齿，其伤痛也比不上遇见毫无感激之情的孩子。"我想，在帮助孩子这事上，多数老师对这句话或多或少都会有共鸣的。

经常有人问我是如何坚持下来而没有倒下。我的回答是，假如我继续像年轻时那样，每个问题都事无巨细地加以解决，每个孩子都给予无微不至的帮助，那我早就不在这个世上了。

很多老师视教书为不受尊重、不被感恩的行业,如果你想心里好受些,我建议你把它当作一个服务性工作。教书这行最大的奖励就是享受教书本身的乐趣。如果你遇到一个懂得感恩的学生和家庭,得到他们真诚的感谢信和当面道谢,你肯定会很愉快。但若你总是心怀这样的期盼,那你就会陷入让教书时光了无情趣、索然无味的尴尬境地。

尽管有些学生并不喜欢学校的教育,但大多数老师其实都是热爱本职工作的,之所以觉得苦涩、心酸,是因为他们感到自己的付出最终变得毫无意义。因此,假如你愿意多付出,放学后还继续帮助一位问题学生,或周六下午带学生参观博物馆,一定要知道可能面临的三个结果。

第一个结果是最理想的,你的付出终获回报,学生不仅取得长足的进步,而且知恩图报,这无疑会带给你极大的动力。每当收到学生考上大学或婚后寄来的卡片和来信,都是美好的时刻!我认识很多老师,他们在遇到挫折或心情沮丧时,无不拿出这些珍藏的来信来读,以缓解郁闷的情绪。这些怀着感激之情的信抚慰了老师疲惫的心,也提醒我们坚守这一职业的意义。

当某个周末下午你应邀参加了一位年轻美丽女士的婚礼——当年在你班里,她只是一个娇小柔弱的小女孩。这经历太美妙了。一位曾经的学生,在她人生重要时刻认可了你这位师长曾给予的付出和呵护,这种感觉实在太好了,比站在斯德哥尔摩诺贝尔奖领奖台上接受奖章还要棒。

第二个结局就有点差强人意了。你的努力终成硕果,学生取得了不菲的成就,也获得人生的成功,但他们毫无感恩之心,丝毫未觉得他们现在的好日子也得益于你当初的辛苦付出。这种情况特别普遍，而且很容易让人心情不爽，情绪低落。千万别这样，如果你付出了很多，可结果孩子们（等等，后来他们可是大人啦）并未心存感激，对此我们可以改变一下思维：至少你的学生获得了成功，也证明你出色地完成了工作，仅仅为这个，我们也该保持饱满的情绪来面对学生。

曾有个患图雷特综合征的学生，他来自单亲家庭，做父亲的对相关的病理知识缺乏了解，也没有能力帮助自己的孩子。我太太便开车带他们咨询了好几个医生，包括一位顶尖儿童神经系统专家。他告诉我们有种药效果不错，但一定要按要求服用。经过三星期的治疗并花费了我们几千元后，这孩子的状况明显好转，抽搐症状得到了有效控制。他学业进步神速，并结交了很多朋友。仅仅一年的工夫，他从被人人视之为怪物的悲惨境况，变成受整个社区尊重的模范成员。芭芭拉和我从未收到这孩子和他父亲的任何感谢信。后来，他上了大学，之后成家立业了。我是否希望他能为我们班的基金会捐些钱，像他曾经受益的那样，也让别的孩子能得到帮助？当然！未曾教他学会慷慨大方这一重要品德，我是否后悔？绝对的！但我从未因为这事感到苦涩心酸，因我当时的目的就是想帮帮这可怜的孩子，而我做到了。能够施以援手帮上别人，同时出色完成本职工作，这本身是多好的奖励，夫复何求？

第三个结局才是让人心酸的，因为你所有的努力换来的只是一场完败。这感觉太难受了，而且这也是经常发生的现象。遇到这种情况，你惟有仰望苍天，发出绝望的嚎叫："上帝啊，我这样累死累活又有什么意义呀?!"三十多年的教学生涯，我无数次煞费苦心地帮助许多孩子,不知花费了多少的心血,结果却竹篮打水一场空——不仅没人感谢你,这些孩子也没有任何起色。

曾有个亟待帮助的孩子,当时我认为如果能拉他一把,他应该会有美好的未来。对他的付出可不是一星半点,那是全身心的投入。好几个暑假我都为他进行单独辅导,我相信他的潜力能让他摆脱所处的逆境。后来我还帮他申请到了奖学金,他真的进入了一所名牌大学。每到假期,我还自掏腰包为他买机票让他回来探亲。

多年后,我和太太芭芭拉在一个圣诞晚会上遇见了他。算起来已有十年未见,也未听到他的任何消息了。不知怎的,他成了一个牢骚满腹、充满愤怒的年轻人。当时他已喝得酩酊大醉,举止十分粗鲁,整晚上他不停地谩骂羞辱身边的每个人,特别是邀请他参加晚会的主人。我倒希望这种失态是由于他刚遭受人生重大挫折而一时情绪失常,可他的同伴告诉我,他一直就是这个样子。眼前的这个醉鬼和十多年前那个朝气蓬勃的小伙子判若两人。

此情此景怎能不让你感到痛心疾首,欲哭无泪?而类似的情形见多了,你会慢慢变得麻木,以前走进教室的轻盈脚步和眼里闪烁的快乐光芒全都不见了。但你的学生、你自己,又是多么需要那轻盈的脚步和快乐的光芒啊!当然,还是要力所能及给学生以帮助,只是最好再多点心理准备。

鼓足勇气

每天早上在霍伯特小学停车场,下车前,我都会做件很不起眼的小事。这事看起来很傻，对我来说却十分有效，也不妨跟大家分享一下。我通常清晨六点至六点零五分到校，天往往还不亮，偌大的停车场空空荡荡，只有零星一两部车子。当我关掉汽车音响时，四下更显得一片静寂。

大约有一分多钟，我会想一下正在让我焦虑或伤心的事。无论你说是祈祷或是片刻的静心冥想也好，反正我会每天抽出这点时间，在黑暗里静静待着。也许，我想到了女儿，因为她的孕期很不顺利；也许想到我太太，她最近身体老是不舒服，幸好上星期医院的检查结果表明问题不是很严重；另外，下午区教育局会在班上搞个荒唐的评估项目，孩子们的课程又要被耽搁了。总之，所有可能让我心情沮丧的事我都会在脑海里过一遍，并提醒自己，这些烦恼一下车就得被置之脑后。我必须以全新的面貌、最佳的心情出现在 56 号教室，因为那儿的孩子问题比我大，而且他们孤单无助，他们多么需要面前这位老师总是积极乐观、乐于助人。其实，任何老师都该调整一下自己厌倦、刻薄或消极悲观的心理。心存恶劣情绪哪能为孩子们撑起一片快乐的天空呢？那么，让我们直面坏情绪这一大敌，尽力将其消灭在教室外吧。让快乐每天洋溢在你和孩子们的脸上，让课堂里回荡着朗朗的笑声吧！

仅供参考

 ＊不必刻意隐瞒，教书这一行不会总是充满欢声笑语，缺乏尊重和感恩之心是老师心理消极的主因。老师们，与其天天牢骚满腹，不如正视这一顽疾，找寻应对的方法。

 ＊培养你的"健忘症"吧。人生不如意事常八九，无论让你头痛的家长或同事对你做了什么，尽管一时心情沮丧低落，但不能就此沉陷

下去,这无益于你自己,更无益于你的学生。

＊我也不知道有没有道理,但我的经验是,对某些学生的帮助也该适可而止。能拯救一个别人无法拯救的孩子,会让你顿觉行为高尚。但请驻足片刻,想一下,为什么别人都帮不了他呢? 当然,你挥舞刀剑义无反顾的勇气的确值得佩服,但事实上,现实中屡屡碰壁的经历会让你失去帮助其他学生的信心和热忱。

＊毋庸置疑,只有极少数杰出的老师受到了社区和区教育局的肯定与嘉奖。然而,大多数老师,包括一些很优秀的老师,并未得到公平对待。认识并坦然接受这一现实会让你保持良好的心态,并使教学富有成效。能得到大家的认同当然很好,谁不希望大家向我们伸出赞赏的大拇指呢? 不过还是回归现实,我认为,教书这一行最大的满足还是来自教书本身,如果能享受这一过程,管别人承不承认呢。还记得著名篮球教练约翰·伍登这样定义成功:"当我静下来扪心自问,确认我已尽心竭力,那我就是成功了。"

第十三章

中等生之我见

有个古老的智慧一直在老师间流传,这值得我们反复考量。

如果有人问"你教什么",很多老师会答"我教一年级"或"我教高中物理"。然而随着教学体验的深入,你的回答会慢慢变得更加智慧和巧妙:"我教学生。"

当然,对于尚在青葱岁月、缺少经验的年轻老师来说,他们的教书对象——学生,往往不在优先考虑范围内。一旦站上讲台面对那么多学生,他们满脑子都是备课内容。打开教案,上面密密麻麻写满了上课内容。其他时间里,他们也都在考虑如何调整自己,让下堂课教得更好。这也没什么可奇怪的,年轻的你为了使课上得生动活泼,每天殚思竭虑拼尽了所有的能量,回家便一头栽倒在床上,脑子里盘旋的不是接二连三的失败,就是自尊心的深深受挫。

在我看来,这也根本没什么值得羞愧的。失败是成功之母,年轻的我也是这么过来的!

几年的摸爬滚打后,随着你教学风格和节奏的慢慢形成,你才开始更多地关注起学生来了。是的,真正的教育是教学生。

在这个充斥着标准化课程和评估的时代,在校老师都会发现一个不容忽视的真相。举例说,尽管大家都按同一个标准升入初三,但学生在各方面的状态却都参差不齐。即使班上二十五个学生的考试成绩、平时作业分数、老师的评语都十分相似,他们仍然在各方面都差异巨大。对老师而言,学业和品行上差异过大的学生,是个极大的挑战。每个班级都有一些上进的学生,他们总想着如何能"跳入"高校继续深造;同时,另一些学生则时刻想着如何"跳出"窗子,逃之夭夭。

去年我班有三十四个学生,其中有几个称得上优异,甚至说是天才也不为过。这并不单指他们的能力,而是说整体的表现。他们不仅聪明、快乐,且对学习充满渴望。

一个班全是这样的学生该有多好！是呀,我当然也希望如此。令人远不满足的是,三十四位中只有八位这样"闪耀的星星",多数学生则很普通。

说起来,教孩子的方法多种多样,但我现在跟大家分享一种独特的课堂管理。当然,这方法不可能个个孩子都适用,因为不是所有的学生都会对老师言听计从,但它只要适用于大多数学生即可。

随着对学生日益增进的了解,我会在脑子里将他们分成三类。这种分法比较粗略,但挺实用。

第一类学生

他们堪称上帝馈赠的礼物。每天早早到校,酷爱学习,除了智力超群、有趣、敏感和富有同情心外,他们也受到同学的追捧和仰慕。他们创作的艺术作品杰出，即使挂在博物馆展览也毫不逊色。课余时间，他们还十分乐于助人，每天一早到校就会帮老师布置教室，也常会因学业的进步而对老师表达真诚谢意。

他们的父母对老师也非常尊重，开学第一周他们一定会主动联系你。这类父母开家长会也从不迟到，对班上的情况也了如指掌，因为每顿晚餐他们都跟孩子一起吃，经常聊起学校的事。只要你有什么建议，他们会为了孩子的前途不遗余力地配合。家长会后，除了寄感谢信，他们也会择时拜访校长，表达他们对你这样的老师的钦佩和支持。即使孩子升学离开了，一年也总有那么几次，他们会回来为班级捐款，为一些贫困学生购买学习用品。

千万别笑，我说的可都是真的，绝不是虚构的童话。有些学生和他们的家长真的就是这样。拥有这样一类学生，当然让你感觉生活就像童话，可惜，你梦幻般的仙境很快会被现实击碎，因为他们身边就坐着第三类学生。

第三类学生

这类学生对老师充满敌意。当然，他们对所有人都很敌视。经常旷课，性格卑劣，表情邪恶，在他们身旁的同学无不感到恐惧和受威胁。对这类学生，你根本无能为力，能激励他们好好读书简直是天方夜谭。他们在教室里往往待不了几分钟就会闹事，不是咒骂就是动拳头，经常恶形恶状地打乱教学。这类学生真的是老师和同学的噩梦！他们还喜欢故意做些让人作呕的事，身上也常常散发出异味。曾有这样一个刺头，他故意往鼻孔里塞 M&M 巧克力豆,结果巧克力豆卡在鼻腔深处出不来,最后不得不找了医院耳鼻喉专家来才解决问题。

这类孩子多半来自单亲家庭,打从婴儿起,他们就没见过父亲。你多次打电话通知他们的母亲,希望她能来校就孩子教育一事开个家长会。你的态度自始至终保持积极、中肯,语气也足够亲切和善,可你得到的往往是对方的一通怒吼,没等你回过神来,电话啪地就挂断了。是的,没错,你的诚心关切换来的就是一通咒骂。

但你并未退缩。她不愿来,经过你一番努力,她终于同意你去家访。谁知你一进去就撞上孩子的表哥,他裸露的上身不仅满是刺青,还刻着帮派的标志。喝得烂醉的他一见你就怒目逼视,然后威胁道,如果你找他小表弟的麻烦,他一定不会饶了你。

看到这儿,可能你又笑了,尽管这次笑得跟听到第一类孩子时有所不同。实话实说吧,这类孩子带来的噩梦的确是真真切切。

现在我得提到第二类学生了——他们是一群最普通的孩子。很多老师一天教学中的大多数时间都花在第一或第三类孩子身上。跟第一类学生在一起肯定充满快乐,他们聪明有趣,富有朝气,懂得投桃报李,有他们做伴,一天的教学疲劳能得到极大的舒缓。对于第三类学生,为了不让他们破坏课堂秩序干扰大家的正常学习,你非得花大量的时间来管理他们不可。很多老师通常百分之九十的时间都是跟一类和三类学生在一起,然而我的经验是,应将大部分精力放在第二类学生身上,这类学生是我的最爱。

第二类学生

他们真的是普普通通，课上很少举手，总是悄没声响地来校上课和完成作业。他们一切都按老师的要求去做，也无任何行为举止方面的问题，但他们也不怎么跟老师亲近。

这类孩子的父母也不错。家长会上，他们认认真真签到，表示他们到场了。除了倾听外，他们通常不作任何发言，当然更不会去办公室投诉。若碰到不理想的老师，他们也只会要求自己的孩子多加努力。这类孩子通过标准化考试一点都没问题，只是成绩总是中等水平。历任老师给他们的评语都是好孩子，但无人关注他们的爱好，喜欢什么乐队或课外到底做些什么。他们的作文常常很平庸，不过也没什么语法错误。说实话，老师对这类作文根本就没什么印象。数学题他们通常能答对百分之七十，可由于那些答不了几题的差生让你过度分心，所以你经常忽略了第二类学生。整个受教育过程中，他们静悄悄地来来去去，没产生一丝波动。

我倒喜欢跟这类学生在一起。其实他们某些人也具有第一类的潜质，只是需要伯乐去发现而已。

课上或课间休息，我经常跟他们聊天。发还作文时，我会经常这样跟学生说："辛西娅，以前有人说过你的作文写得很棒吗？"女孩轻轻地摇头否认。"知道吗？你这次作文写得比上星期好多了。是不是你早餐里有什么秘密配方？不管是什么，继续吃吧。要知道，大作家斯坦贝克以前也跟你一样，是个小孩。"

这可不是什么虚情假意。我很乐意告知她的作文进步神速，我知道这样的夸奖会带来下次更精彩的作文。只要这类学生歌唱得不错或作业一丝不苟、干净整洁,跟其他老师的视而不见截然不同的是,我会毫不吝惜赞誉之词。

由于这类学生长期无人留意,他们会因老师的突然关注而特别兴奋。做老师的可别低估了关注和诚恳赞誉的神奇力量。在你持续不断的关注和赞誉中,他们开始慢慢向第一类学生靠近。起初,他们因老师的关注而兴奋,进入了科尔伯格情感发展六阶段的第三个阶段。也就是说,他们勤奋学习完全是为了讨老师欢喜。当然这也不是什么坏事,不过老师最好还是适时告诉学生切勿本末倒置,努力学习的最终目的是为了自己的美好前途,而非取悦老师。

这些潜在的千里马太需要伯乐的关注了。数学考试他们通常会做对七八成,多数老师会由于他们的不错表现,加上管理差生占了太多的时间精力而忽略了他们。而我则告诉这些孩子,七成正确表明他们基本掌握了所学内容,如果再加把劲,进一步吃透内容,那接近满分,甚至拿到满分也绝非难事,我对此深信不疑。

另外,我建议他们遵循玛丽安·赖特·埃德尔曼的教导——自我布置。因为我并没有布置很多家庭作业,他们可自觉在家做练习。我也问他们是怎样自我布置的,他们有说做书本上的附加题或复习过去的习题,也有说自编数学题来做的,等等。由于题目不是硬性规定的,所以他们自愿多花时间练习,学习的针对性就很强。

仅说说去年令人生畏的加州标准化考试吧。我记录了所有第二类学生的考试成绩。业界公认的标准是,如果学生成绩跟去年比提高了七分的话,就意味着有所进步了,而他们的成绩平均提高了八十多分，其中很多得了满分。他们再也不属于第二类学生了。你瞧，仅仅给予关注和夸奖，老师就见证了学生从兴奋到更加努力和自信，最终获得巨大进步。

相信多数老师都曾在课堂反复问过，"有没有其他人愿意回答这个问题？"通常情况下，都是第一类学生积极踊跃地参与发言和讨论。不过这一现象随着时间的推移会有所改变，当第二类学生从你的鼓励中获得自信后，他们举手发言的频率逐渐增加了，而这也使他们兴奋异常——上学都这么多年了，他们可从未发过言呢。

对他们的关注还会带来一个意想不到的好处：他们的神速进步带给第三类学生极大震撼，第三类突然发现自己愈加人单势薄了。过去，他们在课堂捣蛋起哄，往往期待着第二类能很快加入，可现在，这些潜在的起哄者却聚精会神地投入学习，这让第三类们越来越觉得难以制造捣乱的气氛了。

如能在自己班里实施三类学生区别对待的方法，定会见到几个积极的效果：第一，尽管关注有所减少，第一类将继续表现优异。而且还可赋予他们新的职责———一对一地帮助第三类。第二，第三类过去常常鄙视的对象现在却反过来关心他们，这对他们则是某种触动。其实这个一帮一的学习过程对双方都有益处。当然高材生们一天也无须花太多时间帮助差生，他们的多数时间还是用来钻研更深、更难的课程。第三，老师则多出一些时间更多地帮助中等生，让他们变得更出色。

不得不说的是，很多第三类学生由于能力欠缺导致学业严重落后，怎么帮都无济于事，这是个可悲的现实。这些充满敌意、调皮捣蛋的学生每天到校都带着很严重的负面情绪，而这也绝非一朝一夕形成的。查看一下他们历年的成绩,你会发现,无论老师怎样关心、帮助,他们的成绩从来就没有任何起色,总是一塌糊涂。当然随着第二类的崛起,也触动了第三类,他们会觉得自己也可以做到。然而现实是,无论他们学业有多少提高,一旦换了老师,班级氛围变了的话,他们马上像泄气的皮球,变得一蹶不振。当然,只要有一线希望,老师也决不放弃,还需及时为他们指点迷津并给予帮助。

有些老师酷爱挑战,愿意花大量时间精力,希望能拯救第三类于绝望的泥潭中。这种难有人企及的侠士行为值得称道,且也是教学的一部分。只是当你耗费大量心血的同时,别忘了第二类,他们也同样需要你的帮助,尽管他们只是无声无息、保持沉默的中等生。

只要你改变焦点,开始关注易被忽略的第二类学生,你班里的面貌定会焕然一新。

仅供参考

*开学伊始,即可仔细考量学生,发掘那些有潜质的中等生。如你肯定他们知道答案,可鼓励他们举手发言。

*可跟第二类学生进行私下交谈,让他们明白你对他们充满信心。

*也要让第三类学生知道,他们只是班内普通一员,老师不会另眼相待,给予过多关照。老师当然关心他们,可其他学生也同样需要关心。

*如果第三类学生向你透露他的悲惨身世,除了表达同情,老师应解释这种境况也很普遍,很多学生经过自己不懈努力,摆脱了人生困境,并获得成功,他也一样可以做到。谈话语气要和蔼、坚定。

*可尝试一类对三类的一对一辅导。让三类学生得到一类学生

的随时帮助。

　　* 需要注意的是，学生学业进步与否是跟他们自己的过去相比较，绝非跟其他学生比。可告知学生，山外有山，天外有天，总有人比他们跑得更快、计算得更准、作文写得更好。拿出他们过去的作业，展示他们的进步。切勿在学生面前拿出其他人的作业大加赞赏。

　　* 老师切记"决不放弃"这一原则。万一你放弃了，学生便会彻底失去信心。给自己树立一个目标吧，想象有一天你收到一封学生来信，上面写道："感谢你在我树立信心前，先给予我信心。"

第十四章

无规矩不成方圆

　　"绝不能落下一个孩子"一直是教育界众所周知的口号,就像人们在公共场所常看到的一些宣传词,像什么"让人人享有洁净的饮用水"以及"提倡健康生活,消除所有癌症"等,听上去都很是感人。

　　尽管没有一个老师内心会希望落下一个孩子,可在现实中,有时我们就必须这样做。多数情况下,这些被落下的孩子并非由于课堂内容太难,学起来太吃力,或因其他种种原因不能专心学习,而是由于他们自暴自弃,缺乏积极向上的动力。

　　当然,学校的小环境也未教会学生该如何为自己的行为负责。由于学校一直饱受社会各界的诟病,现在它变得八面玲珑,千方百计地讨好所有人。结果,本该让孩子在这里学会对自己的言行负责,却反而让一些孩子的坏毛病得到纵容。

　　如果站在一个十岁孩子的角度,感受他的入学经历,便更能了解一些孩子缺乏动力的缘由了。

　　他根本无须费神写什么申请即可进入一所公立学校,因为学校的惟一入学要求就是住在附近社区的孩子。每天早晨起床后,他可以慢吞吞地来到学校,并享用免费的早餐。八点钟上课铃响了，他跟同伴们簇拥着进入教室。没带学习用品也没关系，老师会经常发些纸和笔。教科书也是免费的。上课了，你希望他能认真听讲，然而即使他对老师粗鲁，对同学刻薄也没什么，反正中午十二点一刻，他又会享有免费的午餐。

面对最刺头的学生，学校也毫无办法。对这些学生来说，最严重的后果无非是招致行政人员或老师的一顿训斥，而这样的惩罚根本就没什么效果。

学校过于宽松的政策带来无穷的后患。其实，如果说严即是爱，我倒有一段十分难忘的经历。

那时我还年轻，做老师不久，我特别渴望能带学生去首都华盛顿游览。恰好当时学校实施全年上课、分期放假的政策，这样十一月份能有一个月的假期。真是太棒了！十一月正值晚秋时节，气候宜人，游人也不多。孩子们可利用美好的假期了解国家的文化历史，欣赏自然人文景观。

刚开始一切进展不错。一位市区的教育督导为赞助这次旅行，还给我们张私人支票。孩子们为这趟旅行也做足了功课，从了解景点的文化历史掌故到公共场所的礼仪等。不过由于是初次筹划，错误也在所难免。比如，行程安排得太紧张了，万一遇到恶劣天气，就没有回旋余地了。

旅行开始前几个星期的一天，校长突然打电话让我去趟办公室。他说有位家长投诉，因为这次旅行没算上她的儿子。我太了解这个孩子了，他的名字取自《圣经》，然而讽刺的是，他的表现跟那名字完全不符。说他是学校的噩梦一点也不为过，老师布置的任何作业，他从来都置之不理；一旦骂起人来，无论对同学还是教职员工，那些污言秽语让所有人都无法听下去。

　　我赶紧跟校长解释,这是我利用假期,经区教育局批准并和有关家长签约的私人旅行,跟学校没有什么关系,谁参加谁不参加完全由我说了算。另外,我也是完全按照区教育局的规定筹划这次旅行的,该填的表、该找的人,包括所有的细节全部都处理到位。见我这样说,校长便称算是请我帮他个忙,这次就捎上这孩子。我内心很不情愿,但考虑到校长曾无数次支持、鼓励和帮助过我,我同意了。没想到这成了我本次旅行犯的最大错误。

　　到达华盛顿入住旅馆后,我让这个刺头跟其他三位我最信得过的同学同住一个房间。结果,他们深夜两点被突然惊醒,发现他正在他们的行李中偷东西,衣服、皮夹、现金(我给他们的)等什么都偷。我真该相信当初自己的直觉不带上他。首先,他在班上的表现根本就不配享有这趟旅行;其次,即使他配,现在看来,他也无法继续跟其他同学相处下去了。

　　更糟的是,旅行结束回去后,不仅校长对我颇有微词,那位刺头的母亲更是对我横加指责。他们都认为我对这孩子太过严厉。只因为他在华盛顿偷东西被抓了个正着,在大家游览纪念堂和博物馆,购买明信片和书籍时,我让他一直跟我待在一起,不许他进商店购物。整个旅行我从未大声呵斥他,也没以任何方式羞辱他。当他母亲喋喋不休地谩骂时,我不禁思忖着究竟是哪儿出了问题,为什么有这么多孩子不明白,他们必须为自己的行为承担后果呢?

　　这次旅行让我深切地领悟到:有的孩子在某个场合就该被甩在后面!这听起来有点残酷,但却公平。随着我教学经验的日臻成熟,无论在操场打棒球还是周六下午去美术馆游览,学生们都清楚了，人要为自己的行为承担后果。我还发现，一旦将这一理念融入课堂管理，将会出现两种变化：

第一，促进我更好地跟学生沟通。每次活动前，我必须保证他们了解各种行为的后果。进行科学实验或棒球练习前，我会告知他们，如若有违纪行为，像高声叫骂或侮辱队友和竞争对手，以及任意玩弄仪器设备等，都将会被取消活动资格，并让他们自己再复述一遍。有人可能会提出疑问，如果比利同学被取消了参加科学实验课的资格，那他不就缺少了别的孩子都会的技能了吗？是的，他是缺乏一点技能，但那又如何？给他一个深刻教训，让他学会为自己的行为承担后果，这样的人生要课不是更重要吗？

现在，每次去首都华盛顿旅行前的一年时间里，我都让学生为这一周的旅行做好充分准备。除了学习相关的文化历史等背景知识，还要学习公共场所的文明举止。当然还有更细致的要求——一定要心理成熟，要懂事，能配合老师完成这趟长途旅行，否则便没资格参加。如果某位同学老是需要我提醒他上课注意听讲，即使他是个天才，到时也只能收到我从华盛顿寄给他的一张明信片。当然，我会跟他的家长解释，如果孩子没能学会听讲，旅途将可能有危险。不会聆听老师的指令，怎能保证长途旅行的安全呢？在外地，就算一起过马路，也是需要听清老师指令的。

第二，课堂管理更加有条不紊，更轻松了。很多老师每天压力重重，是因为他们必须保证一个孩子都不能掉队，确保他们的学业都能令人满意。可我绝不会因为有的孩子落在后面而忐忑不安。当然我不是在倡导放弃那个上课嚼口香糖或不

交作业的刺头,做老师的肯定要竭尽全力鼓励和帮助他们积极
参与到学习中来。但如果碰到这样的学生,也千万别太上心。
冷静下来思考一下,其实老师的职责就是为所有的学生打开一
扇门,如果有学生硬是不愿进来,你也别太犹豫,陪伴已进来的
学生继续前行吧。当然你的大门永远是敞开的,那些问题学生
随时都可以进来。只是你也没必要总是哄着或求着他们进来,
须知这一刻绝大多数学生已经渡过了大海,等着你带领他们进
入理想之地呢。

鲍比、伊斯拉尔和克里斯

　　过去三十几年的教学中,我一直在倾听孩子的心声,我发
现他们对教学的不满有某些一致性。无聊的作业让他们厌倦
和愤懑;对某些欠公平的老师及规章制度,他们头脑里一直有
想法(只是还不太敢质疑),比如,他们憎恨老师对他们大喊大
叫。然而排在榜首的,却是在课堂上无聊地等待。有无数次,
因为管束一两个捣乱或不听讲的刺头,老师就让他们长时间坐
着发愣。你瞧,这就是学校生搬硬套"绝不放弃一个孩子"所付
出的代价。

　　开学第一课,我请孩子们随便坐,哪个位子都可以。然后
我微笑着问,父母是否告诉他们不要跟朋友坐一起,以免互相
干扰,看到很多小手举起来后,我大笑起来并告诉他们,可以放
松地跟小伙伴坐一起。"知道吗?"我又说,"跟伙伴坐一起,起
码比跟'死对头'坐一起要好吧!"孩子们明白了,原来我这个班
是允许发出笑声的。不过,我也告诫他们,学习任务很紧,所
以,我相信他们不会因为跟朋友交头接耳而耽搁了文学欣赏或

导致计算错误。如果上课不听讲，说闲话，他们就会被调开。孩子们很快了解到我充分信任他们，而这份信任其实也是一份责任，大多数学生都没有辜负我的信任。多年的实践证明，这种座位安排法效果特别好，班里气氛很温馨，孩子们的注意力也十分集中。

不过有一年，三个坐在一起的男孩辜负了我的信任，让我不得不快速采取行动。

这三人看上去有点邋里邋遢，而且根本就没心思学习。第一天到校，他们什么也不带，就坐在教室后排，一副吊儿郎当的样子，脚不是搁在课桌上就是跷在椅子上。进教室后，我向全班问好。眼睛一扫就瞧见那三位，跟其他三十二位比，他们太扎眼了。我走近其中一个孩子，问他叫什么，从姿态看他应该是最粗鲁的一位。他回答说他懒得理我，因为我根本就不是他的什么狗屁老师。

"错了"，我平静地回答，"我恰恰就是你的那位狗屁老师。我叫雷夫，请问你叫什么？"

开学的前几天，整个教室被他们搅得乌烟瘴气。这三个活宝每堂课都大闹天宫，想出种种花招干扰和摧毁课堂秩序。到了第四天，教学计划已经耽搁了很多，看来是得采取行动了。我一直在冷静地观察他们，对刺头们的情况也了解了很多。

克里斯是个小帮派的头儿。过去几年里，他被禁闭在办公室的时间比上课时间还多。因为太刻薄、野蛮且毫无自控力，以前的老师经常将他拎出教室。放学铃声响后，他会跑去校园日托班。这个班是为有些孩子等父母下班来接他们而开设的，他们在那儿做家庭作业和其他有益活动，但克里斯却利用这个机会跟他的帮会成员一起疯玩,还时常打骂一些比他们小的孩子。

三个孩子里就数伊斯拉尔话最少。他跟母亲住,可母亲却极少回家。我发现他的阅读能力很低,但也不是差得不可思议,倒是他的写作技能差得太出乎我意料,好像连二十六个字母都写不全。第一个星期,他什么作业也没做,似乎他每天到校的最重要任务就是盯着墙上的时钟,焦急地等待放学铃声。而回家后,学校的事也从不入他的脑子,直到第二天早晨不得不再次到校。

鲍比最好动,没有一分钟安静,总在位子上扭来扭去。有专家诊断他患有注意力缺陷与多动症,并建议药物治疗。我翻阅了他的记录,发现几年前就他的问题,学校心理咨询师和家长之间有个会谈,咨询师提议进行药物治疗,可他母亲最终给否决了。

尽管鲍比和伊斯拉尔举止粗鲁,经常干扰教学,但擒贼先擒王,克里斯可是他们的头儿,我一直等待着机会。一次科学实验课,克里斯竟然往一个小组成员身上扔指南针。这么尖锐的东西也敢扔?是可忍孰不可忍,该给他点颜色看看了。

我没有把他赶出教室,只是让他远离大家,单独坐。要知道,我根本没有太多的时间花在这些不可救药的学生身上。我每天要教七十个学生,还有很多其他活动。我的所有时间,清早上课前、课间休息、午餐以及放学后,都排得满满的。当然,我也可以像好莱坞电影里的老师那样,耐心地去了解这孩子愤怒的原因等,可这就是56号教室的真实情况,我写这本书的目的是要让热爱教育的年轻老师知道这些真相。也许未来某个时候，克里斯可能会像电影里描述的那样，通过我的种种努力，他终于流下悔恨的泪水，一切问题圆满解决，故事结局皆大欢喜。可现实是，此刻我得马上找到方法应对这个刺头，否则教学根本无法持续下去。

不能任由他继续胡作非为，一定得让他明白，他并没有任何特权，只是班级普通一员而已。实在不行，就甩开他。至于他后面会不会改主意跟上来，那就要看他自己的造化了。

在教室的最后面我放了张桌子，将克里斯跟其他孩子远远地隔开。同时，我把鲍比和伊斯拉尔调到最前排的左右两边。下午艺术课上，孩子们快乐地编织着挂毯，在这过程中学习着有条不紊、耐心地做事以及怎样听取指令。而鲍比和伊斯拉尔由于上午的历史和数学课上心不在焉，家庭作业也不做，下午这段时间我便罚他们补做。看到别的孩子都在那儿满怀喜悦地编织挂毯，慢慢地，伊斯拉尔熬不住了，主动提出也要参加。我告诉他当然可以，但前提是他必须完成所有作业。每天，当其他孩子忙于编织时，写有他名字的那份未编织的挂毯则静悄悄躺在角落里。伊斯拉尔很郁闷，因为其他孩子很轻松、愉快完成的作业，在他却总要花很长时间。

最难啃的骨头当然还是克里斯。每当他欺负别人或有违纪行为时，我便禁止他在午餐和休息时间单独离开教室。午餐来去都必须由我陪着，去卫生间也必须由一个同学陪着，以确保他在路上不惹麻烦。我告诉克里斯，在人类社会里，如果他不能跟别人和平共处，那他只能被隔离开。整个教育过程中，我从未大声呵斥、说刻薄话或者讽刺挖苦，我的态度总是既和蔼又坚定。

这样过了一段时间，一次他实在忍不住了，喃喃道："我什么时候能上操场去玩啊？"

我告诉他，那要看全班同学的意见。如果他能改变目前的恶劣行为，取得他们的谅解，出去玩耍和参加其他活动都可以。

开学四星期后，我发现这个"就让一些孩子落在后面"的方法取得了一些积极效果。首先，鲍比和伊斯拉尔的学习态度变得积极了，作业也能按时完成。同学们快乐的学习气氛感染了他们，他们也渴望参与进来了。过去的刺头们现在变好了，同学们感到很欣慰并时常夸奖他们。后来，这两个刺头的恶作剧和调皮捣蛋行为竟奇迹般消失了！令人称奇的是，他们完成的挂毯竟也十分精美。

当然最后还得说到克里斯。开学第四个月的时候，全班决定再给他一次机会，允许他去操场上玩。不过一个星期后，他又犯老毛病了，这次他骂脏话把一个女孩骂哭了。家长会上，他母亲当面保证以后会多鼓励孩子，帮助他健康成长，但此后她再也没露过面，连儿子的毕业典礼也未出席。

尽管如此，后来，克里斯所有的课程都达到了年级平均水平。他特别喜欢阅读课，其他作业也完成得很好，虽然还是偶有违纪。他也被允许参加艺术手工课，考试成绩也提高得特别快，过去用来打架的心思如今花在了功课上。看来，即便是在教室里远远的后排听讲，也总比隔离在校长办公室好得多。

一次，有位出色的代课老师替我上了一天课。当我回校时，她惊喜地告诉我，克里斯完全变了，这太惊人了！她认为我的调教很成功。可我并不敢苟同，对克里斯来说，未来是否能快乐、成功并对社会有贡献，目前还很难说，机会依然渺茫。不过这一年里，他倒是没逃过一天学，也慢慢学会了自我管束，并开始对学习产生兴趣。是的，他是被甩在了后面，可他并没有被抛弃。我也但愿他自此走上了一条洒满阳光的人生之路。

几年前，有位全国性杂志的女记者想就 56 号教室写篇报道。她花了很长时间进行观察，还采访了很多学生。一天下午，我正在讲台上改作文，学生们正在写作文。那位记者坐在教室后面采访一位女生，突然，她大笑着跌坐在地上。

等她擦干笑出来的眼泪，恢复情绪后，我问她什么事这么好笑。原来是她跟那个女生有这样的问答："我实在不明白，你们这些孩子为什么那么听雷夫的话，他说话既不大声，语调也不高，你们到底为什么仍然那么聚精会神地听讲？"

"知道吗，女士。雷夫从来不吼不叫，可我们都明白，千万别惹毛他！"

仅供参考

＊组织活动前一定要让学生知道，任何违纪行为都会导致资格取消。如若有学生违纪，你也不必生气或沮丧，继续有条不紊地准备着，绝不能因几个刺头的干扰而影响活动计划的顺利实施。

＊可常邀请学生对班级规章制度发表看法。孩子们并不介意严师，可他们讨厌不公平的老师。如果能积极参与到规章制度的制定中来，那他们更有可能严格遵守。

＊当你落下一个孩子时，一定要让他知道，希望之门永远为他打开。同时也要让他明白被落下的原因，只要做出改变，他即可重新归队。希望之门如果被关闭，这孩子便缺乏重新做人的动力。

*决定隔离一个刺头时,一定要给他安排作业或其他任务。你也无须跟他多费时间,要让他看清楚,你和同学们有很多事要做。

*应对刺头们的过程中,永远不要发火或讽刺挖苦。保持微笑和平静,继续做你的工作。别忘了,刺头不是这个班的领头人,你才是。

第十五章

睁大你的双眼

刚当老师那阵子,你一定有过这样的体会:由于教学时间的限制,你很难按教学大纲规定完成教学任务。考虑到每个老师所在的学校不同,为了有个参照,在此展示霍伯特小学五年级的教学时刻表和教学大纲。根据洛杉矶统一学区的政策,所有在校老师都需按大纲完成既定的教学任务。

8:00　开始上课

10:45　课间休息

11:05　继续上课

12:15　午餐

12:45　开始下午课

2:19　放学

稍加计算便可得知,老师每天用于教学的时间只有短短的五小时十九分钟。就这也很不准确,因为老师每星期都要参加一次职业进展会议,那天学生会提前一小时放学。此外,学生还要经常参加管弦乐队与合唱团的排练,学习欠佳的学生要去别的老师那里接受特别辅导等。对了,还有集会、火灾演习以及其他数不胜数的各种干扰。事实上,老师每天能见到全班都到齐的时间只有两到三个小时,有时甚至更少。更麻烦的是,每年至少还须花七十五到一百个小时在州标准化考试上,而这也严重干扰了正常的教学任务。

按照区里的大纲,老师每天都必须完成的教学任务如下:

三小时阅读课

一小时数学课

二十分钟体育课

二十分钟科学课

二十分钟卫生健康课

二十分钟艺术课

二十分钟安全教育课

二十分钟良好学习习惯以及公民意识的培养课

有些优秀老师还做了很多超出大纲要求的工作,比如利用午餐时间跟学生交流、单独辅导以及为学生写推荐信等。但即使这些你都不做,仅严格按照大纲来教学,时间也根本不够,无论你怎样费尽心机都无法完成规定的教学任务。

这当然并非世界末日,但它的确构成了严峻的现实挑战。要完成这样的教学任务,就意味着老师在时间分配上必须更加聪明和高效。

试着将"谨慎驾驶"作为我们行动的指南吧。想一想高速路上那不停闪烁的黄色警示信号灯,它们正在警告我们,前方危险,请谨慎驾驶! 同理,在教学中,"谨慎驾驶"将促使我们最合理地分配有限的时间,让好钢用在刀刃上。其实,警示信号在课堂上随时都会出现,只是惟有在经验累积的基础上,你才能独具慧眼加以辨识。家长、同事和班上学生一直在用活生生的例子于有意无意间告诉你,该怎样合理和有效地安排时间。只是多数情况下,这些可能都被你忽略了。

进入教学成长期后,很多时候你千方百计想给学生加些有趣的教学内容,结果却只能是盯着课程表倍感无奈。怎么办呢? 时间根本不够! 每每面对像沙漏里的沙子那样快速流逝的时间,很多出色的老师也总一筹莫展。遥想当年我的青葱岁月里,也不知多少次因忽略警示信号而白白耗费了无数宝贵的时间。

本可避免的麻烦

关于忽略警示信号,我给大家讲个教学初期发生的有些极端但却真实的故事。当时班里有个叫苏瑞的小女孩,她母亲望女成凤,一方面过高估计孩子,另一方面特别娇惯她。女儿的书包和乐器总是由她拎着,每天的午餐也由她做好带来。只要有人愿意听,她便会滔滔不绝地夸耀女儿的种种优秀和杰出才能。虽说太言过其实,但有一点还算说得没错,女孩的小提琴的确拉得很好。

她母亲经常在教室外踱来踱去,可真要她帮点忙却根本指望不上。如果周末美术馆有类似马格里特的精彩画展,苏瑞一定是第一个报名参加的,而她母亲从未主动帮忙载学生去展馆或为这次活动准备点零食点心。这位家长的架势的确让老师们有些看不惯。

　　但我可不想因对家长的好恶而影响了我的教学情绪，况且苏瑞这孩子各方面都挺不错。当时，我还一度傻乎乎地想，也许我能将苏瑞从被过度干涉的阴影里拯救出来。可以说，她母亲已发出了明显的警示信号，她在无意中多次提示我，她是个极为难缠的人，将可能耗费我过多的时间。而同学们发出的信号就更明显了，可惜当时我都置若罔闻。

　　第一次家长会上，因为她女儿的成绩不太理想，这位母亲就开始向我发难。她振振有词地向我指出，在这所学校她女儿不仅学业最出色，也最受同学们的拥戴。我一时愣住了，这也太夸张了！事实上，她女儿跟她所描述的相去甚远。不过即使这样，我还是让苏瑞参加了课外莎剧班。毕竟子女无法选择父母，况且，她的小提琴的确拉得很棒。

　　这期间我还常接到同学们对苏瑞的投诉，说她常在排练时冷不丁将同学推下台，还经常躲在进出口隐蔽处用脚绊人。可惜，当时我并没有睁大眼睛保持警觉，反而完全忽略了大家发出的警示信号。其实像苏瑞这样的孩子，本来就不应该让她参加莎剧这样的课外活动，平时上课给予一定的关注就够多了。

　　可惜一切都悔之晚矣！年中一次莎剧排练中，有个孩子跳舞时意外跌倒，手臂扭伤了，打了三天的绷带。苏瑞母亲马上跑到校长那里投诉，说我的教室是危险之地，并称我根本不适合教书，这还没完，她还给所有她认识的家长打电话指责我的种种不是。

　　那年我因此陷入困境，过得异常艰难。尽管年底的莎剧演出依然精彩，可我付出的代价实在过于高昂。如果当初我重视那些警示信号,不让苏瑞参加莎剧班,那么,哪里会出现后来花太多时间跟她母亲纠缠的局面呢? 而我的时间又是那么的宝贵。我简直陷入了两难境地。

吃一堑,长一智

说起来,教书这行也有它的长处:老师可以不断从错误中汲取教训。早年我总是忽略警示信号,而这一弱点也阻碍了我成为一位高效的老师。

再说说多年后的凯瑟和安东尼这两个孩子吧。如果把他们放一起,你肯定先注意凯瑟,这女孩外貌秀丽、身材纤细高挑,性格开朗外向,她也酷爱学习,是个难得的好学生。而安东尼总是面带愠色,说话含糊不清。凯瑟毫无意外地参加了莎剧班,并很快担任了主角,她不仅嗓音甜美,歌也唱得非常棒。而安东尼根本就无心参加什么莎剧班。

但无论凯瑟当时的光芒看起来多么耀眼,仅仅参加莎剧班或拥有一些才能,也并不意味着她值得老师花太多时间给予额外关注。随着时间的推移,我发现两盏警示信号灯亮了起来:第一盏是,无论放学还是周末,没有一个同学邀凯瑟一起玩。即使最友善、最通情达理的女孩们也只是她们一小伙去面包房买糕点,凯瑟从不在她们的行列。考虑到这并不是教师分内的事,我没有特意问她们个中缘由,只是冷眼旁观。我思忖可能是因为她妈妈太粗门大嗓,太爱说闲话了,孩子们都很烦她,于是凯瑟无辜受到牵连。

同学们始终对凯瑟以礼相待,可放学铃一响,她却被同学们故意冷落。久而久之,我慢慢了解到了内幕。原来,她过于小气的个性让她在同学中失去了人缘。也由于深受其母亲的不良影响,她过于看重外在的名誉和别人的评价,以致忽略了真实的自己。自私和虚荣使熟知她多年的同伴们对她敬而远之。

另一个小孩安东尼则从未引人注目。他来自单亲家庭,母亲多年前离家出走,至今音信全无,这事对他打击很大。一般人都觉得这孩子外表透着一股冷硬的劲儿,便误认为他粗鲁或冷漠,其实他冷硬的外表下是颗脆弱的心。幸运的是,他终于在56号教室找到了家的温暖。慢慢地,他开始活跃起来,还参加了好几项课外活动。

他常常很晚还在教室帮着打扫卫生,默默无闻地劳动,从未大声为自己邀功请赏。有那么几个月,他时常跟我敞开心扉畅所欲言。我也渐渐了解了这孩子的家庭背景、理想和困惑。尽管从表面上看,凯瑟学习更好,也更可爱,而安东尼看上去没那么招人喜欢。然而多年的教学经验让我早已练就了一双火眼金睛,如果时机成熟,我更倾向于在安东尼身上多花些时间精力。打动我的是他默默关心和帮助别人的品行,以及他立志未来帮他父亲撑起一片天的雄心。

学年快结束的时候,我跟一些学生提议说,如果感兴趣的话,你们下学期还可以继续回来跟我在周六清晨学习莎剧、词汇和代数。当然我也知道他们大多不会再回来了,因为新学年他们都有自己的兴趣和活动安排。

暑假期间,我突然接到凯瑟母亲的来电,她的声音紧张焦虑,原来她看中了一所离家只有十分钟车程的特长学校,学校的课程设置也十分适合凯瑟,凯瑟的很多同学已顺利地被这所学校录取了。可惜凯瑟未被录取，因她母亲未及时向区教育局递交申请表。尽管几个月前学校和我曾三番五次催促她办理此事，可她当时都充耳不闻。电话里，她急迫地请求我做两件事，第一，给那所学校打个电话看看能否用我的关系帮上忙；第二，这事要对凯瑟守口如瓶，否则孩子会迁怒于她。这位母亲的自私任性则是又一盏亮起来的警示灯，它在警告我，对这对母女的帮助该适可而止了。尽管如此，我还是给那所学校的一个朋友打了个电话，顺利地为凯瑟办理了入学手续。多年后，我有时还会想，当时我还可以向这位母亲提议，如果想让凯瑟学些高难度课程，可以上我的周六班。但最终我并没有主动向她提及。凯瑟这一年跟我学得不错，我也为她打开了一扇通往美好未来的大门，但对她的帮助也该告一段落了。

安东尼读完五年级后，去了当地一所中学。那是一个充满暴力、摇摇欲坠的学校，老师每天的重要任务是筋疲力尽地维持课堂秩序。刚开学两星期时一天放学后，我突然看到安东尼出现在教室的后面。一阵寒暄后，我问他现在好不好，他答曰十分怀念五年级的时光和班上那些友善的同学，而他现在的同学则有些恐怖。见此，我诚恳地邀请他参加我周六早上的课程。他当时沉吟良久，没有马上答复我，当然这就是他的性格。现在，两年过去了，安东尼没缺过一次周六课，而且学业优异。他在中学里的学习也很好，另外，他在班级里也颇受欢迎，同学们经常邀他一起踢足球。

实际上，凯瑟和安东尼这两个孩子现在都表现很好，我很欣慰。重要的是，过去的经验告诉我该怎样正确地解读种种警示信号，以便把我有限的时间花在最该花的孩子身上，以助他们改变命运。

当然,安东尼对这些一无所知。他也不会知道,之所以给予他额外的关注,是因为他通过了皮特·马克观察法。这种观察法十分有效,你也不妨在你班上一试。这个观察法让我决定哪个孩子能得到我额外十五分钟的关心和帮助,可别小看这十五分钟,这可是我来之不易、非常珍贵的十五分钟。

皮特·马克观察法

皮特·马克是加州卡皮特拉市凯特寄宿学校的杰出教师。他家庭幸福和睦,有贤惠的太太和三个可爱的子女。他热爱教学,视学生为自己的孩子。学生们也十分信任和喜欢这位良师益友,他循循善诱、平易近人的教学方式让人非常神往,渴望亲耳在他班上聆听教导。

每年有成千上万的孩子趋之若鹜地申请就读这所精英中学。一次,皮特告诉我怎样用他独特的观察法来甄别哪些学生需要他额外关注。每次午餐时,他走进餐厅后,会随机选一桌跟班上学生一起吃,借机在闲聊中不着痕迹地观察各色学生。这所学校的学生都很聪明,言行得体,但他还是将他们分成两类:第一类学生谈话时礼貌专注,谈话内容也生动有趣;第二类学生更加出色,他们不仅对交流更感兴趣,还会展开辩论、懂得分享因思想碰撞所带来的快乐。尤其是他们真诚地袒露自己,从不忸怩作态,不会因老师的来临而改变自己的行为举止和说话方式。这类学生才是他更加关注的对象。

其实安东尼就拥有第二类的某些特点,他从不因跟我坐在一起而变得手足无措,相反,他总是自然而然,极少做作。相对于其他一些掩饰内心真实想法的学生，我对敞开心扉、袒露真实自我的安东尼就更加了解和接纳了。

每当想给学生额外关注时，就想想皮特·马克观察法吧。每次你去家访或为帮助学生四处打电话时，请仔细关注闪烁的黄色警示信号。好钢用在刀刃上，你的时间有限，所以行动前请一定睁大双眼，保持警觉。

仅供参考

＊由于时间不够，很多事你在课堂上根本无法实施，包括大纲上的教学任务。每天课堂内外所面临的问题和阻碍使你无法尽心尽力去帮助每一个孩子。

＊劳神费力帮助一个孩子前一定要谨慎。如果你去帮他/她，而结局又注定是悲剧，到时你不仅会情绪沮丧，甚至会十分伤心。所以行动前，一定要随时观察闪烁的警示信号。

＊面对亟待帮助的学生，你当然需要施以援手，不过也不必在课外给予过度关注，除非你确定你的额外付出会奏效。

＊决定额外付出前，请一定使用皮特·马克观察法。孩子需要帮助，仅仅这一条是不够的，重要的是找到适合帮助的对象。如果你没有事先观察，想当然地去帮助一个孩子，结果往往可能不理想，而你本可用这个机会去帮助另外一个亟须帮助，且能改变他生命轨迹的孩子。

＊教学生涯中，很多老师都曾有无数次额外付出后却遭遇惨败的经历。尽管伤痛刻骨铭心，但我们还得爬起来继续奋斗。不过，吃一堑，长一智，一定要睁大双眼，仔细观察。如此，未来获胜的概率才会大增。

第十六章

软 销 售

　　我经常提醒学生,切勿一直停留在科尔伯格道德发展的第三阶段——一言一行的目的是为了取悦别人。当孩子们失去了独立思考的能力,被训练成机械地仅为取悦老师而学习时,这是多么悲哀啊。事实上,他们自己对艺术手工课的好恶远比我这个老师怎么看更重要。

　　为了更加清晰明了,我给大家举个有趣的例子。今天,尤金在数学课中途和我有一段对话:

　　尤金:雷夫,我可以去上卫生间吗? 我知道我应该课间休
　　　　　息时上,可我现在着急去,行吗?

　　雷夫:好吧,你回答几个问题就行。你认识的人里面,谁最
　　　　　聪明?

　　尤金:(脸上露出胸有成竹的微笑)雷夫。

　　　　　(其他孩子都兴奋地抬起头来咯咯笑。)

　　雷夫:你最喜欢什么颜色?

　　尤金:雷夫。

　　雷夫:你最喜欢的数字是什么?

尤金：雷夫。

雷夫：如果你将来有个女儿，你会给她取什么名字？

尤金：雷夫。

雷夫：美国第一任总统是谁？

尤金：雷夫。

雷夫：尤金，你怎么这么聪明！你可以去了。

尤金出去后，大家又笑了一阵。现在大家都明白了吧？有些孩子真的很崇拜老师，将老师视为宇宙中心，尽管这看起来十分荒唐。

但在现实中，我又不得不在某种程度上做个通晓一切的"无所不知先生"，其实，这就是我的工作。在日常教学中，练棒球时，我会在操场教他们怎样手握球杆才能更好地击球；一小时后写作文，我又会教他们怎样改变句子结构，让文章显得更加流畅；学快速运算时，教他们怎样排列数字；弹吉他时，教授怎样换手指来弹奏小过门等。一天中我就是这样不停地做各种指导，于是，他们也就顺理成章地视我为一切事物的权威。

这样并没有什么不好。作为职业老师，我们当然需要在所有科目上给予孩子们正确的指导。只是有时我们会做得过火，跨越了一条既微妙又重要的界限。对老师来说，过界太容易，太司空见惯了。这条界限的区分是，前者是教孩子们正确地掌握技能，而后者是强行改变他们。好老师会提供给学生有价值的信息，但绝不生硬地给学生灌输自己的想法、行为方式以及价值观。事实上，好老师就是鼓励学生听取有益的指教，然后通过消化吸收，形成他们自己的见解。

　　可惜,过去的好多年里,这样的错误我曾屡犯不止。每星期有四天,我会在正式上课前为感兴趣的学生进行额外辅导。这个数学兴趣班每次四十五分钟,旨在增进他们的兴趣,提升解决难题的思维方式。

　　我十分明了,跟其他有益课程一样,学生只要参加都会受益匪浅,他们学到的也将远远不止解题这个最基本的技巧。当一个孩子自愿一大早便到校学习额外的知识,这意义非同凡响。这意味着在他的世界里,学校占第一位,他渴望做最好的自己。另外,在解题的过程中,小组成员们也会结下深厚的友谊。他们不仅学会合作,也能在意见不一致时耐心地倾听对方的见解。这个数学兴趣班对他们的影响太深刻了,甚至多年后还有很多孩子给我来信,叙述当年参加这个班获得的种种益处。

　　但二十五年前刚开班时,我可是经常逼着学生参加的。我会说:"路易斯,你不来可不对,数学兴趣班对你真的有用。你真该一大早就来,不然你就亏大了!"如果他还是不来,接下来我会每天都提醒他,叫他学学其他孩子,好好利用这个宝贵机会。

　　是的,这事我的确做得过火,也让学生倍感疲惫和为难。而且,我还犯了短视的毛病。老师能为学生做的最美妙的事情之一,是帮助他们成为自己命运的主人。如果所有的事都由我们强迫他们去做,即使在我们眼里是所谓天大的好事,那如果将来有一天缺了老师的耳提面命,他们不就得束手无策了吗?

　　老师该做的,是为学生提供一份琳琅满目的菜单,至于到底点什么菜,在有些时候还是由他们自己做主吧!自从明了这一点,我马上改变了原来的策略,而这一改变带来了不计其数的好处。

当然，学生课外的选择早已今非昔比，种类远多于当年单一的数学兴趣班。每个周二，我们有电影俱乐部，学生可以课外欣赏经典电影，片子还可以在周五从片源丰富的校图书馆借出来。课间休息和午餐时间，他们还可以学弹吉他，重头戏则还是放学后参与莎剧排练。

如今，我只会采用"软销售"法，而参加的人数却出乎意料地迅猛增长。开学第一课，我便跟学生介绍有哪些课外兴趣班，同时也给家长寄了一封信介绍这些活动。此后，我便绝口不提这些活动，除非有学生感兴趣来问我，那我当然是有问必答。正如电影《梦幻之地》里的经典台词所阐明的那样——你只要建好了，他们自然会来。结果，学生们真的都来了，这太神奇了！

咱们以现在的数学兴趣班为例，看看它是怎样吸引学生眼球，并最终获得多数学生青睐的。第一天开课时，兴趣班只来了八个孩子。课程是清晨七点一刻开始，七点五十五分结束，然后这些"早起的鸟儿"赶紧起身放松一会儿，去卫生间或去喝点水，八点钟又该正式上课了。

那些在教室外等待参加八点正式课的孩子们惊奇地看着这群"早起的鸟儿"愉悦地走出教室。是呀，他们有理由感到愉悦，因为兴趣班的数学课简直太有趣了，跟大多数枯燥乏味的数学教学完全不同。学员们完全沉浸在一种既有团队精神，又具挑战性和趣味性的学习氛围中。以这样的方式开始一天的学习对他们来说简直太棒了！

数学兴趣班的学员们以这样愉悦的精神面貌展现在他人

面前,还需要我劳神费力地推销吗? 而且,随着时间的推移,兴趣班学员的数学成绩毫无疑问总是名列前茅。

这样过了几个星期,有些孩子就会在休息时间羞怯地问我,可否还能参加数学兴趣班。

"当然可以!"我愉快地回答,大门自然总是向他们敞开的。

到了开学第三个月,班上大多数孩子都会加入这个班。多好啊,这是孩子们自己选择的结果,他们做了自己命运的主人。于是我每天一大早面对的,是一群自愿来学习的孩子,而非一群盯着时钟、急于逃离的小囚犯。

至于每个周二放学后的电影俱乐部,一开始很多人总会因各种原因不愿参加。有的要回家照看弟弟妹妹,有的是要参加其他课外活动。无论如何,我都会平静地微笑着说:"嗨,不能来也没关系,我完全理解,谢谢你能告诉我。只是个小小的俱乐部而已,不参加也没什么。"我从不在他们面前夸耀参加电影俱乐部的种种益处,尽管益处确实有很多。比如,观看这些经典影片不仅能提高听力水平,也会提高写作能力。况且,这个活动的气氛总是很好,大家其乐融融。

周五早晨八点正式上课前,电影俱乐部的孩子们利用短暂的休息时间,开始挑选周末带回家的影片,有些孩子交头接耳地商量着周末聚在一起欣赏影片。影片种类繁多,从《双虎屠龙》、《帝国反击战》、《绿野仙踪》到《帝企鹅日记》等。而这一幕让刚进入教室,却尚未加入电影俱乐部的孩子看得怦然心动,他们会毫不犹豫地跑过来要求参加。"那你的妹妹谁来照顾呢?"我问。结果,为了加入俱乐部,他们最后都各显神通地解决了自己的问题。

这样，每到周二下午，教室里都挤满了欣赏经典影片的孩子，人数虽多，可他们的举止却无可挑剔。他们曾多次跟我提到，现在电影院里的观众非常吵闹，这种不文明现象让他们觉得很难过。看来只要是孩子们自愿加入的活动，他们在行为举止上也会更加自觉，表现得要文明有礼。他们静静地在教室里看电影的两小时，我可以放心大胆地离开，没有一丝担忧。他们这样自觉遵守纪律并非是怕惹麻烦，也不是由于墙上贴着什么规章制度，而是因为当这种课堂文化由学生们自己建立时，很自然地，他们会责无旁贷地去遵守。

在传统课程上我也采取了同样的策略，作为吸引学生的主要方式。当然，在一些必学的技能方面，我就比较强硬，坚持让他们好好掌握。开学第一天，学生面对的是艺术、音乐、科学、历史、戏剧等一系列琳琅满目的课程。我会告诉他们，这些课程各自的分量和重要性并不一样。我当然希望他们了解托马斯·杰斐逊以及路易斯安那购地案，不过现实一点看，一个即将升入中学的学生知不知道托马斯·杰斐逊或独立宣言的作者，远没有能否读写一段文章这些基本技能重要。

开学几个星期后，总有几个学生什么也不想做。这几个人学业落后，别的孩子在了解托马斯·杰斐逊和做火箭模型时，他们还在挣扎着完成最简单的作业。他们常会跑来问我，为何不能像其他人一样玩历史游戏或搭建按比例缩小的太阳系模型。我总是告诉他们，完成作业后就可以参加活动了。我从未辱骂或讽刺挖苦这些懒惰的学生，尽管我内心有很强的冲动想去这样做。这真需要很强的自制力和耐心。面对懒惰的学生，我真的无数次想大吼一声将其唤醒，去完成该做的作业。然而,这样效果不仅不会好,也不会持久,老师惟有采取耐心和"软销售"的方法。懒惰的学生只有慢慢意识到努力学习必有丰硕回报,他的学习动力才会持久。

多年前,我出版了第一本书《成功无捷径》,这句话今天依然显现在教室前面的三角旗上。我经常问来访的老师,这句话对他们意味着什么。他们告诉我,这是在提醒学生天道酬勤,一分耕耘才有一分收获。掌握一项技能或实现一个大的梦想通常需要几千小时的投入,他们也特别希望自己的学生能牢记这一点。在今天这个快节奏的社会中,人们往往忽略了一个基本的自然规律——万物皆有时。

《成功无捷径》并不只是写给学生看的,老师也需要经常看看。如今的老师都肩负重重压力,上司需要他们马上大幅提高学生的成绩,迅速成功地改造某些刺头学生,而这一切都需要经年累月的努力,不可能立竿见影。如若一个孩子在阅读上落后了五年,怎么可能一年内突变成一个优异的阅读者呢? 这肯定需要一个长期的过程,也需要我们十足的耐心。

采取"软销售"的策略也是在提醒老师耐心有多么重要。假如我们真的能让学生踏上酷爱学习和自我提高的人生之路,那未来他们将有无限的可能。"软销售"是帮助学生主宰自己命运的基石,尽管需要老师付出更多的时间和耐心,可它显现出的长期效果确实非常值得我们期待。

仅供参考

＊跟学生交流时,你使用语言的方式很关键。这事说起来容易做起来难,重点是让事实说话,不要把自己的观点强加在学生身上。毕竟这事关他的人生和自主权,过于强烈的个人倾向会有失公允。

*机会和希望之门永远为学生敞开。如果学生不愿参加课外活动项目，要让他们知道，只要愿意，可以随时加入。假如这扇大门关闭了，那他们就失去了前行的动力了。

*随着经验的累积和教学的成熟，尝试每年都增加些活动项目，可以是额外学分的作业，也可以是实地考察旅行等。如果我们提供的活动丰富多彩，总有一项是他们乐于参加的。

*尊重那些未参加活动的孩子，而对已参加的孩子也无须另眼相看或给予优待，特别是在正式课程时。

*让学生明白，他们自己的课外活动完全是自己的选择。适当时可问问学生的动机是什么。很多孩子参加莎剧班完全是因为父母认为这事对小孩有好处。假如仅是为老师、父母或同伴而加入，孩子则很难获得好的收益。如你了解到孩子是为别人而加入，应让他明白，无须迫于外界的压力而加入，他还有很多其他的选择。

第十七章

秘密武器

众所周知,在帮助学生取得长足进步方面,优秀教师都会使用一个秘密武器。这一秘密武器在教师职业进展会议这样的公开场合倒是极少被提及。但所有拥有五年以上教龄的教师都会经常使用这个有效且免费的武器,而我也多年来一直都在使用这一超级武器。

56号教室能够获得成功绝非偶然,它得益于很多因素:很棒的学生、许多关心子女教育的家长以及专业的教职员工队伍,正是他们的不懈努力,才让学校得以成为一个寓教于乐和性格培养的福地。但56号教室能够成功的最秘密武器还是以前的学生。

是的,老生才是促进56号教室前行的核心动力:正在读初中的老生们每星期总会回来几次,帮助打扫教室和批改学生的作业;读高中的老生也会在万圣节那天带着小礼品和糖果分给孩子们;六月份莎剧公开演出时,他们定会回来观看助兴;成年老生更是在辅导孩子和捐款方面积极踊跃。正是这些老生们的无私贡献,才让56号教室凝聚成了一个友善的大集体。

作为老教师,我当然知道孩子们都拥有巨大的潜力和未来无限的可能。我也相信他们将会秉承所学的信条，勤奋地工作并利用其非凡的创造力让世界变得更美好。而现在，我已将他们引进了通往美好未来的大门，要知道，这扇门以前对他们而言可是关闭的啊！但进入大门后，孩子们却对我为其指明的前景懵懵懂懂。当然，这一局面的形成源自诸多因素。假如他们的父母受过高等教育，每天晚餐时全家人都能坐在一起愉悦地交谈、共享天伦之乐该有多好！因为这样，孩子们将会潜移默化地接受父母优良的价值观，而良好的家庭修养和潜能的激发则使他们的未来不可限量。

然而，我班有些孩子从没有机会跟父母一起吃晚餐，有的甚至连晚餐都吃不上。在他们居住的社区里，暴力、毒品简直司空见惯。当残酷的生存环境让这些孩子长成了玩世不恭的少年时，对于热爱教学的老师来说是多么大的挑战啊。

电视烹调节目中，为吸引眼球，名厨们总是将做好的菜肴事先展示给观众，然后再教大家一步步地制作这道菜。做好的菜看上去真的令人垂涎欲滴。当名厨忙于展示厨艺和配料的时候，我们都已知道这道菜完成后的样子了。这时，我们就特别愿意跟着学，美味正在召唤我们呢！

但多数孩子都很短视，根本看不见自己的前景。当然老师可以督促学生把考大学作为未来的目标。但在现实中，如果孩子身边没有一个人读过大学，他根本就不知道大学是怎么回事。对他来说，大学显然太虚无缥缈了，于是你的一切苦口婆心他根本就无法领会。

但老生们的出现让一切都变得不同。现在的老生就是孩子们的未来，这让原本虚无缥缈的未来一下子变成了眼前活生生的现实。之前这些孩子常听玩伴们说，在学校里学习简直就是无聊透顶，是浪费时间，一点用也没有。可现在这些老生却传递了完全不同的观念。来访的老生们看起来跟他们无异，老生们也生活在同样的社区，可他们真的关心学校，很亲切地跟小孩子们交谈，而这让小孩子们感到了温暖。这些老生对整个班级的影响比我期望的要大得多。跟老生们坐在一起交谈、打棒球或弹吉他时，班上孩子所受到的影响，也远比我苦口婆心的说教更加生动和有效。

有的老生即便不来，他们的影响也非常大。教书的日子久了，你手头一定收集了很多老生的来信，这些可是你了解他们人生进程的宝贵资料。即便有些来信可能讲述的是比较悲惨的故事，但也包含了一些人生教训或有益的建议。每当收到这样的珍贵来信，我会复印下来给学生每人一份，让他们夹在笔记本里随时阅读。如此，老生们尽管身在千里之外，却也同我们紧密地联系在了一起。

两个有警示意义的故事

下面我将展示两封老生来信。可能的话，你也可读给你的学生听。写第一封的老生正在上大二，写第二封信的老生刚从名牌大学毕业。两封信中，特别是第二封，包含了一些悲惨的事实。这些坚强的学生跟我们一起分享他们的人生过失以及痛苦，而这恰恰为后来者照亮了前行的道路。

多年前在我班时，凯茜是个很可爱的小女孩。她的家庭和睦，父母也很关爱她。她酷爱学习，每天都兴高采烈地来到学校。她不仅音乐才能出众，体育方面也很出色。她为人友善，性格外向，有很多朋友。此外她还有一个过人之处：她特别了解自己，无论遇到何种难题，她都会沉着面对，然后冷静地处理。现在她就读于一所名校，在那儿过得很愉快。不过，跟很多学生一样，青春期时她也过得并不好。

亲爱的雷夫：

我是凯茜，您九年前的学生。我写信是想祝您身体康健，并继续在 56 号教室做得不同凡响。另外，我还想说的是，您能继续教下去真是太好了！您曾深深地影响了我的人生。我必须告诉您的是，您传授的价值观让我在两个方面受益匪浅，为此我深表感激。

第一，你教导我们的"与人为善"和"勤奋努力"等价值观的确激励了我们。想想当初我们是多么的迷茫和缺乏自信啊。我记得当时绝大多数同学都特别认同您为我们树立的人生信条，大家心情都十分舒畅和快乐，恰如一群迷途的羔羊突然找到了回家的路。

可惜进入中学后，一切都不同了。很多同学不仅性格幼稚，说话不分场合，十分轻率，还很粗鲁刻薄。我当时一直百思不得其解："为什么我们不能变得成熟一点呢？我们可都是中学生，都快是成年人了。为什么我们不能像成年人一样互相尊重对彼此友善呢？"可现实就是那样的残酷，在沮丧和绝望中，小学五年级所建立起来的美好世界整个坍塌了！

但每周六，我还是继续跟您学习莎剧和 SAT 考试课程。我也一直牢牢信守着这些信条，不过需要坦承的是，有好几次，我都差点因屈从中学的环境而放弃继续遵守那些信条，"与人为善"和"勤奋努力"让我感到了痛苦。但最终我还是坚持下来了，让它们融入我的生命中，而这些信条成了照亮我人生的指路明灯。感谢您！雷夫，是您让这一切成为可能。

第二，您让我见识了什么是热情和持久力。我也曾遇到过很多老师，他们或有跟您一样的热情，或有持久力，但是没有一个老师能像您一样对教学的热情和持久力是那样和谐地显现在一个人身上。

我渴望能成为像您一样的老师：能够拥有巨大的影响力，能够帮助一大群孩子，让他们充满乐观和自信，并由此成长为了不起的人。

　　　　　　　　　　　　　　　　　爱你的凯茜

对中学生而言，听听这些老生们讲述亲身经历，比听我讲什么青春期要更加的鲜明生动，也更有意义，其重要作用是即使再优秀的老师也无法替代的。

而对高中生而言，当他们面临痛苦和恐怖的大学申请过程时，读一读老生赛尔斯特女士的来信定能让他们更加明了什么才是最重要的。确切地说，赛尔斯特并不是我的学生，她只是跟她的同伴们一起参加过课外莎剧班。进入中学后，她还继续在我的周末班学习。在写作方面，她天赋异禀，是我见过的少数最有才华的学生之一，我非常荣幸曾指导过她的作文。赛尔斯特博览群书，每次讨论会上，她都有着不俗的见解。不过她讨厌数学，对数字一点也提不起兴致，所以她的代数和几何分数总是比较差。即便如此，她的写作才华还是让她获得了奖学金，并考入一所以艺术和创新闻名的私立高中。我最后一次听到关于她的消息是在她读高中时，她的朋友告诉我，赛尔斯特被一所全国名牌大学录取了。再后来大约有八年时间，她一直都杳无音讯。

去年的一天，我给她写了一封信。过了段日子，我突然收到了她的信，而且这封信还成了我认识的每个高中生的必读。

亲爱的雷夫：

谢谢您的来信，很抱歉拖了这么久才给您回信。

同时也很感谢您愿意倾听我的心声，而我觉得也无妨让大家了解一下我的人生到底发生了什么。

那时，我的整个家因故都笼罩在沮丧和烦恼的阴影中，而我亦深受影响。更糟糕的是，由于过度用功和焦虑，我整个人都感到筋疲力竭，只是之前一直都没有察觉到而已。这种状态可能始于初中，也可能在小学就形成了，到大学时就更加严重了。

记得您总是鼓励我们遇到困难时，可以跟你谈心。可当年只有十来岁的我对这话一直都没往心里去。老实说，我当时也根本不清楚自己到底怎么了，所以对求助一事也很茫然。我也不知道该如何启齿，也不清楚我家庭的事你是否也能帮得上。再说，之前的家庭私事，都是我自己应对的，从来没有干扰到我的学业。

一直以来，我的整个生命就是在学校学习，为取得好成绩而努力，这就是我活在这个世界的价值。可学校真的让我感到厌倦了，而这种感觉应该持续很久了。

后来我考入了大学，主要是因为学校是全国最好的，而且它离家很远，又提供奖学金，按照我父母的说法，我已"实现了人生的目标了"。大一时我门门课都是优秀，可惜后来我陷入了痛苦的挣扎中。这么多年来，我一直鼓足信心并坚持不懈，就是想脱离家庭，离家远远的。现在目标实现了，大学该让我舒缓一下多年累积的压力了吧？可结果大学居然也是个督促大家勤奋学习的场所。不知不觉中，我坠入了一个苦恼的漩涡里：既想去体验人生和探究世界，又被逼着去获得好成绩。自身的能量、热情迅速减退，我怎么又身处残酷的学业竞争中？而此时所谓的学业成功对我来说一点意义也没有了。

毕业后，我回到家里休养。我也一直努力想重新找回对生活的热情，但现实总是不如人意。我变得极为困惑：无法判断我对这个世界的认识是否正确，可事实上，对同样一件事，人们又有那么多不同的解读，况且，也根本没有任何方法来鉴定"真理"（或许这世上根本就没有真理这回事）。

现在，人生之路对我而言相当颠簸艰辛：一方面我试图了解生命的意义，另一方面我也在探究人类社会是怎么回事，以及我要如何融入其中——的确困难重重，尤其在目前经济萧条的困境中，找工作很难，而我又根本不知道该做什么。

我觉得失去了太多的时间，真该迎头赶上。不过有句话你说的对，生命就像是一次长途旅行，时有疑惑和风险，但总是很激动人心。

赛尔斯特

这两封信的结尾尽管都掺杂着悲伤，但两位老生对未来依然怀有希望。跟学生分享这样的老生来信不仅必要，也很恰

187

当。他们需要知道人生的真相，无论是好是坏，哪怕是丑陋的。

很幸运，老教师也常收到关于老生好消息的来信。你只要复印一下发给学生，一位老生的成功榜样会激励无数学生踊跃地追随，去实现自己无限的可能。

达米安小学时就是个优等生。读初中期间，他还继续在周末班学习，高中时他经常自愿帮助辅导学生。后来他顺理成章地被好多所名牌大学录取。入学第一天，他给我们班寄来了明信片。

你好，亲爱的 56 号教室！

对于我来说，小学五年级已是很久远的事了，不过我发现大学开学跟我五年级开学第一次成为小莎士比亚人颇有相似之处。那段时光的确辛苦，不过好在我努力坚持下来了。"与人为善"和"勤奋学习"对我影响重大。

我现在所有的成就都得益于 56 号教室。而随着年龄的增长，我愈发认识到，这个离我家仅有两个街区的小小教室才是这个世界上最棒、最酷的地方！谢谢你，雷夫，是你创造了这一活生生的奇迹。

给学生读读这样的老生来信，让他们多少看清了现在的学习跟未来之间的关系。达米安用他的亲身经历讲述了他小学跟大学的联系，使大家茅塞顿开，大开眼界。特别对班上一些贫困的孩子来说，当他们翻阅夹在笔记本里的这些来信，逐字逐句读到这些真实的成功故事时，希望之门便开得更大了。

帮助学生去迎接他们无法看得见的未来，对老师来说是一场不懈的挑战。幸运的是,无论何种情况,青春期的阵痛、潜藏已久问题的突然爆发……老生们皆为孩子们描绘了他们未来可能的遭遇。老生们那些鲜活的例子,加上你的专业指引,定会让学生渴望成功的梦想变成现实。

仅供参考

＊有机会的话,每年都联系上一些老生,与他们保持通信。也不妨告知他们,让他们明白这样对你的重要性。

＊需要老生帮助时,请不妨直言。如果他们愿意,就请他们跟学生讲讲你这个班级当年是怎样助他们踏上成功之路的。

＊而对老生的尊重也是 56 号教室文化的重要组成部分。

＊提醒学生,人生是个漫长的旅行。他们的成功也绝非由年末的一次考试来决定。真正的测试得看他们离开这个班级十年后到底有何等的表现。

＊跟孩子们聊天吧!多听听他们的未来畅想,听听他们对明年有何期待。三年后,甚至十年后会怎样呢?

＊可在班上建立名人墙,将考入大学的老生名单贴在每所大学的三角旗下面。告诉学生,尽管大学不是人生的巅峰,但会是他们人生旅行的一部分。

＊老生们的确是一笔宝贵的财富。如今像 56 号教室的网址、乐谱以及基金会可都是老生们负责的。

第十八章

托马斯·杰斐逊犯了个大错

敢说托马斯·杰斐逊犯了个大错，真是太大胆了。他可是全美公认的史上最杰出人物之一啊。还记得当年肯尼迪总统在白宫设宴招待诺奖获得者时所说的那番推崇杰斐逊的话吗？"自打杰斐逊在这儿独自享用晚餐以来，整个白宫就没有一个人的智慧能望其项背"。

但我还是要说，即便是天才也会犯错。他在《独立宣言》中断言有些真理是不言而喻的。可只要是做老师的，都认为其中一个真理绝不是不言而喻的，那就是：

"人人生而平等。"

真的吗？我从来不这样认为。我常跟孩子们开玩笑说："如果你看到我跟罗伯托·克里门特在一起打棒球的话，你就会知道人人生而不平等。克里门特的球技之高仿佛他来自外星球，让人望尘莫及。"

当然，人人都该被平等地对待，人人也都该享有均等的机会，在法律面前也是平等的，但因此断然认为我们都是生而平等，那可就错得离谱了。

这不是说我就根本不能打棒球，我当然可以打。但如果教育体系是建立在杰斐逊那一振奋人心的口号基础上,那这一基础肯定十分薄弱。可想而知,建于其上的教室也注定会坍塌,孩子们会受到无辜的伤害。

孩子们的情况也各不相同,他们可能年龄一样,来你班之前,他们的课程、老师甚至机遇也都是一样的。可事实上,你常常遇到的情况是,在同样一个小组里,有的孩子作文之精彩堪比《了不起的盖茨比》(注:美国作家司各特·菲茨杰拉德所写的一部小说),而有的孩子却连一个完整的句子都写不全。当你面对这样一群能力差异如此大的学生,除了摇头苦笑,你又能怎样呢?

《杀死一只知更鸟》的作者哈珀·李也曾通过主人公阿提克斯·芬奇之口,探讨了这一问题。多数人看罢电影都被芬奇的凛然正气所震撼,而忽略了他在法庭上为无辜的黑人汤姆·罗宾逊进行终结辩论时,对当时教育制度给予的辛辣讽刺。

"先生们,在结束陈述前,我还有件事要说。托马斯·杰斐逊曾经说过'人人生而平等',有些人对这句话断章取义,认为它适用于所有环境。我知道一个特别荒诞可笑的例子:那些热衷举办公立教育的人士倡议,智力愚钝或身心懒惰的学生应该跟那些聪明、勤奋的学生在一起学习,因为他们生而平等。如果你持有不同的观点,那些教育家会很严肃地告诉你,不这样的话,那些被落下的孩子会深受自卑的伤害。我们大家都知道,人人生而不平等,因为在生活中我们的所见所闻充分说明了这点:有的人就是比别人聪明,有的人天生的运气就是比别人好,有的人比别人会赚钱,有的女士做的蛋糕就是比别人的好吃;还有呢,有些天才人物,天生就比绝大多数人聪明多了。"

阿提克斯·芬奇这个人物有代表性，虽然他只是出现在虚构的小说中，然而在现实世界的学校里，他的这一观点处处都能得到验证。

卡尔拉和狄安娜的故事

尽管我很早就读过《杀死一只知更鸟》，可当年我从未吸收这本书的精髓。年轻的我当时一直在房间墙上挂着《独立宣言》，我也坚信人人生而平等，但在我第一年的教学中，我就从学校管弦乐队老师那儿听到这样一个故事。

卡尔拉和狄安娜是两个可爱的小女孩，她俩都在校管弦乐队任小提琴手。从开学第一周开始，一周两次，每次四十分钟，两人在乐队学习识谱、练习指法和其他技巧。两人都拥有自己的小提琴，每晚她们还在家继续刻苦练习。

训练前期，她俩只是跟小提琴初学者们一起练习，但她们表现出色，数月后已开始跟乐队一起合练了。三个月后，管弦乐队将举办一场年终音乐会，曲目丰富，从经典的巴赫到好莱坞金曲等都有。

演出定于晚上七点进行，那天早上，孩子们进行了一次盛装排练，排练结束时，趁着孩子们收拾乐器，指导教师最后一次叮嘱学员："你们所有人都让我感到自豪，演奏太棒了，今晚我们定会大获全胜的！提醒一下，你们离开礼堂时，椅子就放在平时排练的地方，跟乐谱架放在一起，收拾好乐器后，请放在你的椅子旁。晚上六点请准时到，届时我们要调音。六点半乐队开始热身，六点四十五观众进场。谁还有问题请现在提出，我就在钢琴旁等十五分钟。"

随着一片乐器盒关闭的噼啪声，卡尔拉和狄安娜走向了指导教师。

卡尔拉说："C夫人，我有个问题。我奶奶今天下午从墨西哥飞来。我真激动，因为她要来看我演出。只是她的飞机下午四点才到，我们全家都要去机场接她。六点前赶回来试音应该不会有问题。但是，我怕出现万一，飞机晚点，过海关时间太长等，所以我的小提琴盒没有上锁。万一我迟了一点的话，你能帮我先调下音吗？"

指导老师告诉她一点问题都没有，同时感谢她的周全考虑。狄安娜一直在旁边耐心地听完，然后也羞怯地提了个小小的问题："C夫人，我们必须要用自己的乐器吗？"

尽管指导老师解释说，如果学员用自己熟悉的乐器，乐队整体音效会更好，但狄安娜还是表现得惴惴不安。原来，她的小提琴来之不易。她和几个兄弟姐妹跟着单亲妈妈，生活十分艰难，这把琴是她向妈妈苦苦哀求才得到的。自从得到这个宝贝，她还从没有跟它分开过，狄安娜实在舍不得她的琴。万一弄丢了，她肯定再也不可能得到一件乐器了。她家可不像卡尔拉家那样全家都支持她，连奶奶都特意从国外赶来观看她演出。

虽然狄安娜被老师说服了，最终卡尔拉也准时赶到，演出也非常成功，可是这个小故事让我很受触动。

教过几年书的老师都很明白，人人生而不同。可区教育局总是给你布置一系列所有学生都必须掌握的技能课程，为了进一步给老师加压，还颁布了一个荒谬的进度表，表上清楚地标示，到哪天为止，每个学生必须达到某个标准。真正的老师面对这些大而无当的目标只能摇头苦笑。

当然，拥有一个宏伟的战略计划不是件坏事，班主任们准备一年的教学大纲时，也确实需要一个有条不紊、组织良好的教案。但有经验的老师只会略微参考一下区教育局的宏伟计划，老师真正的目标是，视不同情况，以不同方法尽力帮助每个孩子，在让差生取得进步的同时，也帮助有天赋的孩子飞得更高、更远。

因人施教，切莫一刀切

学生们不仅生而不平等，其他各方面也大相径庭。有一年，班上的埃里克和乔治两个孩子生日相差不到一个月。他俩自幼儿园起就在一起上学，然而除了都是男孩，其他就没有任何相似之处。

教书这么多年，埃里克是我见过的极少数几个一脸可怜相的孩子。他沉默寡言，沮丧之情总是挂在眉眼和嘴角。无论我怎样鼓励他交流，结果都是徒劳，至多只能从他嘴里挤出一两个音节而已。他以前的考试成绩远远低于年级平均水平，数学尤其差。四年级的老师曾在一次家长会上说他"又懒有蠢"。到我班时，他十岁了，可连两位数的加法也不会，乘法口诀表不是忘记了，而是根本就没有学过。写作文时，埃里克花了一个星期才搞明白笔记本上的打孔洞原来是在左边。

乔治则是个快乐聪明的孩子。我没法弄明白为什么他会微笑着面对生活。他两岁时父母离婚，酗酒是他父母感情破裂的主因。他还有两个姐姐，母亲一人要打三份工来养活一家四口。他回家时经常面对的是空荡荡的公寓，家里只有一张床，一家四口只能凑合着睡觉。

　　面临如此的窘境,乔治的脸上却时时绽放着自信快乐、极富感染力的微笑。他酷爱学习,热情又极聪明,音乐方面天赋过人。讨论问题时,他也总能提出富有见地的个人观点。每一任教师都喜欢他,而他也极受伙伴们的推崇。尽管生活艰难,但他的未来无疑会十分光明。开学第一天,乔治便跟我说,无聊等待最让他苦恼。有的老师为了帮助几位差生,不得不把多数孩子长时间撂在一边,让他们觉得无聊透顶,可孩子们内心十分期盼老师能一直引领着他们的学习。

　　洛杉矶统一学区最近颁发了更严格的学习课程,难度将更高。新课程包括语法知识、阅读理解、整数的加减乘除以及小数和分数。此外,学生还要学习几何、代数、地理、物理和生命科学等课程。

　　埃里克英语很差,所以这一年的重点是提高他的英语能力,这样年底考试他才可能通过。对了,我差点忘了说,他们还要学习厚达两百页的生理卫生课,从美洲土著印第安人时期到美国内战的历史课,以及每星期一小时四十分钟的体育课。

　　只要是头脑正常的老师都清楚,以埃里克的现状,他根本不可能完成这些新课程。然而如果我将大部分精力用于帮差生补习基础英语和数学的话,像乔治这样的聪明孩子也可能完成不了。

　　当你意识到托马斯·杰斐逊的那句名言是错的,又该如何应对呢?这两位情况迥异的孩子(包括班上其他三十一位)都值得老师倾尽全力帮助啊。如果是好莱坞电影,这两个孩子最终一定考上了名牌大学,因为五年级的那段神奇时光让两人突然明白,原来他们都是天才,是未来的托马斯·杰斐逊。可惜我这本书讲的都是真人真事，那么，还是回归现实吧。

不同的孩子，相同的效果

以埃里克为例，我必须决定这一年他最该学什么。过去他总是被老师羞辱，受同学嘲笑，如此伤痛的经历让他对学校十分排斥。也正因此，他的学业非常落后，特别是数学，历年来的成绩都惨不忍睹。

他的阅读能力也在年级平均水平以下，可随着对他的了解，我发现，导致他成绩差的不是能力问题，而是心态问题。尽管他不是什么天才，但至少应该比现在要好很多。斟酌再三后，我为他拟定了一个方案，准备让他重点掌握一些关键技能，同时放弃一些次等重要的课程。

过去的一些老师为了让他迎头赶上，往往给他布置大量的家庭作业，结果造成他睡眠缺乏，每天上课时哈欠连天，困乏不堪，错失了很多重要内容的学习。另外，由于对家庭作业中的知识知之甚少，家里也无人能帮他，这么海量的家庭作业除了让他浪费时间，简直毫无益处。

鉴于历史课占用时间太多，我为埃里克做了精心设置。现实一点来说，他不知道《1820 年密苏里妥协案》这段历史，对他的学业没什么影响，可如果不懂基本数学计算，那他的机会就很渺茫了。看来帮助差生的最好方法，是按重要程度对课程进行排序，乘法口诀肯定比地质学的摩氏硬度计来得重要。同样，准确无误地写出一段文章也远比学习怎样钩织挂毯更重要。我常利用孩子们钩织挂毯的时间给埃里克辅导数学，这样也不会因帮助差生而耽误多数学生的时间了。而埃里克可以自己在家钩织挂毯,他也就不会因做大量家庭作业而觉得无聊乏味了。

经过我的专门辅导,埃里克现在变得比以往自信,笑容也多了起来,而同学们也不介意我对他的特殊照顾,因为他们正津津有味、聚精会神地钩织挂毯呢。

乔治那年学得也非常棒。他经常跟我说,五年级是他最富挑战性的一年。其实那年的课程对他来说简直易如反掌,因此他接受了更多的挑战:参加了莎剧的演出,学会了三种乐器,还参加了三项其他课外活动。他能取得如此骄人的成就,主要原因是,老师没有因帮助差生而让他这样的优秀学生在无聊中长时间等待。不幸的是,上述这类情况如此普遍,不少优秀学生都成了无辜的牺牲品。

埃里克和乔治无论学习能力还是家庭背景都不一样,但他俩有一点却惊人的一致:都在五年级收益颇丰。

尽管历史和自然科学等课上埃里克这一年收获甚少,但得益于我的因人施教和他家庭的鼎力支持,他在语言和数学两门主课上取得了骄人的进步,只一年的工夫,便从一个垫底的差生变成一个跟多数同学无异的中等生。更重要的是,他重新找回了自信。过去他只是跟很多差生一样陷入迷茫,如今他发现自己其实跟好学生一样富有才华。快到年底时,他竟然自愿要求阅读高难度的文学作品了。而更可喜的是,他开始受到同学的尊重。过去在同学们眼里,埃里克一直是又懒又笨,如今他的转变让同学感到惊喜。他已准备就绪,未来之门已经打开,他定会在学业上继续取得进步的。

当然了,这一年乔治过得特别愉快。他的才能得到了公认，受到了各方鼓励；他的学习成绩优异，从没有因差生的缘故受到拖累。标准化考试成绩也很高，弹奏三种乐器，参加合唱团，还当上棒球队的游击投手和队长。他以前的任课老师告诉我，过去的乔治还没有像今天这样无比快乐。的确，他脸上总是神采飞扬，这并非由于他变得更聪明了，而是这一年通过我的因人施教，他的天赋才能不但未受压制，反而得到进一步的激发和拓展。

两位学生尽管各方面都不平等，但他们最终的教育效果却很一致。俩人的差异均受到重视，并分别被给予不同的教学方法。高中英语教师在教学中，尽管会碰到一部分学生能绘声绘色地解析《美丽新世界》(注：阿道司·赫胥黎著，经典的反乌托邦文学之一)这部小说，可总会有一些学生甚至还不能理解作品内容，这对教师无疑是一个挑战。但无论如何，教师都应该鼓励所有的孩子参与阅读，帮助他们以各自不同的方式达到最好的阅读效果。

如果托马斯·杰斐逊是对的，所有人生而平等，那当然再好不过了，可惜事实并非如此。而这一局面对老师来说，既是挑战也是机遇。孩子们生而不同，但只要我们坚持不懈地给予帮助，他们就会得到一个均等的机会，去发挥他们各自最大的潜能，做他们最好的自己！而这大概也是托马斯·杰斐逊的初衷吧。

仅供参考

*学生生而不平等，各方面能力也不相同，因此，要因材施教，因人施教。

*学区统一教材和"绝不落下一个孩子"的政策，逼得老师在教学

中视学生为各方面都一致的机器人。制定政策的那些人也许出自好心，可他们根本就不了解学生和教学。

　　＊随着经验的累积，你可以自己设计课程来帮助不同能力的学生，特别是对那些差生，特殊课程能更好地激励他们取得进步。

　　＊当然，有一点很关键，绝不要让差生跟优秀学生比，只让他们跟自己的过去比，如此方能帮助他们提升自信心。

第十九章

代价

多数优秀老师都认为,在小学教书,跟孩子们在一起是很愉悦的事。不过,一个真相也一直如影随形——教书让你受伤。是的,教书会让你付出代价,而且经常是不公平的代价。

伤害可能来自方方面面:有的学生就是不喜欢你,有些同事对你很粗鲁,家长、行政官员,甚至不相干的陌生人都可能无缘无故对你刻薄无礼。所有这些一点点累积起来,会让你渐渐陷入绝望的深谷中暗自啜泣。正如马克·吐温借用哈克贝利·芬(注:小说《哈克贝利·芬历险记》的主人公)之口所说的那句名言:"人类对待自己的同胞向来非常残忍。"

优秀教师皆十分关注学生,惟恐学生受到无辜的伤害或感到恐惧。这份敏感的确值得称道,然而不幸的是,由于这种敏感,学生也极易遭受到四面八方的明枪暗箭。

这一问题我至今尚未找出任何对策。看来这世上有些问题就是无解,就像某些顽疾根本就无法治好一样。

而正是由于这个让人心寒的局面,导致很多好老师在教学中无所作为,庸庸碌碌地混日子。对青春年华中的老师而言,经常面临如此绝望和冷酷的现状,极易让他们感到不知所措,心灰意冷。从最初受伤的震惊中回过神来,他们当初的那种朝气也随之而去了。在漫长的教学生涯中,当他们发现痛苦局面一直伴随着他们,而且未来也不会有改变时,可想而知,他们的心灵经受了多大的折磨和打击。久而久之,他们就不知不觉地沦落到了碌碌无为混日子的地步。

教职工会议他们从不参加,因为发言可能会得罪别人;教学中,他们也不会进行任何创新和改革,因为得承担失败的风险,失败的滋味太痛苦了;家长会上,他们也不会就孩子的教育提出任何针对性的建议,因为这可能会让做父母的不高兴。其实,这些老师都是挺不错的人,可惜他们被一个事实吓坏了——做好老师意味着自讨苦吃。稍微想一下吧,如果老师每天能在教室里顺顺当当地度过,谁愿意劳神费力进行什么教学改革和创新呢? 这是极可能让你独自吞下失败苦果的。

改革会得罪人。最近我校就有两位老师因此吵得不可开交,以致校长不得不将两人各自锁在办公室,警告说分歧解决前不许出去。教书这一行伴随着无尽的烦恼和痛苦,如果有老师没将自己变成鸵鸟,将头深深地埋进沙堆,那可真算是奇迹了。

高峰和低谷

只要有高峰,就会有低谷。随着所经历的种种坎坷和失败,即便最敬业的老师也难逃被伤痛击垮的命运,陷入麻木混日子的境地。

多年前,我班学生应邀在华盛顿最高法院进行一场演讲表演,并获得了热烈的欢迎。事前,学生们对所有历史上著名的政治演讲都做了详细了解。表演中，除了对巴里·戈德华特（注：政治家，共和党人，被誉为美国的"保守派先生"）和罗纳德·里根（注：第四十任美国总统）大加赞赏外，也大篇幅称赞了克莱伦斯·丹诺（译注：美国历史上有名的辩护律师）和马尔科姆·艾克斯（注：美国黑人民权运动领袖）。

其中一个题为《自由的代价》的演讲特别出色，我相信当时一定给所有出席的嘉宾留下了深刻的印象。

那个演讲由一个叫韦恩的男孩主持，当时他朗诵了一封非常感人的家书，是内战期间北方联邦部队沙利文·巴卢少校在第一次奔牛河战役（注：1861 年 7 月 21 日发生在弗吉尼亚的奔牛河附近，是美国内战中的第一场重要战役）之前写给他太太萨拉的。之前通过观看肯·彭斯导演的获奖纪录片《美国内战》，孩子们第一次接触到这段历史。巴卢少校最终死于那场战役，而他太太至死也未能收到那封后来家喻户晓的信。

韦恩饱含情感朗诵着那封感人至深的家书，另外几个孩子弹奏著名的《Ashokan Farewell》，这背景音乐如泣如诉、荡气回肠。这时还出现了个排练时不曾有的小插曲：韦恩在朗诵过程中哭了起来，这一幕真是太感人了，在场观众无不为之动容，一时泣声四起。如果你对韦恩这段视频感兴趣，可访问我们的网站：www. hobartshakespeareans. org 或 YouTube.

那天成功表演所带来的巨大成就感，足以让任何老师在日后多年都感到由衷的自豪。演出结束后，很多政界名流祝贺我的同时，也热情地围着学生，久久不愿散去。学生的功劳太大了，我沾了他们很多光。

下午我们坐公交到国王街地铁站，然后再乘地铁回到位于弗吉尼亚州的旅馆。那天走进旅馆大厅的感觉简直太好了,恰好旅馆特意为学生准备了免费的薯片和汽水。孩子们很有礼貌地排队等着,领到食物后就三三两两地坐在室内喷泉和植物旁,互相庆贺起来。

我也坐了下来,喝着可乐。突然,一位衣冠楚楚绅士模样的人走近我,坐在一边问:"你是这些学生的老师吗?"

"是的,我是。"我愉快地答道。我当时想,尽管孩子们演出成功的消息还未传到旅馆,但他们在公共场所无可挑剔的举止一直让很多人赞不绝口。他可能也是来表扬孩子的吧。

"哼,你让我感到恶心!"他恶狠狠地对我大声咆哮,牙齿咬得咯咯响。"就是因为你这样的老师,这个国家才越来越堕落!你是哪个学校的?我要给你们校董事会写信,一定让他们炒掉你这种败类!"

我一时目瞪口呆,半天说不出话来,而他则乘胜追击,继续发火。原来,他跟我们住同一楼层,今天早上被学生的关门声吵到了。孩子们在旅馆里一向都是轻手轻脚的,但这家旅馆房间是特制的防火门,特别重,他们需要使劲才能关上,所以今早关门的时候声音大些。这的确怪我,一开始没跟他们交代清楚。正是这声音激起了这个陌生人对我污言秽语式的无情谩骂,当时大厅里所有人都盯着我,好像我是这个社会的头号公敌。

毫不夸张地说,那天孩子们的精彩演出一定激励了好几千观众,这一成就带来的自豪感足以让老师在面对困境时,有足够的底气来应对。但不知为何,每每忆起那天的情景,我满脑子都是那人因愤怒而扭曲的狰狞面孔。无论如何,这事让我深受伤害。我知道问题主要出在那人身上，而不是孩子们。但现在，每每下榻旅馆，只要学生关门或开门，我总会下意识地感到揪心。

〜〜•〜〜 一场灾难 〜〜•〜〜

前行道路上遇到的种种障碍，当然会削弱老师对教学的热情，幸好多数障碍都是能够克服的。但像教育制度的缺陷或人心的愚昧等，你就无能为力了。每当陷入这样的困境而束手无策时，真是令人痛心疾首。

我喜欢跟学生一起去旅行，我太太芭芭拉和我经常在旅途中教孩子们很多生活技能。我们最喜欢去的地方是俄勒冈州的亚士兰，那里每年都会举办一次莎士比亚戏剧节。每年暑假，我们都会去那里待上十天左右，很多学生事后都告诉我，他们感到很快乐，甚至多年后他们都成家了，还念念不忘那段幸福时光。

亚士兰莎剧节上会有五部莎剧表演，我总是带学生提前一年阅读这五部莎剧，不仅了解剧情，还花了很多时间对人物性格变化进行分析讨论。除了莎剧外，孩子们还积极参与本地的社区活动，常赢得人们的交口称赞——这些孩子才是国家的未来呢。

每当夏天终于来临，芭芭拉会跟学生一起坐飞机到俄勒冈州的梅福德市，然后再乘二十分钟私人大巴转往亚士兰。到达旅馆的时候，他们的行李物品都已经安排妥当，因为我已提前一天开面包车将它们从洛杉矶运到了这里。真是漫长又艰辛的一千多公里路程啊！车里除了行李，还有体育器材和各种游戏玩意儿。这十天对学生而言简直太精彩了,他们游泳,踢足球,打棒球,玩飞盘,吃冰淇淋,当然,还有看莎剧。

尽管学生的教养都很好,但连续十天照看三十来个孩子可不是件轻松活儿。每天早上,我要开车分批载学生去当地市场采购食品。他们在课堂上学过预算,也知道怎样选择健康食品。在这期间他们还学习自我管理作息时间和打扫房间,此外,跟许多戏剧爱好者接触交谈又让他们学到了很多东西。

有一年夏天,莎剧节结束后,孩子们准备乘早班飞机回洛杉矶,而我一大早五点钟就载着行李驱车回洛杉矶,这样晚饭左右就可以将行李分别送到每个孩子的家了。这事不但耗时长,而且十分繁重,但一想到孩子们辛辛苦苦跟我学习这么久,这点事也就不算什么了。

晚上八点,最后一件行李送达学生家,任务顺利完成了。我浑身疲惫,渴望早点回家好好地睡上一觉。突然手机响了,是亚士兰那边的旅馆女经理打来的。我们跟她合作了很多年,她一直对我学生的礼貌和修养称赞不已。

"雷夫,很抱歉这么晚还打扰你,不过我也很无奈,你的学生偷了旅馆房间的东西。"

我无比震惊,顿时无语。

原来,有三个女生临行前一晚一时起意,偷了挂在浴室墙上的吹风机,不但偷了自己房间的,还通过相连的门去偷了隔壁房间的。这其中有个女生都跟我学习四年了,还曾获得过一所精英中学的奖学金。三位女生各方面情况都不错,前途应该很好,可现在她们居然从旅馆偷东西。

这可根本不是什么青春期叛逆,这就是偷盗,而这件事给我的震撼也是前所未有的。我给她们的父母打了电话，然后分别见面商量这件事。看来几个孩子事前根本就没考虑过此事的严重性，不仅偷盗本身是违法犯罪，它可能还会毁了大家以后再去亚士兰观看莎剧的夏日旅行。她们的行为简直不可理喻，而且事先一点预兆也没有，几个女孩的表现也都很正常，没有谁遇到情绪挫折需要发泄。惟一能解释的就是她们由于一时的贪念而铸成大错。

可是其中竟有位家长还因为叫他来面谈而不高兴。他翻了翻白眼，没好气地说："这根本就不是什么事，谁不偷点儿东西啊？"

迄今为止，我带过近千名学生去亚士兰莎剧节，他们一个乱扔垃圾的都没有，可如今这三个孩子的行为却搅得我心绪不宁。这对我也是个提醒，不管你怎样尽心尽力，有的孩子就是会胡来。做老师的，有时想当然地认为可以完全影响到孩子，但无情的现实却会给我们当头一棒。

随着挫折的累积，老师离崩溃也就近在咫尺了，至少教学热忱会大减。教书让你受伤、痛苦，最终让你满腹哀怨。

然而，莫名其妙冲你咒骂的陌生人以及不可理喻的学生，还不是你痛苦的全部。

最近，一位我班的赞助人跟我们一起去了首都华盛顿旅行。孩子们兴高采烈地走进国家航空航天博物馆，饶有趣味地观看着莱特兄弟当年试飞的飞机原型。这时，赞助人突然问了我一个老教师常听到的问题：

"雷夫，你看孩子们玩得很开心，但你来这里应该不下二十五次了，你难道没感到过厌倦吗？"

问题的确切中要害。教书这一行饱含痛苦、失望和无聊的重复,怎么也跟快乐无缘啊。

但只要一看到眼前这些兴高采烈的孩子,我马上会提醒自己,这可是他们的第一次。他们既没有从旅馆偷东西,也没有任何行为举止有问题。这些天真的孩子其实是在激励我忘记过去,继续勇敢前行。尽管教书让我们受伤、疲惫,但即使拖着一条受伤的腿,我们也决不放弃。

当然,我们也需要反思。一夜无眠后,我突然发现在对待这三个女孩的态度上有一个共性,即我对她们都满怀同情。仔细思忖后,我发现我是出于同情,才邀请她们参加这次旅行的。跟其他同学比,她们各方面一点也不突出。她们来自恶劣的环境,学业不错,平常举止也算得体,但这些根本就不足以让她们参加这样的旅行。通过这次事件,我得到了一个教训:以后绝不会仅仅出于同情心就帮学生买机票了,他们必须通过自己出色的表现来赢得这趟旅行。

第二年夏天来临,我又带领一群学生去了亚士兰,而这次旅行是我这三十年中最好的一次。看来,经历痛苦其实也是让我们反思并更趋成熟的好机会。多年前的那次事件的确让我一时消沉,但我并未就此沉沦,而是选择继续默默前行。

我期待着,明年夏天来临时,我会继续以饱满的热情再次带领孩子们去亚士兰参加莎剧节。是的,我会的。

仅供参考

*教书这行让我们受伤,接受这个事实吧。

*如果你受到无端批评或粗暴对待,看清楚对方是谁。很多人根本就不了解教书这行,你没必要总往心里去。

＊身为老师，绝不能让过去的烦恼和失望影响到现在的教学，现在的学生是无辜的，他们值得我们全力以赴。

＊找一些志同道合的同事谈谈你的烦恼和痛苦吧，他们肯定能理解你，并给予你鼓励和支持。

＊面对逆境，老师要坚强并积极乐观。学生需要一位快乐达观的老师，而沉溺在过去的痛苦中不能自拔只会伤人害己，于事无补。

第二十章

开发新地域

才星期二下午,你已感到很疲惫了。尽管你还是跟刚当老师那阵子一样热衷教学,但随着时间的推移,方方面面的难题和苦恼消耗了你大量的精力和热情,此时此刻,怎样才能继续保持旺盛的教学热情呢?

回想初入这一行的那段岁月,你对教学是那么的投入,周末总仿佛是瞬间毫无知觉地再次来临;可现在,周末却似乎离你有几万光年之遥,总是迟迟不来。过去你总是很担忧周末的到来,因为年轻的你苦于教学经验不足,周末往往意味着更加手忙脚乱,有着做不完的事;可现在,你简直迫不及待地盼着周末的降临了。

给你个建议,好吗? 为了保持教学的新鲜和生动,每年都该对你的教学进行改革,比如增加一个新的课堂内容或课外活动。

当然,你也无须为吸引眼球,特意在新课中追求什么惊艳或别出心裁的创意,比如将自己打扮成小丑站在课桌上跳舞。

其实,如果你想对课程进行改革,让它变得有滋有味,这事你自己知道就行了,跟谁也别说,包括学生。你就像是大师毕加索或布拉克在画作上增添新的色彩,而这些也许并不显著的变化，只要让自己欣赏就行，同时它也确实能使你的教学更加有趣和充满活力，当然，也更有效。

说实话，我每年都会对课程进行改进，以下是我改进历史课的实例。尽管不是很有趣或跟你的教学不太相关，但我还是希望能对你有点启发。

历史盒

教学初期，我在幼儿园和小学三年级任教，后来转教一个五六年级的合班。当时的课本主要讲述美洲印第安人时期到美国内战的那段历史，很枯燥。教学中我发现，要想让学生喜欢历史就一定得让它有趣，在方式方法上必须灵活多变、不断地翻新。

因此，我不仅增加了各种历史游戏，也让他们观看了很多优秀历史纪录片。过程中我又发现了一个有趣的现象：即便是对历史感兴趣的学生也记不住很多历史事实，像时间、地点和人物等。用学生的话说，就是课上所学的东西，不久又还给老师了。

这也是为什么我想出历史盒的缘由。它除了能帮他们学好基础课程外，主要是让他们将这些历史事实串联起来，在对本国过去的事件有一个宏观了解的基础上，更好地迎接自己的未来。

我来详细介绍一下历史盒的制作过程。首先我从一家办公用品公司订购了一批索引卡片盒，这种盒子卖得很便宜，是塑料做的，能装下 3×5 英寸大的索引卡片，还配有一套按字母排序的分隔板和约五百个卡片，足够学生用一年。

每星期我事先会发给每人一张单子，上面列着这星期要学的十五到二十个历史人物、地名或术语。每张索引卡片上事先已经分别写了对它们的简短描述和释义,学生只要在空白处填上名称即可。这些术语、人名等都是我从使用的历史书上摘录的,如果你想更简便、快捷,不妨上网搜寻"SparkNotes 历史学习卡片"。只要花上十五到二十块,就可得到五百个学习卡片,尽管用不完,可这些卡片的确是很棒的学习工具,小学五年级到高中都适用。

课间休息或在家时,孩子们喜欢三三两两地凑在一起学习,利用卡片和单子互相提问并填写答案。毫无疑问,这一小小的改革不仅激发了他们的学习热情,增进了他们对历史的了解,也让教学变得更有趣了。

改革并不一定要弄得惊天动地,惹人注目。简简单单地引导一群学生读一本特意选择的名著也是个不错的选择,这可以让你一整天热血沸腾,充满干劲。如果老师能偶尔将区教育局指定的教材暂时束之高阁,尝试点新颖的,这也绝非离经叛道之举。请大胆尝试吧,也许读一读道格拉斯·亚当斯的《银河系漫游指南》(注:著名科幻小说,后改编成电影)会让学生开怀大笑。正如亚当斯书中教我们的那样,永远不要恐惧,同时带上你的毛巾。

尝试新事物吧,这不仅让你的工作充满情趣,也会让你变得更好。

感恩节聚餐

尝试新鲜事物的好处多多,特别是那些被证实效果不错的,我把它们正式纳入常规教学。早先,我发现多数孩子对感恩节知之甚少，只知道会放假四天。有一年我忽发奇想，觉得应该在放假前的周三晚上让大家一起聚个餐。那是一次简单的聚餐，火鸡切片是从本地熟食店买的，每人只有一个火鸡三明治和一杯饮料，学生们居然过得很愉快。更让我惊讶的是，很多学生事后经常跟我提起那次聚餐，说那是他们一年中最开心的时光。

在随后的二十五年里，简单的聚餐竟然渐渐演变成一个盛大的新老生聚会。每年感恩节前一晚上，56 号教室里七十几个新老学生济济一堂，欢度节日。老生们跟新生分享他们的成长经历，还负责招待他们。

为了这一天，历史课上，学生们学了很多有关感恩节的背景知识。

为这次聚餐，我太太芭芭拉找到了一家外卖餐馆。餐前，每个孩子都会站起来告诉大家，他（她）这一刻最感谢谁。通常他们会感谢家人，感谢过去和现在为国家服役的军人。这真是感人至深的时刻，大家都怀着真情实感，很多学生都流下了热泪，场面真是太感人了。

晚餐由返校的老生负责当服务生。教室里音乐和欢笑声此起彼伏，这一餐孩子们吃得太愉快了。很多学生当时就表示，他们迫不及待地希望下一次感恩节聚餐早日来临。真想不到，一次小小的聚餐竟然演变成如此有意义的盛大聚会。

作为老教师，你所面临的问题是，今年你打算为你的教学增加点什么呢？无论怎样，最好是选择那些能进一步焕发教学热情，能为学生创造更多机会，让他们成为社会栋梁的项目。

仅供参考

＊每年在你的教学中增加个新项目,这不仅会使你更快乐,也会使你更敬业。

＊不一定所有的新项目都会成功。如果遭遇失败也没什么,这其实是建立伟大课堂的必要过程。真正的失败应该定义为什么也不敢尝试。假如要求学生积极尝试新事物,那作为老师就请首先带个头吧。

＊若有可能,尽量让你的新项目只在你的教室里实施。如果流传开来,就会干扰到其他老师的课程,这样会给你带来不必要的麻烦。设计新项目的目的是为你带来快乐,而不是烦恼。

＊可以观察其他名师是怎样上课的。我的很多改革灵感都来自他们,而他们也很乐意有人借鉴他们的课程。

第二十一章

独一无二

　　无论对老师或者学生来说,在教学中增添一些新鲜项目都会很有益处。而将一个项目坚持多年做下去也是极为重要的,这还能使所有的参与者精神振奋地投入其中。

　　我熟知的很多杰出老教师,他们之所以能够一直保持十足的能量和热情,跟他们独创某一特别项目关系密切。他们孜孜不倦所从事的项目都有一些共性:一是耗时长,至少需一年时间;二是由于他们本身对此事的酷爱,满怀热情地希望大家能够分享,所以尽管时间、精力投入巨大,他们也乐此不疲。

　　我认识一位很棒的高中指导顾问(注:主要为毕业生在升学、就业等方面提供专业的建议和服务,包括大学入学和助学金申请等),其业务十分精湛,过去二十几年一直兢兢业业地服务于学生,深得大家的敬重。无论是选择进大学还是做出其他适合自己的决定,大家都因聆听了他睿智的指导和建设而获益匪浅。其实,这位老教师还有一样令人称道的地方——跟学生分享他的爱好。

　　这位老师酷爱长跑,为了跟年轻人分享体育的快乐,每年夏季,他都会邀请学生参加他创办的长跑俱乐部。他们的目标是参加每年一度的城市马拉松比赛。这可不是件轻松的活儿，它需要学生有全身心的投入，除了改变饮食、睡眠习惯，形成一种全新的生活方式外，他们必须严格遵守作息时间，在学业和长跑训练之间找到平衡，此外，他还要求年轻人抽空去娱乐、放松。

由于要求严格，并非所有的学生都能坚持下来。不过，多数坚持下来的学生在马拉松比赛跨越终点线的一刹那，实现了他们生命中的飞跃，未来的旅途必定更加美好和幸福。这一年，他们从长跑训练中学到了纪律、勇敢、无私地付出以及团队合作精神，这些优良品质将使他们受益终身，他们的生命轨迹已然完全改变了。

这是个双赢的结局，学生受益的同时，这位老师也更加强健。当其他很多老教师被年复一年繁重的教学压弯了腰，愈发显得苍老衰弱时，他那独一无二的长跑俱乐部却一直让他毫无倦意、精神头十足，他真不愧是位马拉松铁人！

漫长曲折的莎剧制作之路

过去三十多年的业余时间里，我一直痴迷于带领孩子们进行莎剧学习和排练。当然，这个别具一格的想法并不是某一日突然从天而降，它是经过漫长的演变和打磨才逐渐形成的。现在跟你们分享这个故事，并非让你也来教莎剧，只是希望这个故事给你一些启发和借鉴，希望你未来所策划的活动项目也会对孩子有良好的影响和帮助。

我是一九八五年开始在霍伯特小学任教的。即使初出茅庐的老师都能一眼看出，这里大多数学生的水平都在平均线以下，而其中最令人头痛的是他们糟糕的语言能力。当然，由于他们多是移民家庭的孩子，英语落后并非能力问题。如果专门帮他们补习语法和基本的阅读能力，他们肯定能迎头赶上。不过后来，我有了个想法：假如放学后能让孩子们一起学习莎剧，不仅能快速提高语言能力，还能让学习过程充满趣味，岂不是一举两得？当然，即便是九、十岁英语很棒的孩子，莎剧对他们来说也很难学，何况这些移民家庭的孩子呢？但我又想，也许在我的专业指导和教学热情的感召下，会有奇迹出现呢？不管怎样，尝试一下也无妨吧。只是，万事开头难。尤其像我这种异想天开、极具创意的想法，一开始便遭遇了极大的阻力。所幸的是区教育局最终还是网开一面，批准我放学后继续留在教室，免费为孩子们教莎剧。

一开始，莎剧班的工作量非常大，我常常忙得焦头烂额。尽管如此，我还是有个意外的发现：由于这个班是学生自愿参加的，所以他们都十二分地投入，学得非常认真。这跟我平常教的班级有天壤之别。平常课堂上，粗鲁的刺头学生比比皆是，各类麻烦层出不穷，令我大伤脑筋。而这一切都是托州教育法的福——"让所有的孩子都接受教育"的政策，结果却让一些孩子无奈地成了教室里的"囚徒"。

与平常的课堂形成鲜明对比的是，自愿来学莎剧的孩子都很明白，如果行为规范和认真敬业精神达不到我的要求，他们随时可能会被请出。所以，这四十几个孩子在学习、排练过程中自始至终都铆足了干劲，从不分神或开小差。对老师来说，能有机会教这样一群认真的学生，真是一种堪比天堂的幸福。

更可喜的是，学生们将莎剧班所产生的正能量也传递到了平常的班上，逐渐形成了一种蓬勃向上的氛围，并由此进入了良性循环——那些吊儿郎当的刺头学生也被参加莎剧的学生那孜孜不倦的学习态度所感染,竟也开始努力学习了。

大约五年左右的时间里,孩子们都是在教室里学习最基本的莎剧表演,尽管那时各方面还很不成熟,挺粗糙的,但过程充满趣味,关键一点是,人人都收获颇丰。

几乎同时,我也开始利用课间和午餐休息时间,教感兴趣的孩子学习古典吉他。音乐本身就很美妙,同时也能提高学生的注意力和认真精神。吉他学习的过程需要专注、自律和刻苦练习,这些素质对孩子们的人格塑造有着非常好的作用。随着经验的积累和学校音乐老师的大力相助,我教授吉他的水平也日益提高。后来,我教出来的孩子都可以在音乐会上表演了。

起初,我班只是几个吉他手应邀参加校管弦乐队的年终音乐会。我受此启发,短短几年又增加了电子琴、声乐和鼓。到后来,我们都能够独立举办音乐会和莎剧表演来告慰一年的辛苦努力了。

不过早些年,我也犯了些错。那时,我班的莎剧和音乐会广受学生和社区大众的欢迎,让我差点忘记了做这些活动的初衷。有段时间,这些活动的风头甚至盖过了正常课程。的确,从事这些艺术活动,学生们能提高语言能力和音乐素养,但如果做得过于功利,就会把注意力都集中在年底的莎剧表演和音乐会上。其实,我更应该注重学习的过程,而非只关注结果。意识到这点后,我很快改变了航线,而这也是打磨一个长期项目的好处:你有足够的时间不断地进行修改调整,使之日臻完善。

我犯的第二个错误是,将音乐会和莎剧表演放在了学校礼堂。因为校管弦乐队的表演一直都在那里，为了方便起见，我也就照样学样了。但是管弦乐队可以在那里表演，因为他们有一百来个小音乐家，而我们只有三十来个人。有一天，我突然意识到在大礼堂表演会让学习的重心集中于取悦观众，而非提高孩子们的音乐素养和敬业精神，有悖于我办这个课外班的初衷。看来，我的错误是，混淆了在大礼堂开年终音乐会和学习过程这两者孰轻孰重。我曾经浪费了太多的时间焦虑于前来的观众是否太少，其实这些宝贵的时间满可以用来打磨孩子的音乐才能。

鉴于此，我为莎剧和吉他班列举了详细的学习目标。如果未来你的课外班成形时，你也可以花点时间确定学习目标，这会大有好处的。下面列举的每一个目标都对应了一种能力，这些能力会让孩子受益终身，而非仅仅为了一场演出。

学习莎剧的过程中，学生能掌握大量的词汇。

而拥有大量的词汇，读、写和说的能力将大幅提高。

排练莎剧能提高学生的注意力。

注意力集中对学业至关重要，应该说，未来无论什么课，物理也好，艺术欣赏也罢，都不会难倒他们。

提升学生的恒心和耐心。

由于一直强化"成功无捷径"这一概念，学生明白，若想以卓越的才能出色地表演莎剧，非投入几千个小时勤学苦练不可，绝没有其他捷径可走。

学习到团队合作精神。

在莎剧排练中，每个人都很重要。当台上演员在排练时，其他孩子都很合作地保持安静。

学会自信地在大众面前说话。

如果能克服害羞心理,将有助于他们在学校或在社交与其他任何场合表现自如,坦然镇定。如能在众多的现场观众面前自信满满地朗诵多达几百行的莎剧台词,对他们来说,那未来入学面试或做口头报告,就根本不是事儿。

学会不怕犯错误。

排练过程中,孩子们都明白,若错过了音乐提示或漏掉了一行台词,这也无损全局,演出会继续顺利进行。这些经历也告诉他们,若能精神放松,不惧怕犯错误,错误反倒很少发生。

学会帮助落后的学员。

排练中,如有演员记不住台词或钢琴师跟歌手配合不佳,其他学员会伸出援手。同情心是人的重要优良品质,它不仅能帮助接受者,也同样有益于施予者。

为提高水平,学会独自刻苦练习。

参加莎剧的孩子都知道,我没有给他们的表演设立最后期限,也就是说,我从未明确告诉他们某天必须完成多少台词或几首歌曲,学生只是回家后自觉地刻苦练习。当有的学员在排练中表现熟练时,其他学员受到激励也跟着勤学苦练起来。这种积极、主动的进取心对他们人生的成功至关重要。

学会有始有终——莎剧排练需要他们长达一年的不懈努力。

通常,孩子遇到困难太容易放弃了。通过学习莎剧,他们学会了做事有始有终,这将非常有助于他们完成目前的学业和未来的大学教育等。

请大家注意,自始至终,所有的目标根本就没有包括莎剧,我们也很少谈到莎剧表演。在漫长的一年里，大家的精力主要集中在重要的能力学习上，几乎每天我都会跟学生们谈到如何实现这些目标。

本来推出莎剧是为了让学生提高语言能力，并让学习过程更加有趣，我从没想到，到最后它竟演变成了 56 号教室和其他活动的坚固基石。

亏得我当时后退一步，重新规划了莎剧的目标，才使一切变得更好。现在，孩子们无论在弹奏、歌唱还是语言能力上，都有了令人惊喜的飞跃。今非昔比啊！我这个老师也变得愈加出色了。每天，孩子们都会花上一个半小时沉浸在莎士比亚的语言中，认真打磨这门艺术，尽其所能地追求完美。我们的排练根本就不针对演出，但多次观看表演的伊恩·麦克莱恩爵士（英国影视演员，也是出色的莎剧演员）却是这样评价他们的："霍伯特小莎士比亚人的过人之处在于，他们深谙莎士比亚的语言，在这点上，很多专业成人演员都未能达到。"

莎剧的深刻影响

正如你将在下一章读到的，有很多专业人士都参与了莎剧的制作，毫无疑问，他们在很大程度上帮助了小莎士比亚人。而正是得益于他们的鼎力相助，孩子们从一开始只会演奏些简单的音乐，到现在组成了热力四射的乐队，不仅有乐器、声乐，还有和声伴奏。每次他们一起排练时，都会彼此留意对方的口型，确保和声不跑调，这种高度的敬业精神真是太鼓舞人了。而正是凭着这股子精神，他们不仅在数学上追求精确，作文和报告也字斟句酌，十分认真。教莎剧给了我一个重要的启示：

在这个快节奏的时代,大人们普遍担忧孩子做事浅尝辄止,精力不集中,而音乐恰恰是治愈这类顽疾的有效方法。

最初,莎剧制作里是缺少音乐的,但我的一次看歌剧的体验让一切有了改变。我对歌剧虽然了解不多,但也颇感兴趣。歌剧的最奇妙之处在于,两个歌唱家在演绎故事的时候可以同时演唱。但在莎剧表演中,如果两个演员同时说台词,观众一定会发懵,戏也根本无法继续。而歌剧不同,两种不同的歌声不仅不会破坏演唱,反而让演唱表现得更精彩。

作为借鉴,我们在莎剧排练和表演中也加入了音乐元素。经过长期练习,现在孩子们在朗诵独白时,精确度堪比伟大的莎剧演员麦克莱恩和奥利弗·劳伦斯(注:英国著名演员,《王子复仇记》等影片的主演)。而且令人惊叹的是,无论演奏技巧还是歌唱水平,他们的水准通常只有成年专业人士才能达到。在《仲夏夜之梦》中,海伦娜因被心爱的人遗弃而感到十分悲伤时,为烘托气氛,我们在此穿插了英国民谣歌手多诺万的《Catch the Wind》。有时原本只有一个演员的戏,我们改编为由十几个演员同台表演,让四个歌手营造绝佳的和声,同时弹吉他、打贝斯甚至还有口琴演奏。

经过三十几年的不断改进,现在的莎剧表演对观众来说是一场赏心悦目的艺术享受。不过,对于我们来说,最重要的还是小莎士比亚人的使命。至于莎剧这项课外活动的价值,也只有经过长期的考量才能够对它进行全面的评估。

下面是一封老生的来信,他正上大一,也是校水球队队员。来看看莎剧是怎样长期影响他的。

亲爱的雷夫：

待会儿我要继续做作业了，但现在有一些体会特别想跟您分享一下。

最近我非常忙，下周要期末考试了。另外，水球队的集训也早已开始，每天的训练让我们精疲力竭。

奇怪的是，每次在水下屏住呼吸做潜水练习时，《亨利五世》的台词就不断涌入我的脑海。尽管憋气让我感到肺就要炸开了，身体也不断剧烈颤抖，有那么一会儿，我觉得根本就憋不住了。但亨利五世那振聋发聩的演讲一直在鞭策着我，叫我决不放弃，坚持到底。正是凭着这股子韧劲，我才是十五个队员中少数几个能一口气憋到终点的人。

下面是《亨利五世》中的台词，我第一次听到这些台词是在56 号教室，演员的声音是那样的洪亮，我当时十分震撼。即便现在，每次听到这熟悉的台词，我依然感到十分震撼，内心顿时充满了力量。看来，亨利五世永不屈服的精神已经渗入了我的血液。

"敌众我寡，命悬一线，但是我们无所畏惧。今日，与我同生共死浴血奋战，我视你为兄弟。你永远不会是一个卑微的人，今天发生的一切会让你升华。而此时，那些躺在温柔乡里的英格兰绅士们，他们将会为逃避这样的时刻而抱憾终生，因为他们的血性不再，枉为男人。来吧！在今天，在圣人纪念之日跟着我勇敢地去战斗吧！"

感谢你尽心尽力为我们所做的一切。每当56 号教室里莎剧的声音在我心中回荡，我总是感到暖融融的，无比快乐。雷夫，再多的感谢也无法表达我此时的心情！现在，我该去做作业了。

你瞧，只要创建一个好的课外项目，你的教学生涯就不会那么痛苦，你也会选择坚守，而不是逃离这份职业。更棒的是，孩子们会因这个课外活动而欢喜雀跃，在享受戏剧的同时，各方面都得到了极佳的培养与塑造。如同经典莎剧超越时空的生命力一样，一个好的项目对孩子们的帮助绝非一时，而是一世。

仅供参考

＊找出并创建一个能持续一学年的课外活动。无论是带领孩子学习制作被子、猜字谜游戏或是户外活动，只要让学生更加出色、快乐就好。

＊建立这个课外活动，你自己和学生一定都要目标明确。

＊要让学生明白，能参加这样的活动是由于你的额外付出，因此，他们也需竭尽全力来予以回报。

＊参加额外活动的孩子必须总是品行优秀，仅仅在这个活动上表现出色是不够的。

＊每年都要对这项活动进行改善或增添新的元素，我们要持续进步，永不停歇！

第二十二章

人人为我，我为人人

　　的确，教书这行常常会让你觉得孤独无助，让你陷入单打独斗的境地，但情形也并非总是如此。这个世界上，没有哪个老师是全能的，为了能帮助孩子发掘他们最大的潜能，变得超凡卓越，你需要借助他人的力量。假如你能跟人合作，你的课堂，甚至你的整个生命都将会全然不同，你会变得更加快乐，肩上的压力也能得以减轻。

　　三十余年的教学生涯让我身边聚集了一帮能力非凡的朋友，正是凭借他们的才华和本领，我才能够让 56 号教室风生水起，成千上万孩子的未来也因此改变。

　　当然，这样的局面需要多年的积累才能慢慢形成。不过，对于坚定地将教书作为终生职业的老师来说，时间根本就不是问题。另外，据我的经验，那些真心实意想帮助学生的人，只要他们加入了霍伯特小莎士比亚人这个大家庭，就没有一个人愿意离开。

　　很多老师选择小组协同教学方式，这当然是种很棒的教学法。几位不同科目的老师在一起分工合作，不仅能克服之前难以完成的教学任务，效率也会大幅提高。

不过,我在这里提到的协同合作完全是另外一种模式。但凡有过多年教学经验的老师,他们的眼界定会更开阔,对学生的期望值也更高。但现实是,尽管你的理想很美好,目标很宏大,可囿于你的个人能力,很多时候,目标再怎么远大你也只能望洋兴叹。

尽管我所在的霍伯特小学就有一些很棒的同事,但他们也并不总是有时间,也不是样样都帮到我班学生。有时候,为了寻找帮助,你得将目光放到校外。我很幸运地在校外遇到了一些非常杰出的人才,由于他们无私的帮助,一个公立学校平淡无奇的小小56号教室才变成了一个让孩子们酷爱学习和倍感欢乐的场所,毫不夸张地说,这奇迹正是他们这群人创造的!

找到这些杰出人才可不容易。事实上,当时我只是模糊地意识到,寻求校外人才这主意不错,但至于他们怎样才能帮到学生,我也不是很清楚。不过有一点我十分明白——他们不仅要适合我,更要适合我的学生。

这件事是要冒一定风险的,就像霍华德·霍克斯(注:好莱坞导演,执导了大量冒险、动作、警匪片)所拍的电影一样,我要找寻的必须是专业人士。在我眼里,一名真正的专业人士,他(她)首先必须守时;其次,必须对工作严肃认真。假如你是一位专业的舞蹈老师,无论你的授课对象是一位电影明星还是十岁大的孩子,应保持同样高标准的职业操守。另外,专业人士必须穿着得体。跟人意见相左时,应以和平友好的方式处理。

现在,请诸位认识几位杰出的专业人士吧,由于他们锲而不舍的努力,才使56号教室成了学生的福地。读完下面的故事或许对你也有一定的启发:原来你要找寻的专业人士恰恰就在不远处等待你的呼唤。

踏破铁鞋无觅处

在教学中人人都需要帮助，当我意识到这些时，便毫不迟疑地开始了找寻。就像《绿野仙踪》里的小女孩多萝西说的："一切的一切都可以在我的后院里找到。"

有一天，我在学校偶然看到三年级的孩子们在教室唱歌，他们唱得不错，尽管这个小小合唱团可能不会出现艾拉·费兹杰拉（注：美国著名歌手，号称爵士乐第一夫人）那样的杰出人才。但让我吃惊的是，这群孩子边唱边用手语，他们打的手语可不是简单的机械模仿，那熟练程度和水平之高，通常你只会在大型集会上见到。

他们的老师是芭芭拉·海顿，她不仅手语十分流利，教孩子也很有一套。我问她是否愿意教我班孩子，她当即很高兴地答应了。

在获得海顿女士帮助这件事上，我得到了两点有价值的启示。

第一，如果你的同事对事业很有热情，你去寻求帮助的话，他们一般都不会觉得被你利用，因为好老师都十分乐意跟你分享他们的专业才能，海顿女士就是如此。迄今为止，她指导我班学生长达十五年了，义务为学生奉献了几百上千个小时的业余时间。除了兢兢业业地教好学生，她从未觉得在这件事上谁欠了她什么，一切都是她自愿的。她对学生期望很高，另外，她不仅知识面宽广，做事有条理，待孩子也十分有耐心。孩子们特别喜欢跟她学手语。海顿女士不愧是位真正的专业人士！

第二，这其实也是言传身教的极好例子。我一直希望学生也能跟我一样，不畏惧向外寻求帮助。所有的老师都会有这样的体验：在课堂上有时很难让学生开口提问，因为很多孩子内心里都埋藏着深深的恐惧，生怕发言会让他们在大家面前丢脸，所以他们宁可不懂装懂，也不愿发言。不过，现在一切都不同了。当孩子们看到老师都无所畏惧地寻求其他老师的帮助，他们立刻备受鼓舞。随着请来的专业人士数量的增加，孩子们跟我之间的信任度也倍增，现在，他们一有问题就会开口问我，以前的恐惧心理奇迹般地烟消云散了。你瞧，榜样的力量是多么强大！

极大地帮助并提升 56 号教室品质的第二位老师是学校同事寇特·英格海姆。多年前的一天，他和太太西莎·哈里斯顺道过来看我班的莎剧排练。两人都十分喜欢孩子们的表演，排练结束后，他们意犹未尽，兴致勃勃地浏览挂在墙上的照片——都是孩子们游览全国各地的摄影图片，有在首都华盛顿的，也有在黄石公园大峡谷的……看完图片，他俩问我以后的莎剧演出他们可否帮忙拍照片。

我当即满口答应下来，我当时根本不知道他俩都是极富才华的摄影师，曾为歌星们拍过一些标志性的图片。例如吉姆·莫里森、鲍勃·马利以及滚石乐队的很多图片，等等。

寇特和他太太西莎提出，往后由他俩为莎剧海报拍专业点的照片，我当然求之不得。他俩言而有信，从此坚定地支持此事。他们是真正的专业人士。学生看到他们带来的高端摄影器材都十分着迷，也很喜欢跟他俩合作，很多学生并因此喜欢上了摄影，上了初中和高中后，也一直参加摄影学习。

他俩拍摄的作品深受大家的喜爱，不仅挂在教室里，也装饰在学生的家里。照片常能捕获孩子们瞬间的天真快乐表情，那神韵根本就不是我手上那台蹩脚相机能表现出来的。他们的作品无形中为 56 号教室做了宣传，让新生一来就明白，美好未来正等着他们，一切都要靠自己的努力。

专业人士对待工作一丝不苟，使命感极强。去年六月，我突然得到坏消息，寇特得了喉癌，而且是晚期。可以想见，那一年他过得很不好，治疗过程非常痛苦，令人生畏。好在他最终幸运地康复了，重新回到了学校。几个月的化疗让他虚弱不堪，不可思议的是，当他还在家里疗养时，竟然打电话给我，让我不要担心——他已对全班新生的照片有了新的构思。当孩子们听说了此事，变得比以往更加勤奋了。他们纷纷告诉我，寇特老师是真正的专业人士。一位老师刚从癌症治疗中恢复就重新投入工作，这种精神，这种榜样的力量，对孩子们有着怎样的重大影响啊！

校外的人才

尽管路途曲折漫长，但 56 号教室终于还是拥有了自己的乐队。每年，孩子们都会表演各种曲目，从维瓦尔第（注：安东尼奥·维瓦尔第，巴洛克时期意大利著名的作曲家）到"电台司令"（注：英国乐队）等，不一而足。他们的演奏的确出色，洛杉矶交响乐团曾观看过孩子们的演出，很多团员被这些十来岁孩子的音乐才能折服。其实他们至多只是在校管弦乐队演奏过一年多而已，很多孩子以前根本就没怎么接触过音乐。

这一切都是怎样发生的呢？说来话长，那是在我为孩子们业余教吉他的第十五个年头，有一天，我突然意识到，我这点业余水平说不定会拖了学生的后腿。当时我们弹奏的很多曲子，乐谱都是从网上下载的，孩子们弹得马马虎虎。我的直觉告诉我，他们本可以弹得更好，不能总是让他们跟个业余水平的老师学习，是时候请一位专业人士来了。

就这样，丹·西亚法利亚登场了。他是位专业吉他手，也授课。一开始，我自己参加了他的班，希望将所学的技能传授给学生。不过后来我改变了想法，与我相比，丹更懂得学生的需求，我只知道教他们怎样弹奏，却缺乏对音乐的深厚理解。我请求丹直接给学生授课，于是，他开始给班上的吉他手专门写乐谱。他告诉我，网上流行的乐谱很多是错的，那些把乐谱直接挂到网上的人可能是出于好心，但他们的错误会对年轻吉他手会造成一些不良影响，令人不能对音乐养成精益求精的态度，作为乐队成员本应对音乐素养有更高的追求。

每一年，我都会事先给丹拟定一份单子，列出这次莎剧会用上的大约十六首歌曲。然后，他利用电脑技术和他五十几年的经验才能，精心为每首歌谱上曲。拿到歌谱后，孩子们聚在一起研究，看看怎样将低音贝斯、电子琴旋律和主音吉他完美地融合在一起。最终当他们弹奏 The Who 乐队的歌曲时，不仅要听起来像那支乐队，还要神似。孩子们在约翰·恩特维斯托和皮特·汤申德身上真是倾注了大量的时间和精力！

能有一位专业吉他手加入到团队来还有其他意想不到的收获。在 56 号教室乐队初具规模时，丹又从他的朋友圈里介绍了其他人过来。

不懈寻求，终成正果

吉他手的问题解决了，乐队也有了雏形，于是我买了一组廉价的鼓。我只会打一点点节奏，更别说教孩子们了，所以我又开始寻找这方面的老师。恰巧有个学生正跟着一位老师学习击鼓，于是我也跟这位老师联系上了。

大约有一年时间，我付学费让乐队的两个成员每周去跟这位老师学击鼓。我很高兴，孩子们在那儿肯定比跟我学要好。乐队终于有鼓点节奏了，不算那么出彩，但也勉强还行。

不过到了第二年，去学击鼓的女生上完第一堂课后很不开心，说她不喜欢那位老师。原来，授课地点是在老师开的乐器店里，老师上课迟到，而且在授课的一小时里，他完全不过问学生的任何情况，这表明他对授课对象是谁以及孩子为什么学习击鼓毫无兴趣。看来，尽管老师人还不错，专业水平也可以，却不适合我这个班。

多年后，我才更好地认识了这个问题：那位老师只是个业余鼓手，算不上专业人士。当选择音乐老师时，虽不一定要求他们达到我那样的热情和投入，但他们应对授课对象充满热情，对工作认真负责，否则就不能激发孩子最大的潜能。

很幸运，当你建立了一个音乐朋友圈，一旦有这方面的问题，你就不愁没地方寻求帮助。我给丹打了个电话，问他有没有合适的击鼓老师可以介绍，他当即推荐了迈克·克拉克。他还告诫我，迈克教学十分认真，对学生要求很严格——不仅学习态度要认真，对所学的乐器还要百分百地投入。这话真令我怦然心动，喜出望外。

学生们得知了消息也十分开心。事实证明，迈克是真正的专业人士，学生对他赞不绝口。他的名气很大，很多收藏在史密斯森学会（注：美国一系列博物馆和研究机构的集合组织）的有关击鼓方面的书籍都有对他的介绍。学生们跟他学习后，进步可谓神速。更令人欣慰的是，他为人随和，常跟孩子们分享他的人生经历。他还常常过来观看孩子们的演出，给他们带些吉他外套之类的小礼物。我再强调一遍，寻求专业人士的帮助，建立一个相关的朋友圈，的确极大地提高了56号教室学生的水准。

必须找对人

必须要找对人，这点很重要。一旦找的人不适合，你要知道怎样随机应变，这点也很重要。一些人可能专业方面很在行，但却不适合你的学生；也有的时候，可能这位老师的价值观跟你们班上的目标不一致。

有一年，基于"每年都要给教学输入新鲜血液"的理念，我决定在莎剧中加入舞蹈元素。当然了，就连莎士比亚本人也是要求在他的很多剧目中加入舞蹈的。开始那几年，因为没有专业舞蹈教师，我就尝试着模仿电影中的舞步，然后再加入莎剧。可以想象那是什么样的效果。看来，还是得寻求专业人士的帮助。

于是我去了一所舞蹈学校，那儿的上课情景让我印象深刻。我认识了一位舞蹈老师，她专业出色，教学方法也先进，关键是她也很愿意教我的学生。果不其然，那年年底的莎剧表演比以往精彩多了，剧中的舞蹈部分简直太棒了。但是我又总感到哪儿有点不对劲。这位老师的价值观跟56号教室的使命不相容。她的目标——当然也不能说是错的，就是为莎剧排练出最精彩的舞蹈来。可是这样做，很多孩子就觉得受了伤，因为只有少数舞跳得好的才能留下，其他孩子都被淘汰了。而我班的通常做法是，只要你上课表现不错，同时也勤奋刻苦，就可以加入，不管你是跳得杰出，还是笨手笨脚根本跳得不好。

我本想再继续跟她合作一年，但学生们经常跟我抱怨这位老师。很显然，他们跳舞时没有像学莎剧和音乐时那么快乐，这真让我很为难。这回我得到的教训是，尽管有的老师人不错，教学也很出色，但由于理念不同，还是不适合我的学生。让学生接触不同的老师和教学法当然很好，但归根结底，老师和学生之间还得契合、融洽才行。没办法，最后还是得换老师。

困难中，我又向朋友圈求助，看是否能找到更合适的老师。每年帮我班摄影的寇特和西莎夫妇介绍了他们在马术训练中认识的萨拉·谢尔戈。

萨拉做的第一件事就是来学校看孩子们排练，了解他们的需求。这真是太好了。尽管她对莎剧了解不多，但舞蹈教学她可是行家里手。作为专业舞蹈演员，她一直在为世界各地的专业演出编排舞蹈，她教孩子们跳舞的热情和精益求精的认真劲头丝毫不亚于为百老汇或拉斯维加斯剧场编舞。孩子们对她佩服得五体投地，每次萨拉一进教室，他们立刻报以热烈的掌声，孩子们都非常喜欢跟她排练。

萨拉上课十分严格，大家跟她排练一个小时，地板上便洒满了汗水。在萨拉的眼里，每个孩子都很重要。就算你跳舞天赋有限，但只要你勤奋努力，她一定会给你安排个重要的角色。她的表现跟 56 号教室的宗旨不谋而合，看她跟孩子们一起排练真是让人精神振奋。其实，专业上她不一定比别的舞蹈老师更高超，但她的一切都特别适合我们。每次只要孩子们和我对排练有什么想法，即便当时想法还不怎么成熟，萨拉都会完全领悟并很快加以完善。她真的太棒了。我们都不敢想象，假如没有萨拉参与，莎剧会是一种什么面貌。她对大家真是太重要了。

"妈咪的灯光"

在寻求专业人士帮助的路上，有时候不得不说，运气也很重要。有一回我正在为一群老师签名售书，突然一位叫琳德赛的年轻女士提出想跟我单独聊聊。她告诉我，她男朋友可能会帮上我。我当时听了只是点头微笑，心想怎么可能这世上什么人都能帮上我呢？

然而结果就是出人意料。琳德赛的丈夫——当时还是男友，名叫克里格·郝思尼克，是位著名的灯光设计师，他的工作包括为洛杉矶斯台普斯中心国王冰球队、《美国偶像》等电视节目，以及著名的假面舞客舞蹈团队设计舞台灯光。

当时，克里格应邀来观看演出，他很喜欢孩子们的表演，只是他后来委婉地指出，我们用的舞台灯光是"妈咪的灯光"。

"什么是妈咪的灯光？"我很疑惑。

"妈咪的灯光就是指，演出时灯光一直照在孩子们脸上，好让观众席上的妈妈们看见。孩子们的表演和音乐水准都很棒，可惜灯光技术拖了后腿。不过，我很乐意帮这个忙。"

克里格信守诺言，第二年他果然带着一帮朋友和一堆我一无所知的设备来帮我们做灯光设计。

"简直是太好了！"我对克里格说，同时也不无担忧，"但是，如果今年演出大获成功，到了明年的表演，你和设备都不在了，那我们怎么办？"

"放心吧雷夫！我们明年，不，我们每年都来，不会让你们失望的。我们真的喜欢你为孩子们做的一切！"

事实上，克里格后来做的比他承诺的还要好。他不仅为我们带来了技术，更为孩子们树立了一个极好的榜样，让他们亲眼看见了什么是忠实可靠。克里格工作时喜欢安静，每次他利用晚上和周六为演出设计特殊灯光效果时，我都会建议大家离开教室。可孩子们一个都不愿离开，他们就静静地在那里默默注视着。我想，他们一定希望长大后也成为克里格那样的人吧。克里格，你真是好样的！

让记忆定格

克里格的贡献还不止于此，当他看到我为观众座席在烦恼，立刻介绍了马特·斯卡皮罗给我。马特是位出色的木工、设计师，还是位舞台艺术教授。他不仅帮忙设计了舒适、便捷的观众座椅，还用他那灵巧的头脑和双手为演出设计了绝妙的道具和炫目的舞台效果。不管是在演出《错误的喜剧》时需要一扇带铃铛的门，或是《针锋相对》剧中需要一幕有牢房的场景，我们只要拨打马特的电话即可。他和我们这个团队的其他成员一样，和蔼、勤奋、专业、可靠。

不过这块拼图依然还缺一块，尽管孩子们现在的演出可以和专业剧团相媲美，但一个很大的遗憾是——我们缺乏专业设备和人才来拍摄这些精彩的演出。于是，团队的最后一位成员出场了，他就是曾获得纪录片大奖的阿莱克斯·罗塔若。阿莱克斯几年前曾为美国公共电视台拍摄过一部孩子们演出的纪录片。他太爱我们这些孩子了，每年都来拍摄他们的莎剧演出。这些纪录片能帮助人们在观看貌似疯狂的演出时，更好地理解我在这背后的良苦用心。孩子们也能将这些记忆保存下来作为永久的纪念。而这些也是我根本力不从心的事。我只能简单地摆弄相机，阿莱克斯却是专业电影制片人，感谢这位电影拍摄专家！

最得力的团队成员

一个好的团队对所有与之相关的人都有益处。在我们这个团队，除了学生受益之外，那些给予帮助支持的人也感到欣慰愉快。这项活动能够持续进行下去，少不了他们的贡献，这些人中有你的同事，有校外专业人士，但对你帮助最大的，仍然是我曾经说过的那个秘密武器——老生。无论是毕业没几年的老生，还是业已成年的老生，他们都在各方面给予了我们极大的帮助。没有什么比获得老生的雪中送炭更让老师觉得愉快的了。回想起来，若干年前他们在你班上还是又淘气又笨手笨脚的孩子，不是在艺术课上打翻颜料就是忘记做家庭作业……

56 号教室需要感谢很多老生。例如，马修·帕尔洛，现在是马盖特大学的法律教授。他创建了一个基金会，专门为莎剧制作和旅行募集资金。仁勇和熙永宋，加州大学柏克莱分校的工程师，创建并一直维护 56 号教室的网站，这样大家才有机会更多地了解我们的情况并给予资助。还有琼·赵，毕业于西北大学音乐系，获博士学位，她和萨塔·芭芭拉一起为乐队的键盘乐谱曲，还常常来校教学生弹钢琴，编排所有歌曲里的和声。

合众为一

每当你在课堂上自信地指挥一切，别忘了，正是那些多才多艺的爱心人士的鼎力相助，才使你走上了成功之路。如果有时间，请你务必访问 www. hobartshakespearteans. org 或者去 YouTube 观看两个视频：一个视频是我班乐队在著名莎剧《麦克白》中演唱经典大门乐队的歌曲《风雨中的骑士》，另一个是《仲夏夜之梦》的演出片段。每当你志得意满地面对眼前的业绩时，读读下面的内容可能对你更有启发。

没错，莎剧制作的提议者是我，但将这些视频发到网站，可全是仁勇和熙永宋的功劳。教孩子们吉他当然是我的主意，但没有丹为我们写吉他曲并给予关键性的指导，我们也不会有多大成就。视频中的吉他手约翰的独奏是不是十分精彩？忘了告诉你，谱子可是琼·赵写的，然后手把手教给约翰。《仲夏夜之梦》中那场"维纳斯和战神"片段的舞台灯光是否让你印象深刻？那可全是克里格·郝思尼克的功劳。随着兰迪·纽曼的那首《小矮人》旋律跳舞的孩子们，看起来是否十分滑稽、搞笑？这都是萨拉的杰作，是她不遗余力地鼓励孩子们，为了演出，不要害怕看起来显得傻里傻气。另外，亏了马特·帕尔罗募集资金为乐队购买乐器和设备，而乐队精彩的摇滚是因为有迈克·克拉克的参与。网站上孩子们演出的图片，那当然都是寇特和他太太西莎的杰作。能有今天这样的局面，全都是因为在 56 号教室这个大家庭里，人人齐心协力，同舟共济！

仅供参考

*教书育人的过程中寻求帮助是不可避免的，请谨慎地寻找那些能助你一臂之力的专业人士吧。

*一个专业人士仅有才能是不够的，品德更重要。假如你想让学生成为诚实、正直的人，那最佳的方式是让他们与这样的人为伍，所以你请的专业人士一定得是品格高尚、深受孩子们爱戴的。

*不妨跟学生谈谈你请那些专业人士的原因，应该说这是一个身体力行、树立榜样的好时机，孩子们如能学会谦虚求教，将会一生受用。

*当专业人士工作时，请你别妨碍他们。萨拉在教孩子们跳舞，丹或琼进行音乐创作时，我极少干预。用人不疑，疑人不用！我邀请他们进入团队，是因为他们比我有才。所以，时常觉察并放下你的自我，放手让他们引领孩子们前进吧。

*可单独跟孩子们一起进行班级讨论，让他们谈谈为何喜欢那些专业人士。通过讨论，大家会进一步明白，这些可敬的人之所以那么棒，不仅因他们专业出色，更在于他们的品行令人称道。

第三部分

步入名师讲堂

第二十三章
每天进步一点点

富有教学经验的确是件好事,但经验丰富并不意味着你就是出色的老师。

真正优秀的老师会始终坚持不懈,在吸取经验的基础上不断提高自己,并愿意为教学做出各种努力和尝试。更可贵的是,他们的教学热情非但不会随着岁月的流逝日渐消退,反而日益高涨。老师也大有机会提升和完善自己平庸的教学。

成为教书的行家里手会让你收获快乐,而成为名师则更令你兴奋不已。你拥有的丰富经验不仅能培养学生,也会对其他老师大有裨益。名师绝不会囿于常规,裹足不前,多年教学经验的积累使他们充满自信。他们在严于律己的同时,对学生也有着很高的要求。

名师们的视力会随着年龄的增长而衰退,但和年轻时相比,你的眼光却更加敏锐,视野也更开阔了。现在的你,应对教室里的问题能做到防微杜渐,一切尽在掌控之中,而聪慧的学生也会为拥有你这样的名师感到由衷自豪。

桑顿·怀尔德(注:美国现代戏剧先驱)在其名剧《我们的小镇》中讲述了艾米莉去世后,她的灵魂渴望回到生前的地方去看看。在剧中，她只有一天的时间可以回去，艾米莉思前想后，不知是选择生日还是别的某个具有特殊意义的日子。剧中另一人物告诉她："那就选你生命中最无意义的一天吧，现在来看，那一天对你也极有意义。"

剧中人物说得极富哲理。平凡的教室里，其实每天都很特别。如果你是位名师，你的快乐也会倍增。首先，你有能力帮上学生，让他们有机会迎接美好的未来，这当然也是优秀教师的首要任务；其次，在教学中你不断地让普通或枯燥的课程变得更具吸引力，而在不断挑战并超越自己的过程中所得到的成就感，也确实非常人所能体会。

就拿某个早晨的科学课为例吧，这一堂讲的是太阳能。实验颇受孩子们喜爱，具体方法是通过反光板，将收集到的愈来愈多的太阳能储存在铝盆的水里。实验中，他们不仅能见识到一些新奇的仪器和材料，还可以分成科学小组进行操作，甚至可以到校外建立太阳能工作站。

太阳能实验课一直深受历届孩子的喜爱。但随着经验的累积，我还是不断对它加以改善，现在这堂课有了质的提升。过去，我常在周末一家店一家店地寻找相关的仪器和材料，费时又费力。现在，利用多年建立起来的人脉，只要一个电话，所需的仪器和材料很快就会送货上门。过去这堂课总是耗时过长，挤占了不少阅读课时间。现在，通过规划测量和精简太阳能所耗的时间，效率得到了提高，学生掌握这一科学概念的速度也更快了。你看，通过不断改进，学习效率和成功率都提高了，而这也契合了56号教室的"十诫"之一——霍伯特小莎士比亚人注意效率。

显然，成熟和经验更能帮助名师们以聪明的方式教书，光靠勤奋是达不到这些效果的。

下午通常是艺术手工课。跟以前有所不同的是,当其他孩子进行挂毯编织时,我会让十来个孩子在手提电脑上做写作练习,我跟这群"小作家"单独沟通,然后当堂修改他们的作品。艺术课上,我不仅期待他们完成精美的挂毯,也希望他们写出有趣的故事。可在从教早期,无论晚上还是周末我都会耗费大量时间,辛苦地批改着他们漏洞百出的作文。

一切都不同于以往了。我现在只在教室里批改作文,而且因为是小组辅导,我有更多时间一对一辅导孩子怎样在写作中拓展思维,使他们的作文比往届学生更优秀。而我也再不用熬夜批改一堆作文了。早点儿休息,第二天一早又能精神饱满地出现在讲台上。

学生们编织的挂毯也比以前更精美了,因为我知道哪家店卖的材料质量更好。我还教授了很多编织线的分类方法,如今他们做起来更加有条不紊,也更有效率了。而在以前,我哪能做到这些。

早些年,一些学生由于种种原因无法完成某些艺术项目,而今大家都能出色完成。过去,只有少数学生能写出优美的作文,现在,他们的作品都值得配图、装帧、出版,值得永久保存了。经验的确让一个老师的工作变得更趋完美。

有经验也意味着你拥有高超的时机把控艺术,就连历史、地理等课程也进行得很顺畅,而且学生听起来也更加投入,效果更佳。你更加冷静自信,课堂管理更有效,学生精力更集中,违纪现象鲜有发生。即使有些刺头调皮捣蛋,以你现在的经验,应对他们也是绰绰有余;而在过去,面对他们你是多么无能为力。

你设立的目标很多也将得以实现了。以 56 号教室为例，我为学生设定的目标有"与人为善"、"勤奋刻苦"、"积极主动"等，这些可不是挂在墙上只为好看的空洞口号，而是必须习得的各种重要素质，它们也是每堂课的重点。而学生们一旦觉悟，也会竭尽全力朝这个方向努力。

伟大的教室需要时间去营造，而名师则更像是艺术家。每天走进你一手营造的、从一片荒芜到硕果累累的小小天地，该是何等幸福。

现在，每个周末我会花两小时左右备课（详见第二十五章），其他时间则跟家人、朋友们在一起。休闲看戏剧时，我从不挂念学校的事，这是难得的放松时间。

如果你的课堂一切进行得有条有理、顺顺当当，学生在你的指导下能学到真正的本领，他们的生命轨迹也由此改变，那么，哪个老师会愿意离开呢？当然，生活不会总是一帆风顺，但无论如何要活出我们的精彩才对。

仅供参考

*老教师切不可囿于现状，不思进取。尽管每年的课程一样，但如果不断加以改善，一切都将不同。

*立场鲜明、和蔼可亲的态度值得学生信赖。几十年如一日坚守这一职业，并为孩子们带来欢乐和兴奋，这是多么有意义的事。你对孩子们的爱护和关注会得到他们的积极回应。

*一辈子做老师没什么不好。很多老师在这一岗位待不了太久便转为行政管理人员了，当然这也没什么。但是，如果我们能培养出成千上万个痴迷于教学的名师，那么，公立学校的教育就不会是现在这个趋势和标准了。

第二十四章

不打无准备之仗

成为名师后,每天到校的感觉真是太棒了。时光荏苒,遥想当初年轻的你,每天焦头烂额疲于奔命,忙乱着处理刺头学生的打架斗殴,焦虑于繁重的教学任务……一天到晚都感到身心俱疲。这样的日子一去不复返了,现在的你志得意满,满怀从容和自信,对既定的教学目标胸有成竹,一切尽在你的运筹帷幄之中,生活真是太美好了!

营造一流的教学场所一直是名师们梦寐以求的,但仅局限在四面封闭的教室里,施展才华的空间还是有限。于是,有些老师将教学延伸到教室以外更广阔的天地里去,带领学生外出旅行、参观考察,开阔他们的视野,丰富他们的精神世界。

看看亨利·梭罗的代表作《瓦尔登湖》是怎样解读野外旅行的:

"最有深度和独立思考的思想家,往往也是行万里路的旅行家。"

"野莓子成熟的季节,学校特意给学生放了假,大家欢天喜地纷纷跑到野外采摘这些美味浆果。我也雀跃着,去附近的山上采摘黑莓,得到了一次难得的野外生活体验。那天的晚餐,一家人都享用了黑莓制作的布丁。"

多数学校都有带学生外出旅行和参观等活动，比如去当地博物馆或首都华盛顿。这当然有益于孩子的成长，但问题是，很多类似的旅行计划不周密，根本就达不到预期的效果。其他一些原则性的错误也阻碍了这辆"旅行之车"取得任何进展，甚至它还未离开站台就脱轨侧翻了。例如，人人都想当然地认为，这样的活动所有学生都该参加；老师学生都对外出旅行严重准备不足。一次旅行费时、费力还罢了，如果过程枯燥乏味，那可想而知，学生往往什么收获也得不到。

名师们完全能主动寻求策略，亲自为那些表现良好的学生组织独具特色的参观和旅行。要点是，一定得事先做好周密的计划和安排，这样无论去哪里都能做到胸有成竹，游刃有余。

首先，你需要仔细思考一下带学生旅行的目的，目的明确了，你才能有的放矢，做好相应的准备工作。以下是我期望通过旅行达到的目的：

提高孩子各方面的能力，这些能力将在他们以后的人生道路上发挥作用。

让他们学会自己照顾自己，能够独立自主。

学会有条不紊地自我管理。

学会考虑别人的需求，互帮互助。

不仅要改善和提升学生在课堂上的表现，也要使他们在家庭中能表现得更加成熟、懂事。

我要熟记这些目的，同时也要让孩子们熟稔于心。仔细读一下这些目的,你会发现它们也适用于孩子在公园里玩飞盘等其他户外活动。例如,扔和接飞盘时都要注意力集中,以免惊扰附近的人;像大家庭成员一样,学会共享;游戏结束后,将场地收拾干净,并将零食、饮料和体育用品整理好带回。我也常告诉孩子们,公共场所就是教室的延伸,跟在教室里无异,行为举止也一样要得体。

谁有资格参加

但凡参加过外出旅行的好孩子都会表示,有的同学根本就不应该加入这样的活动。他们粗鲁的言行举止破坏了大家的兴致,使学校的名誉蒙羞。然而之所以会产生这样的问题,是由于几乎所有人都认为,课外活动人人都应该参加。依我看这不是合理的想法,我倒认为这样的活动只有各方面表现良好的孩子才有资格参加。难道一趟华盛顿的美妙之旅不该靠辛勤的付出来获得吗?

那么,头痛的问题来了,谁才有资格加入呢?

下面跟大家谈谈我每年带学生去华盛顿旅行的实况,也许跟你带孩子去看戏看电影等活动有所不同,但道理应该是相通的。

旅行开始之前,你一定要首先跟家长和孩子们解释清楚希望学生能做到些什么。外出旅行不是悬挂在木棍上端的奖品,只需稍加用力即可获得。旅行活动就是课堂内容的延伸——一次难得的户外学习,想要参加就必须证明自己有这个资格。

就华盛顿旅行事宜,我会提前半年告知所有的家长和学生。除了一封给家长的公开信,几次有关旅行目的的家长会外,我还特别邀请参加过旅行的老生,请他们就自己的亲身经历,讲讲行程的安全性和旅行的价值。绝大多数孩子此前从未坐过飞机,也未住过旅馆,老生的讲述对孩子们非常有吸引力。家长们也终于明白,他们的孩子需要各方面表现良好才有资格加入。学业成绩固然重要,但性格和行为举止的表现则是更重要的参考指标。

选择让谁参加有两个重要因素。第一,这是一次私人旅行,不由官方组织。尽管大家看法不同,但我个人的经验是,私人旅行有很多好处。如果是学校组织的,谁去谁留,你根本就没有发言权。而现在我有权决定谁去谁留,家长也无话可说。活动是在暑假期间,也不影响他们的学习。第二,主要根据学生在校的表现来决定他们的去留。一个学生表现差,那就不能去。这个理由很充分,可首先要解释给家长听。如果初次家长会上开宗明义地告知他们,平均成绩是参加条件之一,那么到时当你拿出孩子的成绩和作业完成情况时,家长也就无话可说了。

孩子被拒绝是由于行为举止不佳,这一点如何跟家长解释是最令人头痛的。我通常会告诉家长,完全是基于安全的考虑,才不让他们的孩子参加的。我会列举他们孩子在班上开小差、不听讲等情况。我同时会表示,自己很喜欢他们的孩子,正因为这样,从安全角度考虑,不能冒险带他们出去。万一过马路时他不听口令四下乱跑,我怎能保证他的安全？我从不直接告诉家长孩子未被选中是由于不守纪律,我只表示不选他完全是为了孩子的安全着想。想想吧,我怎么可能在华盛顿市交通拥堵的宾夕法尼亚大道上,还忙于叮嘱孩子注意自己的行为规范呢？这太迟也太危险。还是那句话,为了旅行的安全顺畅,惟有各方面表现优异、心智成熟的孩子才可能加入。

多年前，我带着十六个学生去约塞米蒂国家公园旅行，在那儿度过了一周美妙的时光。公园里有一处久负盛名的徒步远足路线，从起始地快乐岛可以一直走到弗纳尔瀑布和内华达瀑布，再往前便是公园的象征——半穹顶。

在瀑布附近的桥上，随处可见警示牌，告诫游人别靠近那条从山上倾泻而下的湍急河流。它看上去是那么美、那么诱人，实际上却很危险。我们到达的时候，见到很多大人和孩子对警告置若罔闻，径直来到汹涌的河边游玩。我班的孩子都用觉得不可思议的眼神看了看我，因为之前我就在课堂说过，他们将会在公园里看到一些鲁莽和愚蠢的行为。

那天，孩子们跟我一起徒步攀行了几英里，最后来到了瀑布的上游。一路上，他们都小心翼翼，注意安全。其实我本可以带更多人一起来，但那些孩子没有养成注意倾听的良好习惯，安全起见，暂不能让他们加入。那天大家玩得非常愉快，傍晚，我们安然无恙地回到了宿营的小木屋。

旅行回来不到两个星期，就在我们远足的地方，有两个孩子掉进了河里。唉，这样的悲剧本可避免！那年，我给每位学生都发了一份这个事故的报道，当然，这份报道以后每年我都会发给新生。直到今天，每次读到它，我的心都还是禁不住抽搐，真是太让人遗憾了。

如今，每次旅行前我都会向保险公司投责任保险，也会让家长填写洛杉矶区教育局规定的相关表格，确保家长知道这不是由学校组织，而是我个人为孩子负全责的私人旅行活动。投保和填表都是必要的法律程序，然而最好的保险，还是挑选最合适的孩子。

怎样防患于未然

去华盛顿旅行只不过短短一周，但我们却为之准备了足足好几个月。除了学习美国历史，还要了解历届总统和相关的大事件，当然，重中之重还是那些旅途中必须学会的技能。

每个星期，我们都会在课后花一两个小时学习相关的知识。并不需要专门学什么硬性的规矩，连"规矩"这个词都不用提。我们只是学习和讨论在特定情况下该如何应对。这样在他们登机之前，就已内化了所学的相关知识。当你做足了必要的准备，那接下来的旅行无疑就会轻松愉快了。

在以前出版的书《第 56 号教室的奇迹》中，我详细列举了去首都旅行前需做的计划和日程安排。以下我再简明扼要地介绍一下，好让大家有个基本的了解。

乘飞机

事先学生已将行李贴上了标签，也了解了检查行李的方法。他们还模拟过怎样过机场安检、保管好登机牌和安静有序地登机。飞机的座位布局他们也了解了。

飞行途中，他们读书或玩自带的历史游戏，也知道怎样礼貌地跟空姐要食品。

飞机降落后，他们不会急着离开，而是静候前排的旅客先走。

住宿

哪几位同学住一个房间，包括他们轮流洗淋浴的顺序，事先我已安排好。学生将自带装脏衣服的洗衣袋，也知道怎样使用房卡。在房间里他们会保持安静,对打扫房间的服务员以礼相待,离开时除了小费外,还会写封简短的感谢信。房间也会保持得干干净净。

他们晚上八点钟上床睡觉,之前会给我打个晚安电话。没有人会溜出房间玩。很多学校采取在学生房门绑上胶布的方法,以防他们半夜偷偷溜出去。对"霍伯特小莎士比亚人",这完全没有必要,他们很明白晚上待在房间里才更安全。

乘地铁

在华盛顿游览期间,孩子们会经常乘地铁。进出地铁时要使用捷运智能卡,他们总是将卡放在同一个口袋;上下地铁时,他们会排着队有序地出入。在车上他们也会给老年人让座。如果没赶上车或跟其他学生走散,他们也不会慌张,因为大家都已经认熟了地铁线路图,知道换乘哪条线赶上大部队。

进出公共场所及过马路

进出公共场所时,第一位到达的学生会在离大门十几米的空地站好,后面的同学会陆陆续续聚到一块儿,然后再一起行动。他们还会注意不挡其他人的路。

学生在衣服或双肩包里用专门的口袋分别放好手机、地铁智能卡和房门感应卡,这样既不容易丢失也不会消磁。

他们学会将东西集中管理。游览时,一手拿宣传册,一手拿相机等物品,东西很容易掉,所以需将东西放入一个袋子集中管理。

过马路时,学生保持安静,注意力都集中在过往车辆和其他可能的危险上。没我的指令，大家绝不能跨入马路一步。横过马路时，不允许有拍照、打手机等危险行为。

不能单独一个人上公共卫生间。我们有个"四人法则"：进出卫生间必须四人一起，不需要去的也得陪同。

餐馆就餐

我们模拟过怎样看菜单和点菜，所以对餐馆一点也不陌生。

吃饭时，他们不点饮料，只要蔬菜、水果和水，这对健康有好处。贪多是孩子的天性，好在他们也明白了这点，所以每次只点一小份，万一不够，可以再点。节约粮食、杜绝浪费是人类良好的品德。另外，餐前必须洗手。

在博物馆的餐馆用餐后，他们会自觉清理餐桌，将垃圾带走放入垃圾桶。

选好色拉时，他们会放到秤上以方便收银员记价。排队付款时，他们知道将所有的色拉放入一个托盘，以便收银员打单。

学生们特别喜欢这样的场景模拟，这远比生硬地记住抽象、繁琐的规矩要有趣得多。通过练习，他们逐渐明白为什么要遵守这些规矩，一旦理解了这么做的合理性，他们就都会积极、主动地配合。

还是那句话，如果跟孩子沟通顺畅，一旦他们认同你行事的合理性，那么，带他们一起外出旅行会很轻松愉快。所以，请多花些时间跟他们沟通吧，如此，你的下次旅行将会是一片坦途。

仅供参考

*著名篮球教练约翰·伍登经常教导球员："时刻做好准备，否则必定失败。"是的，有备无患。

＊不要参加旅行团,这样做当然更省事,但那种大包大揽的服务方式会剥夺孩子的独立性,教会孩子们独立自主才是对他们最大的帮助。

＊当然,最要紧的还是制定好可以参加旅行的标准,在这一点上你该慎之又慎。

＊旅行计划一定要有弹性,气候和其他变数会让你不得不改变原计划。教导孩子们面对变化时要灵活应对,而这也会是一个很好的学习机会。

第二十五章

通往天堂的阶梯

时光飞逝，岁月如梭，我今年已经快六十岁了。

过去的经验表明，在成为名师的漫漫征途中，你不仅要挥洒辛勤的汗水，贡献聪明才智，还要有充沛的体力才能最终成功。而最后一点，我是新近才恍然意识到的。那天，校长助理因急事突然出现在教室门口，当时他累得气喘吁吁、汗如雨下，可他才只有三十五岁！

"看来我得加强锻炼了！"大口喘了几口粗气后，他终于能说话了。

"是的，"我答道，"到这儿一共只有二十一级台阶。"

如今，每天跨越这些台阶实际上也在提醒我，六十岁毕竟不同于三十岁了。

尽管不是一个难以完成的任务，可三十年如一日每天都以饱满的热情投入到教学中去，毕竟不是件容易的事。就我个人而言，虽然在教室里度过了三十个春秋，但我每天依然精力充沛，像个辛苦的蜜蜂一样毫无倦意。很多优秀教师经过长期的奋斗，到这时都感到精疲力竭了，因此我愿将一些保持充沛精力的方法跟大家分享。

这些方法总共分三部分,前两部分比较容易做到,第三部分才是真正难以打败的"顽敌",而正是在这里,很多优秀的老师到头来"丢盔弃甲,溃不成军"。

保持体能充沛

为保持体能充沛,我特意在教室里取消了讲台,每天连续八小时的教学时间我几乎总是站着,很少坐下来。课上,我不时在各处巡视,给孩子们鼓劲加油。要创建一个积极、安全和温馨的教室环境是件特别耗神费力的事。首先,对教学的厌倦感是你长期保持心平气和的大敌。其次,调教一个不可救药的刺头,并在过程中不失冷静平和,比十公里长跑还要累人。我完全理解有的老师为什么忙碌一天回家后,便一头栽倒在沙发上,再也不愿挪动一下。如果还要给孩子做饭,或太太身体不适需要照顾的话,那他连最后一丝力气也将全部耗尽。假如三十几年都是这样过来的,那教室前短短的二十一级台阶的确会变得像高耸入云的喜马拉雅山,难以攀登了。

但这种局面其实是完全可以避免的。我女婿是位儿童整形外科医生。通常,他早晨需要做两个手术,下午要巡视病房,跟病人沟通,晚上回家还要照顾太太和女儿,空闲时还得抓紧时间读些医学报道。虽如此忙碌,他每晚还是坚持健身。他说,为保证每天在手术台旁精神集中地站上六到八小时,必须健身以保持强壮的体魄。既然晚上才有时间,那就晚上健身吧。

身为老师,你也一样需要强健的体魄。将车停下,或少坐几站公交,每天坚持步行几公里吧,这会对你的身体大有好处。

当然，在跑步机上挥洒汗水或打打篮球、网球等，都会活动你的筋骨，促进气血流通。只要你养成习惯，每天都运动个把小时，即便晚上也行，那你就可以长期生机勃勃地活跃在课堂上，即便多干个十五年也毫无问题。你看我，即便是现在这个年龄，外出旅行时长时间走起路来，很多青少年都远不是我的对手。

另外，睡眠也非常重要！睡眠一定要充足，有规律。几年前因为缺乏睡眠我曾大病一场，这都是深刻的教训。别犹犹豫豫了，关掉电视，闭上眼睛去休息吧。良好的睡眠会让你第二天情绪高涨、精力倍增。

最后，每天去学校都带上一袋子新鲜的蔬菜和水果，休息或午餐时，可边吃边改作业。如果以上这些你都能坚持做到，同时也没染上烟酒，那每天爬二十一级台阶对你来说实在不算什么。尽管年龄大了，可你的身体还硬朗着呢。

拥有良好的社交生活

年轻老师常抱怨，但又苦笑着不得不接受这个现实——他们活得太忙太累了，简直没有自己的生活。有些老师为了取得成就，每天一心扑在教学上，连晚上还要复印文章、批改作业、备课或进行家访。这些都是无可避免的成长代价（很大程度上是由于缺乏经验而导致的手忙脚乱），但遗憾的是，就因为如此，没过几年，不少年轻老师就离开了这一行。

所以，如果你想在这一行好好干下去，你就必须拥有自己的生活，当然，前提是得有时间。如果你成了家，那时间恐怕更不够了。不过这应该也没问题。你看，名师不都在做好本职工作的同时，拥有自己的社交圈，成了家，有了子女，甚至连孙子孙女都有了吗?

实际上,如果你拥有良好的社交生活,这其实会促进你的教学,使得你每天到校时,情绪都会更加高涨快乐。

名师们当然不会手忙脚乱。他们备课和准备材料的时间更短,却更高效;而且,批改作业或试卷也更神速,这一切都是经验使然。

也是基于经验,现在我会提前备好一星期的课。另外,周日早上只需花两三个小时就能购完所需的教学用品。我对教某个数学概念或做一次科学实验需要多久等也都熟稔于心。学校那台复印机我知道总是坏的,这一点也难不倒我,因为我事先总会复印好。现在,晚上我从不备课,也不会为了复印第二天一早用的重要资料,慌慌张张地到处找复印机,那样的日子对我来说早已一去不复返了。富有经验的感觉真好! 我依然对教学认真负责,但我拥有很多使教学更加得心应手的窍门。

以前很多晚上,我会为一些贫困家庭的孩子买计算器之类的用品而四处奔波,现在,晚上我只会悠闲地跟家人好友一起度过。经过三十几年的积累,教室里储备的学习用品种类之繁多堪比欧迪办公(注:全球办公用品公司巨头)。

得益于科技的日新月异,现在改完作业或卷子,跟家长的沟通方面也有了长足的进步。和很多老师一样,我也特别偏好engrade. com网站。通常我会利用午餐时间改作业,等到下午莎剧一排练完,我会马上将成绩挂到网上,这样学生和家长当天即可看到。这样,不仅增进了我们三方的互相交流,同时每天也节省了好几个小时。上一次开家长会我都记不清是多久以前的事了，当时有位母亲刚刚看到孩子的成绩时，表现得很吃惊和沮丧，而现在，家长几乎跟我同步知道孩子的成绩。

我惯于早起，星期天早晨我会用来备课。学校同事常评论说，我的个性总是积极向上、朝气蓬勃。是的，如果你每个晚上都是跟家人、朋友愉悦地度过，并且美美地睡上一觉，那你没有理由不精神抖擞。当然，年轻老师要做到这点尚且需要一个漫长的过程，让班级管理变得有条不紊毕竟相当不容易。一分耕耘，一分收获！只要你春日付出辛勤的汗水，那秋日收获累累硕果也就在意料之中了。到那时，你在享受个人生活的同时，也会在教学上大放异彩的。

心理拯救

除了身体健康，心理健康也同等重要。一个老师可能拥有了自己的生活，丰富的教学经验也让他的工作变得更加出色、高效，但有一个冷峻事实常被人们忽略——老师们觉得精疲力竭，往往还由于遭受了心理上的重创。

让人头痛的是，造成老师心理疲惫、受伤的最大杀手恰恰是教育体系本身。强健的体魄和良好的生活可让老师比较自如地应对工作和压力，但你还是无法应付当前的教育体系。

优秀老师当然应对本职工作充满喜悦之情，但他们所面对的是这样混乱不堪的教育体系，这就成了苛求了。众所周知，老师们倍感心理疲惫绝对事出有因：每一年他们面对的是很多根本就缺乏基本读写能力的差生；一塌糊涂的学校管理——教室屋顶漏雨，地面凹凸不平，连饮用水也不洁净；经常对你的教学横加干涉、歇斯底里的家长们，不断指责你待他们的小宝贝不公,如若你指出他们"完美的"小宝贝的某些问题,他们会断然否认;很多学校的管弦乐队以及图书馆都被削减,甚至取消了;另外,每隔几年,总会上演一部教育题材的电影,片中老师被刻板地妖魔化为当今学校所有问题的根源,等等。

再强调一遍,教育体系恰恰是这一局面的始作俑者,它对你的教学不但不给予鼓励和帮助,反而处处设置障碍。每隔几年,伴随着官方"教育改革"的脚步,一系列新的标准又设立了,但每次都是换汤不换药,体系依旧没有任何改变。这些所谓的新标准跟过去简直毫无二致,老教师们都心知肚明。

在一次职业进展培训课上,一位官员就跟我们提到,老师的工作就是要"让学生们接受良好的教育,以此成为国际劳工大军中的一部分"。同时,我们又被告知,孩子们的文学作品读得太多,需要削减,节省的时间用来阅读非小说类读物。

本来,我有马克·吐温、约翰·斯坦贝克、C. S. 刘易斯的小说,还有几十位纽伯瑞奖经典作品。可现在一切都化为泡影了!那二十一级台阶,我得爬上爬下多少次才能将教室里那好几百本藏书搬出来啊!那可是我三十几年的珍贵财富!

为了增强你的教学决心和保持你的心理健康,我提两个建议,好吗? 首先,我们需要记住,我们老师今天所遭遇的一切其实一点也不稀奇。花一晚上读读奥威尔的小说吧,这样你的孤独感定会大大减轻,原来这世上洞察并经历这等荒谬绝伦之事的,并非只有你一个人。

优秀教师都明白,真正的教学并不依靠所谓的重要核心标准、混合式教学(注:将传统教学的优势和数字化教学的优势结合起来),或每周二职工培训课上发放的最新规章制度手册等东西。基于目前学校存在很多荒唐的事实,如"要让每个孩子毕业时都具备上大学的水平"(我上星期在职工培训课上拿到的),名师们需更加脚踏实地、勤勤恳恳地去教学。同时,意识到教育体系有严重缺陷,也能让我们心理上更加成熟和坚强。

很多人现在都忘了优秀的教学是什么样的了。而改革家们现在强迫老师每天所做的,就是教孩子怎样在标准化试卷上画圈。这种考试跟孩子未来的成功或幸福没有半点关系。认识到这点肯定会一时打击我们成为名师的热忱,但有着清醒的认识最终会让我们的心理更健康、更坚强。

我的第二个建议是,看看由斯蒂文·泽里安编剧并导演的电影《王者之旅》吧。片中主角是天赋异禀的小男孩约什,他参加了一次国际象棋锦标赛,在最后的决赛中,他遇到了一个强劲的对手。约什的指导老师布鲁斯在旁边的一个房间里通过实况转播默默注视着他的得意门生。情况不妙,看来约什要输掉这场比赛了。突然,转机出现,那位对手犯了个致命的错误。

布鲁斯看到约什仔细注视着棋局,思忖着什么。其实只要经过一番精细、灵活的运作,他肯定能赢得比赛,不知道他看清楚棋局没有。布鲁斯暗暗替他的学生着急。突然布鲁斯直了直身子,微笑着说:"他看明白了!"而此时连约什的父亲都不知道是怎么回事,但老师已经知道约什将赢得比赛。

只有老师才最了解学生,无论电脑、教育体系还是标准化考试根本都不可能洞悉孩子的内心世界,也不会了解他们的真实需求。好老师能读懂孩子的身体语言,当孩子心情沮丧时能注意倾听，并给予同情。最重要的是，好老师能为孩子开启一扇改变他生命轨迹的大门。

假如你觉得心里太疲惫了，根本爬不动这二十一级台阶，那你可就错了。看看台阶顶上正翘首等待你的孩子们，看看那一双双渴望的眼睛以及他们丰富的内心世界，只有你才能真正帮得上他们，所以请竭力向上攀爬吧！

尽管教育体系不懂得学生，可优秀老师懂，所以请保持心理健康，继续拓展你跟学生的联系，其重要性绝非考试分数可以比拟。

朱迪是我以前的学生，现在她是一所顶尖学府的大三学生，不久前作为交换学生去了土耳其的伊斯坦布尔，下面是她最近给我的回信。

您好，雷夫！（或用土耳其语，么哈巴！）

很高兴收到您的来信！我很抱歉回信迟了，因为这边的网络总是不稳定，时断时续的。

我知道您工作很忙，能在百忙之中抽出闲暇关心我，给我写信，真的让我好感动。我确信这次的莎剧一定进行得很棒，《暴风雨》的演员阵容齐整了吗？我知道过几个月就要公演了，真等不及要回去观看呢！

我是上个星期五离开美国的，虽然来到土耳其没几天，但这次旅行的所见所闻都让我满怀惊奇。在这里，我遇见了一些很热情好客的当地人，并结识了很多来自世界各地的朋友。现在我正在寝室里喝茶。我的室友是三个土耳其女孩，尽管听不懂她们在说什么，但我知道，开学后，有她们在身边，我的语言能力定会进步神速的。

坐在这里给您写信，我不禁想到，当初遇到您这样的老师，我是多么幸运啊！我深知，十年前在 56 号教室读书的时光是我人生重要的转折点。假如不是您的话，我肯定不可能取得这样的成就，成为现在这样的人，一切都是因为您，雷夫。在此，我深表谢意。

做梦都没想过有一天我会来到伊斯坦布尔。过去我认为自己可能一辈子都会碌碌无为地待在韩国城里，现在我竟然从遥远的国度给东海岸的家里打电话，真不可思议，我竟然跨越了大西洋。

只要有时间，我都会随时向您报告在伊斯坦布尔的见闻奇遇。您多保重！也请代我向芭芭拉和 56 号教室的孩子们问好。

你真挚的朱迪

你瞧，作为名师，你就是那个转折点——改变了学生的生命轨迹。你传道授业，将知识之薪火传递给了下一代。而由于你的智慧和勤奋努力，以及对教学艺术的不懈追求，这个世界也变得更美好了。

你一定听说过，优良的课堂氛围不仅在于老师怎样教，更在于学生怎样学。学生读完《哈姆雷特》后，并非简单地参加个测试就够了，他们更应该汲取书中的精华，以此指导自己未来的生活之路。

学生不能只是沉迷于《吉他英雄》这样的音乐游戏，他们更应该拿起吉他，亲自去体会弹唱的乐趣。同样，他们也不能死抠呆板的历史书，他们需要亲身体验历史，活在历史中。而尤其重要的是在你的指导下,你的学生也一定能创造历史。

　　学生现在比任何时候都更需要名师。正因为他们对你这样的名师特别渴求,所以你更应该保持身心健康。如此一来,你不仅能继续帮助朱迪这样的孩子,还可以在未来三十年,每天攀爬这二十一级台阶。请一定保持健康!只有保持健康,你脚下的台阶就不会是喜马拉雅山,而是通往天堂的阶梯了。

附录 A
一天的教学实录

　　许多老师写信或打电话来,希望更多地了解我一天的教学实况。下面记录了我二〇一二年三月一个星期二的教学。每一位老师的教学跟我都是有所不同的,而我在这个日记里主要展示的是,重要教学理念怎样贯穿在孩子们一天的学习中,同时我也期望这个日记能够起到抛砖引玉的作用,帮助大家的教学更上一层楼。

　　5:00A.M.　今天是星期二,闹钟还没响我就醒了。昨晚我早早上床睡了,清晨醒来时感到神清气爽。

　　5:20A.M.　特别感谢那些支持丈夫事业的妻子们,芭芭拉昨晚已将衬衣熨烫好,领带也准备好了。做老师的一定要在学生面前穿戴整洁,带头建立良好形象。网球鞋也擦干净了,我每天上课都穿运动鞋,这是在提醒我,好老师总是挺身站立,从不坐下。

　　5:22A.M.　早餐时,脑子里过了一遍今天的教学内容。重点是让学生理解《蝇王》中主角之一拉尔夫身陷绝境的讽刺意味。学生十分认同他渴望被救出荒岛的心情,但就是不明白为什么作者威廉·戈尔丁认为他不可能得到任何救助。希望

264

今天在我的分析下,他们对这本小说能有更深入的理解。

5:50A.M. 开车去学校需要一刻钟。当车停在了停车场,外面依然漆黑一片。我用了约一分钟的时间来静心和思考今天上课的主要内容。例如:棒球课上,我将教孩子们怎样灵活地跑垒;对了,别忘了检查鲍比的家庭作业,他昨天说想参加艺术手工课,但又老是不做作业。我明确告诉过他,参加手工课的前提是必须先完成家庭作业。

6:05A.M. 教学楼大门紧闭。由于预算削减,早上八点才开门。所幸56号教室在另外一栋楼里,可以进去。昨天下午有舞蹈排练,教室里有点凌乱,课桌椅摆放得乱七八糟,我将它们重新摆放整齐。

6:15A.M. 整理了一下今天要发给学生的几份补充资料,包括课外班的数学应用题、八点半历史课上有关内战的历史术语。

6:35A.M. 昨天的数学试卷还放在电子琴上没改。旁边是大卫·鲍威那首《Changes》的乐谱,一式十二份,上午要发给乐队的吉他手和键盘手。这时,三个早到的孩子走进教室,他们愉快地跟我打声招呼就径直走来帮忙。雨果拿起扫帚开始扫地,地上的垃圾是昨天三十几个孩子排练舞蹈时留下的。现在离莎剧表演还有四个月,排练还在有条不紊地进行中。罗莎和安吉开始装订补充材料,然后放在每位同学的课桌上,这样可以节约时间。大家都知道时间宝贵,分秒必争!

6:45A.M. 教室外面依然一片漆黑,这时已来了十二三个学生。露易丝和阿莱西斯从我这儿借去数学书,开始改昨天分式乘法的数学试卷,因为是多项选择题,他们改得很快。改完后他们将成绩记录在成绩簿上，再将试卷分别放在同学的课桌上。多数孩子这次考了满分，按照班级的经济管理规则，他们可获得奖金。这时，一个"银行家"学生拿起一叠班级纸币，放到这次考试成绩出色的学生课桌上，剩下的纸币又放回到教学白板下的格挡上。这些纸币除了班上的四个"银行家"外，别的孩子都不能动。尽管近在咫尺，唾手可得，平时并没有一个孩子去动它们，因为"霍伯特小莎士比亚人诚实守信"。

7：00A.M.　三十四个学生已有二十五个来到教室。有的学生开始从一卷卷五颜六色的丝线里，挑选下午艺术手工课上他们将用到的丝线。三天前我告诉他们，今天下午我们将正式开始绕线，孩子们很兴奋。大家已经为这个项目花了个把月的时间。今天进行最后一个步骤，翘首以待的作品就将大功告成。另外有些学生正在清洁教室的墙壁，还有些几个一组在练习莎剧台词。今天我们将排练第四幕戏，他们正在凭记忆背诵台词。

7：15A.M.　四年级女生艾米丽坐在我旁边，她是"十年之后乐队"那首《I'd Love to Change the World》歌曲的主音吉他手。这支曲子很难弹，我只教她一小节八个音符的即兴曲，她学得很好，一步步地掌握了难学的小节。到年底时，她就要像专业吉他手那样演奏了。这时，乐队键盘手凯伦开始弹起了电子琴，她弹得很慢，好让艾米丽找到自己的节奏。所有的乐曲都是这样练习的，一开始宁肯慢而准确，也比快而错误频出要好。娴熟后，速度自然会上来的。当务之急是让他们踏准节奏，孩子们显然已经明白了这点。

7：25A.M.　数学兴趣班开始了，共有二十五位学生。大家都知道这是学生自愿报名参加的,目的是提高他们的解题和思辨能力。今天学习的内容是图表分析以及制作。我们开启了解题的步骤:首先,要读懂题,重点是找到相关的数据,然后采用对应的方法;接下来,是正式解题的过程;最后,检查答案,看看解题步骤是否正确。事实上,孩子们每天早上都重复着这个解题思路。当大家都明白了题意后,我让他们每三至四人自主分成小组,进行图表制作和讨论。这次的应用题特别难,不过也很有趣,他们一边解题,一边叽叽喳喳地讨论着。

7:40 A.M.　教室里的电话响了,原来今天有几个来自伊利诺伊州的老师要来听课。我安排了两个学生负责接待他们。他们除了要去办公室欢迎接待来访的老师,带他们来教室,还要准备好每节课相关的资料和指南;另外,来访者如需饮用水、果汁、汽水或者去卫生间之类的,他们也要帮忙。

7:44 A.M.　这时,有个小组宣布他们做完了,然后高声说出了答案,但其他小组成员发现答案错了,于是大家继续在白板上解题。

7:49 A.M.　有一个小组终于得出了正确答案。我让他们再等几分钟看看其他学生能否完成。那组孩子就静静地等着——56号教室里,"人人都很重要"。时间到了,我让每个小组都报上答案。结果不错,只有一组孩子做错了,不过他们很快就明白了错误所在。孩子们擦干净白板,正式班的上课时间快到了。

7:57 A.M.　利用课前的一点空隙,这些"早起的鸟儿"赶紧去了趟卫生间,正式课就要开始了。

8:00 A.M.　上课铃响了。全部学生只花了短短十五秒时间就走下楼梯来到操场。当其他班级的孩子还在教室外排队，等着老师领他们去操场时，我的学生已在我的一声口令下，开足马力跑起来，"霍伯特小莎士比亚人珍惜时间"。

8：01 A. M. 所有人都要跑将近两公里，到年底的时候，约有四分之三的孩子能在八分钟之内跑完全程。慢跑是一项很好的体育锻炼，对孩子们的健康大有好处。

学生都非常自觉，根本无须监督他们跑完十圈。我来到操场的另一头，这里有个铺着沥青地面的排球场，上面标好了界线，还有网柱，可惜没有挂球网。由于以前球网经常被学生扯烂，学校干脆就不挂了。学生们还在跑着，我拿出一团线，把它系在网柱两端，好让他们打起球来能知道过没过中场线。

8：12 A. M. 跑步完毕。现在，我将全班分成三组。今天，叫黑龙的小组将留在排球场上，一边六个打排球。其他学生将分成两组跟我去扇形棒球场。我很放心让他们自己玩，因为从开学伊始，他们就从我这儿学到了真正的体育精神，如果表现失当，他们将被取消资格。学生们都很珍惜打球的机会，这活动太有趣了，谁都不愿被取消资格。

布莱恩在其他孩子跑步时，从教室里拿来一盒粉笔。球场工作人员最近重新画过线，可惜不准确，两垒之间的距离太短，只适合一年级学生。工作人员忘了，本来应该再画一套适合其他年级的线，那就由布莱恩代劳了。

棒球比赛开始了。"全能队"先出场，他们昨天刚刚打完排球。主场队"无畏"昨天赢了，所以今天还能留在场上继续比赛。如果一个队连赢两场，那它第二天就得去打排球，这样三个队可以轮流比赛这两种球。

孩子们很喜欢在早晨打上短短的三局比赛,尽管目前水平不高,但对棒球已逐渐熟悉起来了。值得称道的是,他们表现了很高尚的体育精神——能够为对手的好球鼓掌叫好。体育竞赛任何队都想赢,但他们决不奚落对手。"友善待人"的使命在这些比赛中得到了很好的体现。

8:22 A.M. 奥马尔在接高飞球时犯了错导致失误。由于他不懂得灵活的跑垒导致被双杀,但我并没有暂停比赛去现场指导他。这是几个星期来他第一次上垒,任何表现都可以理解。不过,比赛结束后我就该给他们讲讲接杀技术了。

8:26 A.M. 维拉倒在二垒跑向三垒时及时接了地滚球,她打得很漂亮,而她这个队的封杀特别有力。孩子们正在实战中学习根据场上的变化灵活接球。

8:29 A.M. 丹娜击球失败,她十分努力可还是击不准。她跑回捕手后面她的位置上时,队员们还是来跟她击掌祝贺。

比赛结束了。我上前祝贺奥马尔成功进垒,接着我们花了一分钟时间学习接杀技术。孩子们学习遇到双杀时,怎样全速接高飞球和在其他场合怎样随机应变。有的孩子可能还不太理解,不过灵活跑垒的基石已经打下了。

8:35 A.M. 离开前,孩子们查看了一下球场,找到了一件遗失的夹克。途中,排球队员看到我们便一路小跑加入了队列。乔纳森没忘记收拾好排球线。

8:37 A.M. 孩子们边走边兴高采烈地交谈,不过当他们跨过球场和教学区之间的大门,就都变得鸦雀无声,"霍伯特小莎士比亚人注重时间和场合"。

8:38 A.M. 回到 56 号教室上美国历史课前,他们先去卫生间做好个人清洁，准备上课。

我也去了趟教师专用卫生间，学生看到我跟他们一样，课前注意清理个人卫生。上楼梯时，他们保持良好的文明习惯，一直靠着右边走，即使没有学生从左边下来。

来访的客人问我关于孩子们的独立问题，还有他们是否犯错或调皮捣蛋。我回答说，既然是孩子，这些问题肯定会有，但是如果不让他们学会自我管理，甚至不允许犯错，他们怎么能学会成长呢？

8:40 A.M. 电视准备播放肯·彭斯的"美国内战"片段。他们看了葛底斯堡之役第三天的场景，南北双方投入的军力之巨大，战斗过程之残酷血腥，让他们看得十分震惊。

8:50 A.M. 他们一边看节目，一边在今早发的列表上做记录，然后填在历史盒中的卡片上——前面章节中讲过的索引卡片盒。这次，弗雷德里克·道格拉斯、"石墙"杰克逊、葛底斯堡、维克斯堡和其他三十几个历史术语将成为他们未来几天的学习重点。

9:02 A.M. 我告诉大家历史课结束，请他们收拾好自己的历史盒。下面是科学实验课。三十秒钟不到，学生全都从文件夹内拿出了太阳能记录簿，"霍伯特小莎士比亚人善用时间，分秒必争"。

9:04 A.M. 孩子们已经学会了怎样使用太阳能集热器，今天的课程是做实验，题目为"改变集热器的角度是否能增加热能的捕获？"

学生分成四组，分别将集热器拿到室外靠近操场的一小片空地上，然后将水注入集热器内。桶装水是我带到学校的，因为区教育局禁止使用教室里的水槽,公共自来水已被污染了。两立升一桶的水由最强壮的三位学生扛过去。太阳能集热器注满后,他们将用温度计测量水温,这些都无须我的监督指导,"霍伯特小莎士比亚人发挥主动性"。

9:25 A.M. 大约花了一刻钟的时间,孩子们就整洁干净地记录了观察结果,"霍伯特小莎士比亚人理解形象的重要性"。他们将结果填在表格里,还写下了结论。然后他们将设备拿回教室,放归原位,自觉地拿出文学课书籍《蝇王》。

9:30 A.M. 大家对这本内容惊悚的小说很着迷,今天的章节将讲到西蒙之死,这一定会让他们震惊。我要做的是确保他们理解这里涉及的大量反讽叙事。

9:58 A.M. 维拉俐自告奋勇地要求读一段,她以前可不敢在同学面前大声朗读,不过近来她变得愈加自信了。其他害怕在众人面前大声朗读的孩子这星期也都做了尝试,没有听到任何人发出嘲弄的笑声。56号教室绝对是孩子们的安全港湾,"霍伯特小莎士比亚人与人为善"。

10:20 A.M. 路易阅读能力超群,还善于思考。我期盼着其他孩子也能像他一样善于观察和思考。尽管书中主角之一拉尔夫屡次提出期望能获救离开荒岛,但路易指出,这群孩子是因为核战争的威胁才来到荒岛的,所以"根本就不可能获得任何的救助",孩子们听后都失望地叹了口气。安琪拉悲观地说,"这真是太让人丧气了"。

10:25 A.M. 书中人物西蒙最终发现了真相,那个一直让荒岛上的孩子们恐惧不安的所谓野兽,其实不过是一具跳伞飞行员的尸体。尽管夜色茫茫,西蒙还是跌跌撞撞地跑下山,他

271

急不可耐地想告诉大家这个真相。这时，教室里死一般的寂静，大家都预感到接下来将有可怕的事发生。三十四个学生整整读了一个小时了，他们深深地陷入故事情节中，完全入迷了，"霍伯特小莎士比亚人专心致志"。

10：40 A.M.　发现真相的西蒙悲剧地被其他孩子误杀了。读到这里，有的孩子哭了起来。除了啜泣声，课堂上静极了，没人说话。场面看起来即糟糕又美妙，文学阅读就是要达到这样的效果。在沉寂中又过了一分钟左右，孩子们想知道后面还发生了什么。我告诉他们后面将十分精彩，不过阅读今天就到此为止，现在是休息时间。孩子们发出了不满的嘟囔声，求我再多读点。有的还建议不休息了，干脆继续读书。我告诉他们明天继续。

10：45 A.M.　一些孩子这时离开教室出去放松，有些则待在教室里跟我学吉他。今天的吉他课我们学习怎样跟钢琴协调配合，外加吉他练习弹奏 The Who 乐队的歌曲《The Seeker》。

10：46 A.M.—10：49 A.M.　两位学生带来访者去卫生间。

10：55 A.M.　乔伊吉他弹奏技巧一流，可总是跟键盘手凯伦不合拍，两个孩子一首歌每次都要苦练三遍，好在一次比一次强了，"霍伯特小莎士比亚人勤奋刻苦"。

11：00A.M.　四位小歌手这时加进来练和声。前面两个主歌唱得很出色，可惜后一个主歌有点跑调。但大家都没有紧张，他们的进步很明显，而且后面还有几个月时间，一步一个脚印来吧，"成功无捷径"。

11：05A.M.　休息时间到，小音乐家们将乐器收好。在外面玩耍的孩子走进教室，拿出数学教材。小音乐家们独自去了卫生间,通常学校怕干扰其他教室的教学,是禁止这样做的。不过,他们向我保证一定会举止得当,我相信他们,"霍伯特小莎士比亚人诚实守信"。

11:06A. M. 课堂上的孩子们拿出了玛西·库克数字砖(注:美国中小学数学教育专家玛西发明的趣味教学法)教材用来热身。今天他们的心算题是:滨州参议院的人数,加上美国高等法院大法官的人数,乘以二,加上三,除以百分之十,再加上六,最后的数字必须是它的平方根。几乎所有的孩子都举起了正确的答案:三。

11:10A. M. 所有的孩子这时都到齐了,大家将书翻到了284页。今天数学课的内容早些时候已经写在白板上了,另外,每堂课的内容都在我的教案里(平时就挂在教室里),孩子们可随时看到。今天我们学习带分数的除法。

因时间问题,今早学生做的练习题,我不会要求他们交上来。学到这时候了,我很清楚无论参加任何数学考试,三十四位学生应有二十七位能做对百分之八十以上,半数学生能得满分。如若每次都批改练习题,那简直就是浪费时间,他们也知道这点。

数学课上,我给大家重点讲解了带分数转分数时,混淆倒数的常见错误。我常叫学得吃力的孩子回答问题,看看他们到底理解了多少。

做练习之前,我让学生换座位,让数学尖子和感到吃力的孩子坐在一起,这样感到吃力的有问题可以随时得到回答。

11:30A. M. 学生们正静静地做练习。课本及补充教材上共有一百道题,我只给他们做十五道题。如果能做对十五道题,有必要做一百道题吗？如果连十五道题都做不了,那就更别提一百道题了。

尽管不是所有学生都能做完,但也都完成了一半以上。我安排了些提问和解答,没有人发出笑声或有其他噪音。再说一遍,56 号教室是孩子们安全的港湾,"霍伯特小莎士比亚人不惧怕提问"。

11:55A.M.　几乎所有的孩子都结束了做题。他们又开始做课本后面的测试题,这是他们自己找的,"霍伯特小莎士比亚人发挥主动性"。

11:57A.M.　我检查了莎朗的作业,她进步显著,这是因为她终于将乘法口诀背得滚瓜烂熟。我表扬了她,她很开心。她很喜欢跟数学尖子珍妮特在一起学习。过去几个星期,珍妮特一直都默默地耐心辅导她,"霍伯特小莎士比亚人谦虚谨慎"。

12:12P.M.　有两个学生遇到了困难。我问他们是愿意利用中饭时间或者艺术手工课跟我一起做题,他们无疑都选了前者。

负责接待的学生告诉来访的老师,中餐可以去学校附近一家餐馆。老师们回来后,会就早上的听课向我提问。

12:15P.M.　孩子们去了餐厅。他们多数吃自带便当,这更加健康、可口。说不上是狼吞虎咽,但他们的确吃得又安静又快。吉他学习时间快到了,他们可不想错过音乐时间。回教室的过道里,他们一直靠右走,留着一侧空间给对面过来的人,"霍伯特小莎士比亚人注意时间和空间"。

12:27P.M.　我花了四分钟时间去办公室取邮件,顺路上了趟卫生间。回到教室吃了些自带的蔬菜、水果,这时有十来个孩子兴冲冲地进来了。学吉他时间到了，今天我们要排练涅槃乐队的《All Apologies》和电台司令乐队的《Nude》。

12：36P. M.　上四年级的乐队大提琴手莉迪亚吃完午餐也加入了排练。她一直在练习《Nude》的大提琴部分，这部分曲子是老生乔安娜写的。莉迪亚很有潜力，不过目前还不行，好在有上中学的老生经常过来指点她。排练中，乐队的键盘手跟她一起演奏曲中的大提琴部分，好让她找到感觉。

12：40P. M.　三个小歌手在一起琢磨着和声，他们要进行一次无伴奏演唱，要求乐队暂停。整个乐队静了下来，好让他们集中精力练唱。

12：42P. M.　隔壁教室是空的，因为屋顶漏雨，区教育局把它停用了，两个吉他手在那里面练习《Nude》。这曲子的节奏很复杂，他们一直在磨合低音贝斯跟主音吉他之间的配合。这房间很安全，孩子们曾看到维修工在里面走来走去，还自说自话摆弄他们放在那儿的吉他。

12：45P. M.　来访的老师问了我一些有趣的问题，几个没在排练的孩子也加入进来。他们对文学课上居然能阅读有争议的文学作品，而且不受区教育局的监管大感意外，纷纷请教窍门何在。我告诉他们，要灵活应对僵化的教育体系，最佳方式即以其人之道还治其人之身。举例说，下午我们会做些短暂而高效的应试练习，只要学生考试成绩好，大家就不会有任何异议了。

12：52P. M.　那首《Nude》孩子们唱得非常好，当然，吉他手弹得也很棒，就是鼓手和键盘手还弱了点，不过总体不错，大家都挺满意。后面我们还将加些乐器，大家都平静专注、有条

275

不紊地练习着，"成功无捷径"。

12：55P. M.　铃声响了，午餐时间结束。吉他手们将乐器收入套中，按顺序靠墙放好，"霍伯特小莎士比亚人有条不紊"。

12：57P. M.　外面玩耍的孩子走进教室，克莱夫在楼梯上捡到一张二十块钱的纸币，他问我班上是否有人丢了钱。结果没发现有人丢钱，于是他把钱送去了校长办公室，"霍伯特小莎士比亚人诚实守信"。

12：58P. M.　学生们在做阅读考前练习。他们已经练了好几个月，现在做得很不错。这次阅读的是关于海上获救的故事，内容只有一页，共有五个问题。孩子们几乎都能答对，除了第三题容易出错。通过讨论，大家发现第三题有点诡异，他们都落入了圈套。他们认识到，很多貌似正确的答案，即那些直接取自文章原句的，其实都是错误答案。做错题的孩子在讨论中开诚布公，没有遮遮掩掩。教室是安全的港湾，同学之间没有互相嘲弄的现象。

1：20P. M.　绝大多数学生参加了绕线编图，但有三位因拼写测试不及格没能参加，他们必须先补习词汇。还有两位在编织挂毯，只有完成挂毯编织他们才有资格继续参加绕线编图。

1：23P. M.　学生分别在不同的地方。一些人为了教室的整洁，跑到外面用砂纸打磨画板，有的则在操场上给画板钉钉子，他们都很自觉，没有人在旁边监督。

1：30P. M.　另一些人在教室里给图板上色。最后，三组学生开始在画板上构图。为了得到准确的效果，他们用上了直尺和丁字尺。

1：45P. M.　薇拉蕊在画板上钉钉子前不知道怎样构图，她过来问我,我也不很清楚。好在书上有答案,我让她稍等片刻我查查书。

2:00P.M. 一些学生完成了图板上色,接着二话不说就去清洁颜料刷,将颜料罐盖紧放回原处,然后又去帮那些需要协助的同学。

2:09P.M. 我来到教室外,招呼操场上的孩子赶快收拾好回来。已完成清理的孩子主动去操场帮同学检查遗漏的钉子、砂纸碎屑等垃圾,然后一起拿杂物上楼。

2:15P.M. 所有的孩子都回到了教室,放学时间到了。我们按例举行了传统的放学仪式:"感言游戏"——大家自愿说出感谢同学的话。有几位感谢同学帮助他们完成绕线编图,有一位夸奖另一位刺头同学今天表现良好。以这种方式结束一天的学校生活可真有意义。

2:30P.M. 教室里来了四十位学生,真是济济一堂,其中有一多半来自我班,另外还有些别班的四、五年级的学生。准备开始莎剧排练了。今天分三部分内容,首先要排练《一报还一报》的第一场第四幕,担任角色的小演员们要背诵台词,当然其他孩子也要熟记,这是学习词汇的良机;况且,不熟悉莎士比亚的语言怎么能演好莎剧呢?

2:50P.M. 一旦确定他们熟悉了台词,我们便决定演员的站位和登场、退场事宜。暂时不登场的演员在下面都保持绝对的安静,不干扰台上,"霍伯特小莎士比亚人与人为善"。

2:55P.M. 我注意到雨果跟米盖尔共用一本书,问他是否弄丢了自己的书,他马上回答是今天把书落在了家里,他保证明天一定带来,"霍伯特小莎士比亚人诚实守信"。

3：10P.M.　　这场戏看起来不错,所有的演员都熟悉自己的台词和站位。对台词的背诵我从没规定最后期限,也不曾明确要求他们回家背诵,但他们都自愿加班加点地练习,巴不得尽早熟记台词,"霍伯特小莎士比亚人勤奋刻苦"。

3：15P.M.　　今天排练的第二部分是复习第二幕第一场。这一幕已练了两个多月,台词大家都很熟。我们主要练习将萨拉老师编排的狂野舞蹈融入安哲鲁公爵和差役爱尔博的对话中。熟悉莎剧《一报还一报》的都知道,这个叫爱尔博的差役以其荒唐的误用词语著称,说话总是令人捧腹大笑。

3：20P.M.　　乐队和演员都做得不错,只是配合得还不太好。我叫乐队放慢节奏,好让演员听清低音贝斯的提示音,这样他们就知道该说台词还是跳舞了。又过了十五分钟,排练结束,这次效果特别好,孩子们都很欣慰。两个月前刚开始练习时,他们还是那么的笨拙,而现在经过持续的刻苦训练,他们成功了。孩子们亲身见证了什么是"成功无捷径"。

3：25P.M.　　扮演差役的男孩叫埃尔文,演出中他需要变动位置,好让不同方向的观众都能听到他那笑料百出的词语误用。于是一些孩子坐在台下扮演观众,帮助埃尔文用眼神跟不同方向的观众进行交流。

3：30P.M.　　一些孩子开始排练新舞蹈,她们才排练了一个礼拜,还很生疏。昨天舞蹈老师萨拉教了她们一个很难的动作:每个孩子要在舞伴的手臂上做 360 度空翻。这次共有四组参加排练,每当做这个高难度动作时,都会有两个孩子在一旁保护。

3：40P.M.　　正排练着,教室门打开了,来了十几个上中学的老生。他们经常前来观看演出,帮助清洁教室和改作业。辛西娅带着短笛也来了,四点钟排练结束后,她将指导席翁吹短笛。

3:47P. M. 艾琳是王子这首歌的首席吉他手,可她目前对小节的节奏把握还是不好。幸亏老生艾尔莎帮我监听混音台,我得以腾出手来教艾琳。

3:56P. M. 排练正式结束。临别前,我告诉大家明天将结束第四幕戏的排练。一些孩子兴奋地冲出教室,奔向正在外面等候的父母,有些则主动留下来打扫教室,他们中有很多从凌晨六点来钟就来学校了。我赶紧劝他们回家,教室的事不急,可以等到明天。里欧问我能否借棒球和手套给他,他们想打一会儿。当然没问题,上课前和放学后都能打会儿棒球是很好的活动。

几个学生正在送来访的老师离开。这些富有爱心和上进心的老师待人接物十分和蔼,学生能有机会跟他们多交流实在太好了。我常想,其实我们从这些老师那儿学到的,比我们给予的要多得多。

4:05P. M. 莎剧小演员们有些回家了,有些还在操场上玩,到了五点他们就全都该回家了,再晚外面就不安全了。

4:15P. M. 凯伦和安吉还在电子琴上练习大卫·鲍威的歌曲《Changes》,他们要弹到五点,到时父母会过来接他们。席翁还在旁边的教室里练习短笛吹奏,辛西娅在一旁指导。

4:22P. M. 老生们已将明天需要的资料分类,装订好放在桌上,明天一早就可以发给大家了。

老生希莎和艾尔莎正读初二,她们跟我谈了些中学的情况。希莎今天在送一个刺头学生去办公室的途中被对方摔倒了，而且在坐公交来我这儿的时候，再次被他打倒在地。唉，中学怎么会变成这样呢？

4：57P. M.　我要回家了。教室里还剩下几位学生，他们将设备电源关闭锁好。我跟老生道别，告诉他们周六见。我知道他们很忙，常叫他们别太勉强来这里，可他们依然常来。

5：00P. M.　这时正在回家的路上。每天我有近四小时跟芭芭拉和孩子们在一起。今晚我要再花点时间在莎剧上，但不会超过半小时。还要打几个电话给几位向我讨教的老师。不过再说一遍，晚上的时间只属于我的小家庭。

9：15P. M.　休息的时间又到了。今天，56 号教室的孩子们打了棒球，感受了历史，做了科学实验，文学课上见识了人性阴暗的一面，提升了数学解题能力，玩了音乐，创造了艺术作品，还表演了莎剧。请注意一点，这一切他们都是在友好、温馨的氛围里完成的。又是很有收获的一天。

附录 B
莎剧启示录

很多打算将戏剧溶入课堂教学的老师,常问我霍伯特莎剧制作的详情。以下是我一年里制作莎剧的实录。

"我们都是梦中的人物,我们的一生是在酣睡中。"(注:莎剧《暴风雨》台词)

的确,要让梦想成为现实,必须倾注大量的心血。因此,为了成功地制作一部莎剧,首先要让学生明了:这个项目耗时将长达一年,绝无捷径可走,必须脚踏实地。

无疑,这是个宏大的目标,过程中会有艰辛的付出和不期而至的风险,也会有快乐和进步。另外,持久的耐力和团队精神也都不可或缺,这些都跟每次的排练息息相关。其实,过程即是一切。

六月

去年七月以来,"霍伯特小莎士比亚人"一直都在排练莎剧《错误的喜剧》,这个月就要正式开演了。白天,一些三四年级的孩子应邀来56号教室观看排练。经验丰富的小演员们为来访的孩子们表演了几个场景。伴随丰富的舞台灯光和音效,演出让他们看得眼花缭乱，兴奋异常。演出结束后，他们个个跃跃欲试想来打鼓。下个月将排练《仲夏夜之梦》，我告诉他们，如果想学可参加报名，而且当场就能获得课程表。此外他们还可以报名参加吉他班。

七月

七月份暑假开始，学校正式关闭。不过我们仍可进出 56 号教室，莎剧班还将持续六个星期。莎剧课从早上八点一直持续到下午三点半，中午休息时间我们提供午餐和点心。这个月刚报名参加的"小莎士比亚人"可以有半个月时间先观摩学习。

很多孩子暑期有其他活动，所以只来了约二十五人，九月份开学后会有更多人加入。当然人少也有人少的好处，那些已展露出才华的孩子可以有更多的机会和挑战。有些孩子家长要他们在家照顾弟弟妹妹，不能加入，挺可惜。七月份只剩下短短的两个星期了，但也足够我理清未来一年莎剧制作的大致脉络。

这段时间，我们主要学习了威廉·莎士比亚的生平，通过游戏的方式记住所有的莎剧名称。我带他们穿越时空，去领略莎翁生活的英国伊丽莎白时代，并了解有关莎剧的一些逸闻趣事，比如当时参演的都是男演员。

第一天莎剧课上，我们花了一个小时大声朗读了《仲夏夜之梦》的梗概，这是从著名英国作家马切特·朱特的《莎士比亚故事集》中复制的。接下来开始介绍剧本，莎剧的版本非常繁多，我精心挑选了福尔杰版（注：The Folger Shakespeare Library，福尔杰莎士比亚图书馆出版的莎翁著作）。这是基于两点原因：一，每一场景开始前，它都有个故事梗概，便于孩子们了解剧情；二，对莎剧原文的注释就在旁边，便于他们对照阅读。

很多戏剧老师喜欢用 Spark Notes 或 Made Easy 版的剧本，莎剧原文在左面，现代英文就在右面，这种形式对读者了解莎剧有帮助，但我拒绝使用。我的目标是让孩子背诵原汁原味的莎士比亚的语言，现代英语版会破坏那种感觉。如果目标只是读懂戏剧里的故事，那这个现代版确实很好，但我们要通过莎剧提高语言能力，所以必须坚持学习莎士比亚原文。

这两个星期里，我们还不急着读剧本。我让孩子们听我从网上下载的剧本录音，他们边听边看。过程中，我会常停下来解释。有些特别难以理解的独白，我暂时只给个大致的解释，一切还只是开始，未来尚有一整年的时间。到了月底，他们已熟悉了剧本里的所有角色，任意选择一段剧中对白，他们也都基本能够知道出处。

这个月吉他课也开始了，共有十五位学生报名。每次莎剧课结束后，他们还要继续跟我学习一个半小时的吉他，到下午五点才能回家。教室里有足够的古典吉他供十五位学生使用。一开始，我们主要学习吉他的基本原理和简单的和弦。不是所有人都能坚持下来，很多孩子是看了乐队表演后一时兴奋才踊跃报名的，当真正感受到吉他学习的辛苦，就会打退堂鼓。谁去谁留，这个月即见分晓。我的工作是尽力指导他们，其他就只能随缘了。

七月最后一次课上，我会给他们八月的课程表。八月只有一周课程，之后我得带领去年的老生出门旅行，结束后还要跟我太太芭芭拉一起去度假。这个月孩子们学得很好，他们都保证过几个星期后再回来。

～～•～～ 八月 ～～•～～

这个月我们只能上一周课，下学期开学要等到九月初。对莎剧学习来说，这点短暂的时间也很宝贵。

七月份参加莎剧学习的老生，只有三位未按时归队，也没有告诉我原因。不过也有新的学员加入，他们都是上个月加入的老学员的同伴，受到感染也来参加了。

每位学生拿到一张 CD，里面有这次莎剧会用到的音乐，有巴赫、埃尔维斯·科斯特洛、皇后乐队、兰迪·纽曼和奇想乐队等。

所有歌的歌词孩子们人手一份，每次课上我们都会花些时间来练习，同时看看怎样将这些歌曲融入莎剧。比如，当《仲夏夜之梦》中的人物海丽娜和赫米亚陷入一场滑稽的争吵中，其中尽是关于赫米亚身材矮小的笑话时，会有一段跟随兰迪·纽曼的歌曲《小矮人》的舞蹈。当忒修斯公爵的仆从菲劳斯特莱特接到主人的指令，要他想办法"让全雅典的年轻人欢快起来"时，我们会随着埃尔维斯·科斯特洛的歌曲《Pump It Up》安排一段奔放的街舞。

整个过程中，我们会营造一种互助互爱的氛围，杜绝互相嘲笑的不良习气。练习得差不多后，为识别他们的嗓音，孩子们将轮流用麦克风唱。有些孩子唱得很好，轻松自信；有些则因跑调、记不住甚至看不懂歌词而草草收场。由于气氛友好，没人被取笑，有些孩子又会跑回麦克风前试着再唱唱。互助互爱、不嘲笑别人的优良品质已被学生内化了，而这远比学莎剧更重要。再强调一遍,56 号教室是安全的港湾,我们绝不互相取笑!

几个胆大的孩子平生第一次尝试在大家面前朗诵剧本。我们读了几个剧中的场景,尽管一些段落有点难,那几个孩子读起来磕磕巴巴,但大家都尽量给予鼓励,没人发出嘲笑声。我发现一些孩子嗓音条件很好,他们可在未来的剧中担当主角。孩子们很性急,巴不得马上分配角色。我耐心地告诉他们,角色分配要等到十月,漫长的征途才刚刚开始,这只是万里长征第一步!

九月

新学期开始了,我们又得调整排练计划。下午两点半到四点,一个星期四天。有些孩子的父母给他们安排了其他课外学习计划,这学期来不了。

但是,有十到二十位暑期因其他事未能参加的学生,现在又回来了。于是问题来了,有些孩子已经读完了整部莎剧,而有些却连"仲夏夜之梦"都拼写不出来。任重道远,我们得抓紧了。

为了增进他们对这部戏的理解深度,这个月我们不仅要听剧本的录音,也要看这部戏的电影。很幸运,这部戏共有三个不同的电影版本:有 1935 年麦克斯·莱因哈特拍的版本,主要演员有米基·鲁尼和乔伊·布朗,我们的电影俱乐部还将播放后者参演的一部电影《热情似火》;有 1999 年的版本,主演凯文·克莱恩,这部片子的精彩之处在于很高的技术含量。我最喜欢的版本是皮特·霍尔 1968 年的版本,主要演员是戴安娜·瑞格、海伦和朱迪·丹奇,这部片子的对白最为精彩。

　　每次排练分成三部分。先花半小时练习两三首歌，如果愿意，孩子们可以对着麦克风唱。乐队的演奏尚未准备好，我只是打个简单的拍子让他们跟着唱。这个月我们将为歌唱部分找到六七个好嗓子的孩子。然后大家开始听几个场景戏以加深理解。才刚刚九月份，不用太急，我只是适当地做些解释。

　　例如，当剧中仙王奥伯龙提到樱草花时，给他们看个图片就行了。当仙后泰坦妮娅说道 Nine men's Morris 时，我也不作解释，听多了，孩子们渐渐就明白这是一种叫九子棋的游戏。

　　最后，我们一起观看电影中的这几个场景。大家发现演绎莎剧的方式绝非一种，同一幕戏其实可以有多种方式来表演，真是条条大路通罗马。小精灵帕克的形象在不同的影片中就被塑造得性格迥异，这让大家大开眼界。孩子们最终了解到，他们也可以塑造出独具风格的小精灵帕克，这才是最最重要的。通过语言学习、观察别人的表演并结合自身的特点来创作属于自己独一无二的莎剧，这是多么具有挑战性、多么让人兴奋不已的事啊！

　　星期三的内容全部是萨拉老师教舞蹈。孩子们都很喜欢她，也很尊敬她。开始几堂课，她并不急着编舞，而是让孩子热热身，做些基本动作。但她的要求是，一定要端正态度，竭尽全力，要表现得像专业舞蹈演员。看到孩子们对她言听计从，我很欣慰。

　　这个月我开始分派角色。一些孩子真是优秀，他们一定会扮演好的。四年级的珍妮丝去年就在莎剧中扮演过一个角色，现在仙后泰坦妮娅非她莫属。伊万是刚加入的新学员，他的嗓音天赋很高，我想他可以同时扮演忒修斯公爵和仙王奥伯龙这两个角色。小精灵帕克这个角色不难,有个学生在日常生活里就像是帕克。至于海丽娜和迪米特吕斯、赫米亚和莱桑德的扮演者也不难找,有几个自信努力又才能出众的孩子特别适合这几个角色。

刚加入的一个五年级孩子应该是扮演织工波顿的最佳人选。但我也有一丝担心,众多学生里硬是找不出几个适合扮演工匠的。剧中的六个工匠角色特别富有喜剧性,要演得滑稽可笑可真不容易。为这事,我每晚辗转反侧,难以入眠,担心这部戏不能时常引发观众的大笑。好在时间还很充裕,随着对学员了解的增进,也许这个问题就会迎刃而解。

十月

这个月的节奏有点放慢了。下午两点十九分学校课程结束后,孩子们先去卫生间,然后上莎剧课,这样一个半小时的莎剧排练就能不受干扰,一气呵成了。

暑期里共有十五位学生跟我学吉他,现在有几位认为太难学,退出了;有一位转学了;另外还有一位回家不练习,结果根本就跟不上,我也让她退出了,不过她还在继续学莎剧。乐器演奏看起来风光,背后却需要很多苦练,不投入时间和精力,怎么可能学好呢?

现在只有十位学员利用休息和午餐时间跟我学吉他了,进展虽然慢,但他们也能弹基本和弦,慢慢识谱了。小吉他手们开始弹些简单的民歌,我们还将读吉他专家丹专门为莎剧谱的曲。我会选择多诺万的那首《Catch the Wind》,它的低音旋律很简单。

分配角色前，所有的学员都要填表，详细说明他们的愿望。除了表演，他们还可以申请加入乐队演奏乐器。吉他手有了，但键盘、口琴、鼓、大提琴、笛子、三角铁都缺人，另外，Moody Blues 乐队的歌曲也需要学员演奏些带有异域风情的打击乐器。

另外，还有些音响和灯光等技术活需要小演员们兼任。许多学生将跳舞纳入他们的首选，但更多的愿意学手语。有些孩子一人就报了好几项，除了表演、唱歌、演奏两种乐器外，还参加手语学习。真是好学上进啊！

选择当演员的孩子还需要一一面试，他们将挑选一个角色，然后从剧本中读一段对白。这个阶段演技还不重要，我主要听听他们的声音是否清晰响亮。

到万圣节的时候，所有的角色全部分配完毕。但我一直跟他们强调，这只是暂时的，随着时间的推移还会有变化。有些去年十月还很胆怯的孩子，到了二月的时候会变得很积极大胆，他们会取代那些不勤奋努力或达不到要求的孩子。现在的角色安排只是初步的，未来出现的变数是不可避免的。

我现在还是担心工匠的角色，尽管织工波顿、木匠昆西等六位工匠的演员已选，但他们的表演太不到位，根本无法表现剧中六位工匠的滑稽可笑。下个月就要正式排练了，真希望他们能自如发挥，别让人大跌眼镜才好。

十一月

自这个月开始，莎剧班气氛愈加快乐了，成为一个温馨和睦的大家庭。每天的排练大家都十分集中、投入。这个月也是一年中最开心的日子。万圣节的夜晚，我和孩子们还在朋友玛丽家度过了一个愉快极了的夜晚。

　　演员名单暂时确定了,戏的雏形也出来了。萨拉老师了解了每人担当的角色,该是编舞的时候了。每星期三的舞蹈课上,孩子们按照剧中忒修斯公爵的指令,"把忧愁烦恼统统都赶入坟墓;让这苍白的伴侣远离我们的盛典",然后随着埃尔维斯·科斯特洛的喧闹歌曲《Pump It Up》跳舞。这段舞蹈萨拉老师编得别出心裁,先来一段独舞,接着由一段集体舞来引发高潮,大家都觉得心潮澎湃。

　　这个月将正式排练第一幕,这幕戏共有两个场景。所有演员这个月都要确定,好让他们尽早熟悉各自的站位。教室空间很小,小演员们的站位实际操作起来要复杂得多。排练时,我们事先在地板贴上胶布作为标示,这样他们就明白自己、观众和各类设备的位置。教室虽小,但我们仍然要安排大约三十五个观众席(这都是马特精心设计的),还要预留表演、跳舞、唱歌和乐队演奏的地方。

　　孩子们在这个月学到了人生重要的一课:在台下要跟台上表现一样。要知道,台下保持绝对安静不仅是对演员的尊重,同样也是对观众的尊重。

　　本月伊始,台下有两个学生在讲话,我没有加以指责,也不再多说什么,请他们回家了。其他学生对我表示支持,他们理解保持绝对安静的重要性。其实,那两个都是好孩子,但排练中不能讲话,这对谁也不能例外。他们第二天还可以回来参加排练,但一定得保持安静,在这一点上没有任何讨价还价的余地。如果孩子们能接受并内化这一重要价值观,那他们一定会在以后的言谈举止里透出自尊和自豪。别忘了,我们可是一支专业的队伍。

到了感恩节晚宴的时候，就像计划中的那样，一切进展都很顺利。第一幕已结束排练，小演员们都知道怎样登场和退场。大家对台词也逐渐熟悉了，戏的节奏和感觉也渐渐找到。目前，在排练时他们还时常手捧剧本念台词。我并没有规定背完台词的最后期限，考虑到这群孩子极为勤奋，到了演出的时候，大家对所有的台词都应该倒背如流了。

乐队已经基本成型，大家正看着丹的乐谱演奏。前两首歌特别难唱，尽管小歌手们十分努力，但还是唱不好沙滩男孩乐队的《Woudn't It Be Nice》这首歌里那种复杂细腻的和声。我并不担心，正在大学学音乐的老生乔安下星期会来教他们唱歌。

感恩节晚宴上，孩子们个个兴高采烈，乐在其中，可我却有点儿分神。第一幕第二个场景应该很搞笑的，却一点也没达到那样的喜剧效果。这六个扮演工匠的孩子也尽力了，但他们确实没有表演喜剧的天分。怎么办？我在房间后面看着他们兴奋地大笑，心中不由得泛起一丝遗憾。我今年带的学生中有好几个都很有喜剧天分，可惜他们都没有报名。他们都是些好孩子，但没有想到放学后还可以继续学习来提高自己。今晚他们也来了，我打心眼里盼望他们几个能加入莎剧班。

晚宴结束了，大家互相祝福道别。我正走向停车场时，偏偏那几个孩子走近了我，真可谓心想事成。其中叫米盖尔的跟我说："雷夫，今晚过得真开心！过完节我们还能报名参加莎剧班吗？"

多么美妙的夜晚，圣诞老人提前送礼物了！

十二月

新加入的六个活泼、逗趣的孩子成了这部戏的催化剂，排练顿时锦上添花，精彩纷呈。只是，由于刚刚加入，他们有时会做些不合时宜的傻事。好在他们心地善良，慢慢熟悉了规则后，在同伴演出时保持尊重和绝对安静的品质也会渐渐养成。

这个月主要排练第三幕戏，场景是如梦如幻、绿树成荫的仙境王国。珍妮丝扮演仙后泰坦妮娅，她是大家公认的领头人。去年四年级时，她就扮演了《错误的喜剧》里的阿德安娜，很显然，她比其他孩子都表现得要好。她的天赋有目共睹，舞台经验也使她在台上显得更加光彩照人。另外还有几个孩子去年也参加了莎剧表演，他们为大家提供了活生生的例子——"霍伯特小莎士比亚人"应该是什么样子的。

现在每次排练都会加上半小时的舞蹈练习。这主要有两个目的：一是萨拉老师要教会他们理解舞台空间的重要性；二是每星期只有一次课，她期望下次课上，学生能取得较大的进步。孩子们都喜欢她，回家后继续跟着音乐节拍刻苦练习，期盼给她一个惊喜，让她刮目相看。而这渐渐形成了风气，回家后小演员们继续背台词，小音乐人们反复练歌练琴，小舞者们继续练舞……大家的进步相当神速，而这带来的惊喜又使他们练习时更加刻苦了。"小莎士比亚人"的使命是"与人为善"和"勤奋刻苦"，看来他们不仅说到，更是做到了。

凡事不可能一帆风顺，困难挫折在所难免。这个月家长会和成绩单较多，有位从其他班加入的孩子成绩不理想，平常不做作业，课堂表现也不好，他的任课老师对此很有意见。于是我们找这个孩子谈话,让他明白"主课优先"的道理,莎剧排练不能影响他平时的功课。尽管他很喜欢莎剧,表现也不错,但我们还是决定让他暂停排练,只要学业表现良好,他还有机会再回来。他的父母也同意了这个决定。现在,机会之门依然敞开,就看他的实际行动了。

这个月节日多,十七号学校开始放短假,排练时间也不得不减少。这在过去不是问题,我有学校大门钥匙,可利用假期继续排练,可是后来我的钥匙被收走了,有关这方面的细节我在书中第五章解释过。有一天我得到学校的通知,圣诞节前一周学校有人值班,我们可以继续排练。孩子们也很兴奋,大家可以好好利用这一整段时间了。

周一,下着瓢泼大雨。我们正在教室里排练,突然有位校工来通知我们离开教室,称校门要关闭了。随后发生了孩子们冒着暴风雨排练的那一幕。十二月的排练就这样告一段落了。这群小演员特别棒,上进心很强,失去排练的机会真是太令人沮丧了,但这就是我们教师和学生必须面对的学校现状——你每前进几步,就可能遇上阻碍。

好在孩子们情绪依然高涨,圣诞节和新年假期一结束,他们就又可以继续排练了。

 一月

这个月计划完成第二幕戏,并开始第三幕戏的排练。我原本还有点担心,怕假期会让孩子们的热情有所回落,会对排练感到倦怠,结果却完全出人意料。

看来,只要充分信任学生,他们的表现就会令你眼前一亮。

多数孩子回来排练时根本就不看剧本,原来他们利用假期已将台词背熟,甚至还没有排练到的台词也提前背熟了。想不到充分信任孩子会有这么美妙的结果! 现在的排练中,偶尔有人忘词,只要叫声"台词",台下的孩子就会马上大声念出来。虽然有时才三四个演员在表演,但所有人都参与进来了,台下的孩子人人都拿着剧本认真跟着背诵。这种台上台下的协同合作,使他们的关系更加紧密,但凡谁有进步,大家就互相加油鼓劲。多么和谐温馨的团队,这样的氛围定会让他们取得非凡成就的。

变化最大的要数史蒂夫了,他在剧中扮演修风箱的工匠弗鲁特,他同时也是乐队鼓手,一直跟着迈克学习击鼓。他的节奏感虽好,但肌肉耐力是个问题。快节奏击鼓让很多初学者都疲惫不堪。像《Pump It Up》或《Crazy Little Thing Called Love》等快节奏舞曲,史蒂夫打着打着就跟不上拍子。刚开始的几个月里,小舞者不得已只能边放 CD 边跳。

然而到了这个月,史蒂夫已摇身一变,成了一流的鼓手。除了自己的勤学苦练、迈克的英明指导,更有莎剧班四十位同伴不遗余力的鼓励,才造就了如此这般的奇迹。数月前,乐队还演奏不了几个和弦,而现在他们像飞奔着的赛马一样飞速进步。乐队的孩子也极其兴奋,那些原只是在他们脑中盘旋的优美旋律,终于经由他们的双手飘荡出来了。

乐队运作自如后直接影响到了小舞者们,他们再也不用互相瞧着脚步,只需踩着音乐节拍舞动。音乐和舞蹈节奏一致,水乳交融,场面令人心动震撼。这巨大的进步真是太神奇了,一位孩子的进步竟然就给大伙带来了这么大的影响。

第一幕排练结束了，到这个月底，第二幕和第三幕也该完成了。一切都在飞速进展中，几乎每一天，都能看到不同的学生出现可喜可贺的进步。小演员们现在都非常自信，去年七月刚加入时，他们压根不敢去想象的成功，如今已变成了活生生的现实。

二月

这个月乐队新添置的乐器为演出增色不少，其中最吸引人的还属西塔尔琴。演出分两部分，第二部分是以披头士的那首著名的《Norwegian Wood》开场。乔治·哈里森在原声带里当时弹奏的就是西塔尔琴，再配上约翰·列侬那美妙的嗓音，简直太绝了！可是在这之前，我既不知怎样弹，也不知去哪儿买西塔尔琴。

当时，吉他专家丹认为没必要买；它价格不菲，用处也不大，演出结束后就会闲置在角落里了，除了充当放几盆花的茶几外，别无他用。他建议我们还不如在木吉他的弦之间加张纸，这样弹出的音效也差不多。他说得都没错。然而，有机会接触和挑战一件异域风情的乐器，对我和孩子们而言诱惑力太大了。

这样，我最终还是在一家很棒的乐器店里买到了西塔尔琴，然后就迫不及待地开始摆弄。

在剧中扮演仙后泰姐妮娅的珍妮丝，也是位颇有造诣的小音乐家——小提琴、大提琴和吉他演奏水平都是一流的。她主动提出要试试西塔尔琴，大家也一致认为她是最佳人选。这对她而言也是个挑战，琴的体积比她还大，抱都抱不住。后来通过看说明书，总算解决了这个问题。而珍妮丝开始摸索弹奏的这一个月,同学们对她都很照顾,这也真正体现了学这部戏的意义所在。

是的,西塔尔琴是难学,可珍妮丝不是孤军奋战。其他孩子会主动帮她将琴从琴套里搬出来放好,好让她集中精力琢磨怎样弹奏。每天她花半个小时左右练习,同伴们一有空就安静地围在旁边,给她鼓劲。一练完,他们就帮她一起将琴收进套子里。二月中旬的时候,她开始弹得有点模样了,到了二月底,我们又有了一个西塔尔琴"演奏家"了。

与此同时,第四幕戏准备好了。角色已分配完毕,跟随歌曲《Crazy Little Thing Called Love》而编排的舞蹈也已完成排练。事情很多,排练就像陀螺一样转个不停:三十分钟舞蹈排练,接着三十分钟的新戏排练,再接着三十分钟上个月的旧戏排练,就这样马不停蹄,直到学生准备回家。

整个二月份大家都马不停蹄,等到三月份这部戏就能有雏形了,孩子们进步真的很神速啊。

三月份

现在的变化称得上是日新月异,这着实令人兴奋。让人捧腹大笑的第五幕戏这个月就要排练完了。重头戏是六位工匠表演的戏中戏《皮拉莫斯和提斯柏》,史蒂夫(修风箱者弗鲁特)将扮演女孩提斯柏,皮拉莫斯(织工波顿)由柱浩扮演,他们在这场悲剧中,却要演得装腔作势,滑稽可笑。还有艾伦扮演的木匠昆西在剧中会经常纠正波顿频出的口误。他们排练得很出彩,教室里常传出阵阵欢笑。

这个月也叫 T 恤月,排练时孩子们只穿"霍伯特小莎士比

亚人"的 T 恤和牛仔裤，暂时不穿戏服。目前这个阶段还是以
学习莎剧语言为主，没有了花里胡哨的戏服的干扰，他们的精
力会更集中在剧情的叙述上，而通过语言来叙述故事才是莎剧
表演的重中之重。

我们用不同颜色的 T 恤来代表不同的人物。国王通常是
紫色，满怀妒意的丈夫穿绿色。在《仲夏夜之梦》中，工匠们都
穿棕褐色 T 恤，除了织工波顿，为了有别于其他工匠，他穿深褐
色 T 恤。小仙女们穿带有磷光涂料的粉红色 T 恤，在克里格设
计的神奇舞台灯光下熠熠生辉。两对演员分别用红色和金黄
色 T 恤加以区分，这样观众就不会混淆他们了。对于 T 恤的颜
色，孩子们也提出了他们有趣的想法，这真是太好了。说到底，
我只是提供一个剧本的蓝本，怎样演绎还得靠他们。

每年都有常看演出的观众告诉我，他们从未见过莎剧台词
表达得像我们的小演员们这样如此清晰精准。很多学校在制
作莎剧时，耗费了大量精力在道具和戏服上，但我们的戏台上
几乎没有什么道具和戏服。孩子们大部分精力都用于理解和
练习怎样让语言更优美。这又回到了我们的使命上来了，他们
如若学到了上佳的语言能力，机会之门将为他们敞开，未来将
会充满光明，而这也是为什么我们花费成千上万个小时，着力
练习台词的缘由。说一千道一万，戏不重要，重要的是学生和
他们的未来。

由于每位学生几乎都要肩负几个角色，这就要求他们在演
出过程中，换 T 恤时既快捷又安静。比如，珍妮丝在扮演仙后
泰妲妮娅时，要穿红色 T 恤，但在乐队演奏时要换成青绿色的。
考虑到在小小的教室里演出时，会有四十来位学生不停地穿梭

往来,这个月我们特意花了三天时间练习在台下怎样换 T 恤。现在,每位学生都知道何时需要换装,并且将下一场戏需要的 T 恤事先整齐地放好。

很多观众告诉我,同一个戏他们喜欢看上两场,第一场是看戏,第二场则看台下发生的一切。孩子们在台下有条不紊地穿梭往来,跟他们在台上说着精彩的台词同样具有吸引力呢。

<h2 style="text-align:center">四月</h2>

这个月整部戏的舞台调度总算完成了。现在的排练不再零星集中于某一个场景,而是每天都排练一幕戏,每次约半小时。

戏票准备好对外出售了,我们的网站也公布了演出时间表。六月份《仲夏夜之梦》一共将演出十二场,星期三、四、五是夜场,星期六是日场,以满足平时上班的父母,还有从外地甚至外国利用周末过来观看的客人。戏票是免费的,但一定要提前预订。戏票很快就售罄了,这真叫人开心。

现在小演员们都能脱离剧本说台词了,只是有时会忘词。只要有谁词记得不熟,说得磕磕绊绊,台上台下的同伴都会伸出援助之手。大家都觉得犯错在所难免,根本不算什么。事实上,出错反倒是给大家提供了一面镜子,看到自身不足的同时,更是改进的良机。有趣的是,越不害怕犯错,越放松,错误反倒越少。

这个月我常拿出让他们"生畏的"黄色便笺,这同时也令他们大笑不已。当我第一次拿出一大沓便笺时,去年参加过莎剧的老生开始笑起来,不满意地嘟囔着,今年的新人则是一脸的茫然。原来,他们排练时,我独自坐在教室后面在便笺上快速记录，三十分钟下来，我已匆匆写下约五十项需要改进的地方：木匠昆西说话声小了；海丽娜登台太迟；乐队成员开始演奏时，需要互相看着对方；另外，大家做手语时，不太协调一致……

排练结束后，我让他们聚到一起，一一讲解了需要改进的地方。孩子们果然不辜负我的期望，牢记这些意见，第二次排练，情况就大为改观了。

他们的表现越来越好，每次排练结束后，我都会问："就这样，可以了吗？"

"绝对不行！"他们总是异口同声地回答。看来他们非常喜欢不停地改进，而对于还有不到两个月的正式演出倒不怎么挂在心上。过程即是一切，看来他们很享受当下。

五月

孩子们都准备好了，熟记了台词，也对所扮演的角色拿捏自如。每次排练都趋向完美，大家打心底感到愉快，对即将到来的演出更是无比期盼。

马特·斯卡皮罗过来为观众座席加装升降器，还在小小的舞台旁加装几个高低不一的小台面，好让小演员可以从不同的高度对着观众表演。这样的表演富有立体感，能使故事的演绎更加流畅。

马特完工后，孩子们就像是第一天上幼儿园一样，觉得又新鲜又快活。只是，舞台和座位都改了，他们又得重新调整步伐了。是的，舞台上尽管已经用胶布标示了表演的范围，但考虑到在仅有十八英尺见方的小小舞台上跳舞的话，任何的闪失都意味着有从台上跌落的危险，所以怎么谨慎也不为过。再说,重新熟悉舞台对孩子们固然是挑战,可也有趣得很呢。

最让孩子着迷和吃惊的,还是克里格设计的舞台灯光。他们没想到灯光在烘托剧情上竟有如此神奇的魅力:舞台的后面悬挂着一块用于投影的大白幕,当无数光束从不同角度投射到白幕上,立刻呈现出精彩的影像,令人叹为观止。经过近一个月的练习,小演员们渐渐学会怎样跟灯光配合,并在站位上更加精益求精了。他们知道即便只是几英寸的细微差距,舞台效果都会有天壤之别。看来在戏剧中要应用好技术,还需要我们更加集中精力严格训练才行啊!所幸这一整年里孩子们一直都在勤学苦练,现在,他们各方面的表现都堪称完美,到了阵亡将士纪念日时,他们都已整装待发,随时准备表演了。

还有一件事,是有关演出谢幕时的传统仪式。在俄勒冈莎剧节上,当地的伊丽莎白剧院在戏院的外面依次挂着盾形牌匾,上面刻有过去曾演出的剧名及上演时间。我们也模仿了这一形式。演出开始时,孩子们会在教室墙上挂上盾形牌匾,他们将沿着老生的足迹,踏上莎剧演出的新旅程,并表达他们对老生的敬意。

最后一次演出谢幕时,所有的小演员站在台上,在观众热烈的掌声中,五年级的孩子最先离开舞台。四年级的孩子仍然留在台上,他们从莎翁肖像下取出隐藏的盾形牌匾,上面刻有明年将上演的莎剧名。他们向观众挥手致意,同时宣布明年将上演《一报还一报》。

最后一项工作,是分配大家在莎剧开场前、后及中场休息时,怎样招待前来看戏的观众。他们分工明确,态度十分认真负责。比如,开场前,小招待员们要负责去停车场招呼客人,引导他们前往教室；中场休息是重头戏，他们需要仔细筹划，地点就在隔壁的空置教室，除了要准备各种可口的点心、冷热饮料，也布置了鲜花和历年演出的照片。

为表达对观众能在百忙之中抽空前来看戏的谢意，他们还给观众无微不至的关怀：引领他们去卫生间；老人不便上下楼梯，他们会主动搀扶；演出结束后，他们会一直送客人到停车场，并祝他们一路顺风、旅途愉快。几乎所有的小演员们都分担了部分接待任务，他们认为接待观众跟演出莎剧同等重要，这种想法无疑十分正确。

六月

这个月的演出太有趣了，简直难以描述。第一晚开场时孩子们有点紧张，不过也只是五分钟不到。他们一旦认识到正在参与伟大的莎剧演出，短暂的紧张感很快烟消云散了，取而代之的是投入到演出中尽情表现。

每场演出完毕，他们会总结经验，并提出新的改进方案。白天，我们会选择剧中的某些场景，为前来观看的三四年级学生表演。这些孩子完全被吸引了，每场观毕，他们都期盼明年能够加入。

每天晚上，一些老生会过来帮忙。中场休息时，他们会事先摆好可口的点心和饮料，以便观众休息时享用。他们也会帮忙给乐器调音，防范任何火灾隐情。如果发生了意外，像吉他断了弦或电线短路等，他们会在第一时间迅速地解决好。衷心期望老生这种慷慨助人的品质能像薪火一样，传承给新一届的孩子们。

每天我都恳请孩子们要保持充足的睡眠,多在床上躺会儿。既然州立标准化考试已经结束,指定的阅读书籍也已读完,没必要还像以前那样早早就到校了。可是这一点他们根本不听我的,每天六点半左右,几乎所有莎剧班的孩子都已早早到校,帮助整理昨晚演出后凌乱的教室,还一并为下一场演出做好布置工作。他们体会到了过去从未有过的滋味——因加入这个小集体而产生的荣誉和归属感。随着最后一场演出的临近,有些孩子禁不住显得很伤感。是啊,周六是最后一场了,这也意味着我们今年的演出将要画上句号。

当小演员们最后一次鞠躬谢幕后,他们有点控制不住,都激动得哭了起来,让我好生劝慰了一番。我还告诉他们,演出是结束了,但在莎剧排演中所学到的,将伴随他们的一生。我还引用了苏斯博士那句充满智慧的名言来鼓励他们:"不要为结束而悲伤哭泣,要为曾经的拥有而愉快欢笑。"

但是,在这个充斥着标准化考试和惟数据论英雄的年代,像莎剧这样的制作,其价值该怎样衡量呢?从长远的角度看,如果未来有的孩子能不畏艰难,最终考入出色的大学;很多长大成人的老生常回来观看莎剧演出,同时向我表达谢意,因为莎剧班的经历成了他们人生的指路明灯,引领他们度过了风风雨雨的岁月;这些当然都是不错的佐证。而要从短期来看,不如我给大家展示一封有关莎剧的信,这是一位来自得州奥斯汀,名叫克莱顿·斯特安博格的优秀教师写的。

克莱顿在得克萨斯大学任教,跟我一样,他也常在本地一家名为 Winedale 的著名莎翁夏令营教孩子们莎剧。不久前他带两个学生来这里观看了两场莎剧后,给我写了这封信,信中表达了对莎剧表演的种种感受。如果你也想将戏剧表演纳入教学计划，那仔细地读读这封来信应该不无裨益。

雷夫：

　　假如还来得及，请代我向"霍伯特小莎士比亚人"转达我最真挚的祝贺。这部戏，借用我最尊重的莎剧老教授的话——他通常吝啬夸人——"无论哪方面都精彩绝伦"！

　　我认为今晚孩子们的演出简直太棒了，这也许是最棒的莎剧演出。

　　今天早上我还在想，一场精彩的莎剧表演，无论演员是谁，小学四年级的孩子或皇家莎士比亚剧团（本来我还想再加一个，可实在想不出谁能跟这两者相提并论），都可以用下面五项标准进行评估：

　　1. 这部戏是否让我深受启迪和教诲。

　　2. 这部戏是否让我看得心潮澎湃，不能自已，恨不得跳上舞台跟孩子们一起表演。

　　3. 每一位演员，基于对莎士比亚语言和戏剧的热爱（套用剧中织工波顿的原话"此爱无止境"），是否都是十二分的投入，是否取得了技压全场的整体效果。换句话说，他们现在的创作能与莎翁那个时代的演员们媲美吗？

　　4. 看完戏剧，我是否感到精神更振奋、更积极乐观。

　　5. 过程中，我是否跟剧中人物同呼吸，共命运，随着剧情开怀大笑或悲伤痛哭。

　　看完今晚孩子们的戏，我对以上每个问题的回答都是明确响亮的"是"！特别是第二个问题，这种感受在我观看莎剧的经历中实在少有。我敢肯定,假如伊恩爵士在场,他也一定能与我产生共鸣。

所以,再次祝贺你们,并感谢你们的辛勤付出。

返回得州的我们深受鼓舞和激励,感到浑身充满活力。那个叫柱浩的孩子,他扮演织工波顿所塑造出的精神气让人久久难以忘怀,单凭着他的勇气和热情,剧中的很多角色他都可以发挥好。哦,我怎能忘记扮演母狮子,带着甜美笑容的格蕾丝,还有安东尼扮演的裁缝斯塔佛林,太感谢你们了! 尤金扮演的快乐小精灵帕克,辛迪扮演的心地善良的海丽娜,还有伊万扮演的神秘美妙的忒修斯公爵和仙王奥伯龙,辛西娅扮演的勇敢的希波吕忒,奥斯卡扮演的滑稽可笑、爱生气的伊吉斯(赫米亚之父),朱莉扮演的伶牙俐齿、直率泼辣的赫米亚,布兰登和贾斯汀分别扮演的迪米特吕斯和莱桑德,卡洛斯扮演的一脸严肃的公爵仆从菲劳斯特莱特。哦,对了,还有史蒂夫扮演的提斯柏,那种表情在白色假发和裙子的衬托下,简直太震撼了! 鲁迪扮演的那堵会说话的墙,珍妮丝扮演的似真非真、超凡脱俗的仙后泰坦妮娅(太不可思议了! 她是如何做到的?),还有剧中所有的小仙子、歌者和舞者,当然,还有乐队那些孩子(如果要一一点名,可能就意味着上面大部分,甚至所有小演员的名字又要重复一遍了)。

有没有漏掉谁? 希望没有。万一漏掉了也没关系,我还会将整部戏在脑海里再过一遍,待会儿我就会想起来了。的确,像这样精彩纷呈的戏你得多欣赏几遍,慢慢品味其中的细节,千万别疏忽了它们,正是诸多的细节构筑了一部充满惊奇的伟大作品啊!

第二天晚上又一次坐在第一排看戏时，我就突然注意到，戏一开场，雅典公民们就在一起交头接耳、低声交谈；这是昨天忽略的一个细节。另外，当伊万和辛迪高坐在舞台中央，就这样静静地坐着，没人说话，霎时万籁俱寂，让观众们陷入一种别样的感受中。这些个场景设计得太精彩了，每每都让我心中赞叹不已。

而这只是其中一两个突出的例子罢了。依我看，你们的表演正反衬出多数专业莎剧演出，特别是中学舞台的演出是多么的糟糕，除了显摆、炫耀、争名夺利、博取众人的夸奖和演出后的狂欢外，并无任何高超之处可言……一言以蔽之，整个演出就是为了显示自己简直比"老朽的"莎翁高明太多了。

我当然知道茫茫人海里还是有专业莎剧人才的，但他们太凤毛麟角了，要让你遇到可实在不易。我相信随着孩子们年龄的增长，他们会认同我的观点。

唉，那些人的演出为什么缺乏"霍伯特小莎士比亚人"的精神风貌和欢快愉悦呢？（对我来说，他们缺乏的是"Winedale"莎剧营的精神风貌……）

他们要是遇到像雷夫，或像我的教授艾尔斯一样的老师，该有多好！那他们的水平将会有质的飞跃。良禽择木而栖，你们一定要睁大双眼啊！（这话我是跟那些不走运的孩子们说的，可惜他们什么也听不到！）

"霍伯特小莎士比亚人"对那位四百多年前手执鹅毛笔，一笔一画精心创作剧本的莎翁本人，对他创作的故事、语言、戏剧是那么热爱和尊重，这令我尤其欣赏。这样的热爱和尊重也是我近三十年前还在得克萨斯大学学习莎剧表演时，被我的老师激发和唤起的。然而过去二十年里,我诧异地发现,如今对莎剧依然怀有这般情愫的人实在太少见了。

令人欣慰的是,在你们这儿我找到了。这也是为什么连大名鼎鼎的伊恩爵士都静静地坐在教室里,用心欣赏的缘故了。你们的优异在于你们能够尊重,尊重莎翁的语言,尊重表现力更丰富的音乐,更尊重并深谙莎剧之神秘复杂,它的神秘复杂恰如哈姆莱特"如谜一般的心";而这样的尊重使我们任何时候都无法说"完成了"这部戏,因为对莎剧的探索和尝试将永无止境,没有最好,只有更好。这样的追求应时刻伴随我们,无论是在剧院排练还是行走在回家的路上。

更神奇的是,如果明白了莎士比亚,也就能在很大程度上了悟人生了。至于"霍伯特小莎士比亚人"是如何做到这些的,这真是一个谜。是的,莎剧就如人生,对它的了解越深,对人生的了解也就越透彻,这一点倒是千真万确。

很幸运,你们对莎剧的理解将影响你们一辈子,当然也影响了我们一辈子。感谢你们亲手制作的这份珍贵礼物。

也感谢你们的辛劳付出、热情好客和慷慨大方。是的,明年我们一定会回来观看新莎剧《一报还一报》的!

祝好!

克莱顿·斯特安博格
(当然还有我的学生奥吉和艾玛)

后记

永不退缩,决不放弃

世上很多事看似风云变幻,实则未变。

然而,老师的确能够改变世界,只是在艰难的旅途中,需要我们付出极大的勇气和毅力。回顾漫长的教学生涯,大家心中一定不胜感慨,五味杂陈。是啊,有太多的失败、创伤和痛苦时光。当然,更多的还是美好的回忆和极大的满足感,特别是当你获知学生因你的帮助而取得杰出成就时。

一直坚守在教学第一线的老师,他们这一路走来那么艰难,真的值得为自己的巨大成就感到自豪。他们勇敢地接受了挑战并且不断地成长,才最终可能成为名师。

但有些事情却绝不会改变。例如,你似乎将永远受到不公平的对待,继续忍受那些令人痛苦的现实。

多年前我曾应邀去一个城市给一群年轻老师做演讲。能应邀去激励那些年轻老师,我感到非常荣幸。平常生活上我并不是个挑剔的人,但演讲前的那天晚上,当会议接待人员带我到住宿的地方时,我还是惊呆了。他们提供的住宿地方竟然是一个车库:在乒乓球台子下面塞了张很小的床。那天夜里,我的双腿只能一直悬空着挂在床沿上,头上方是密密麻麻新织的蛛网。那一觉睡得实在是太别扭了。

之后很久，我一直告诉自己，情况会好起来的，只要老师坚持不懈，他们终将得到好的回报。然而，现实又给我上了一课。

三十年后，一次我应邀去一座美丽的滨海城市给老师做演讲。我可没有期望主办方能提供丽思酒店的高级套房，但当的士司机将我从机场送到住宿地时，我还是惊讶得克制不住大笑起来，原来，那是个养老院。

我一点也没有夸张，会议主办方为省钱硬是将我安排在一个简陋的养老院，房间小得转不过身。但这次好歹有了个屋顶，而不是乒乓球台子。那天晚上我躺在床上，心中愈发坚定地想：哪怕身在养老院，我也决不打算退休养老！同时，我也希望你不要轻易放弃教学，未来需要我们做的事情还实在太多，许多美好的日子正等着我们。最要紧的是，那些孩子还需要我们为他们指点迷津，帮他们踏上美好的人生之路。

教学生涯任重道远。他们当中有未来的埃里克·克莱普顿（注：英国音乐人，曾获格莱美奖，是 20 世纪最成功的音乐家之一)，他正坐在那里，准备演奏极具个人风格的布鲁斯；自然科学课也依然需要你，没准这群孩子里就有一位未来能治愈癌症的科学家；还有很多孩子从没听说过马克·吐温，他们也正期盼着你；而 56 号教室至今还没来得及排练别的莎剧呢。

即便身在养老院，即便已教学三十多年，但我依然不打算退休；芭芭拉要个新厨房的愿望还未实现；还有那些孩子，他们真的太需要我们了。

永不退缩，决不放弃！

致谢
一切都得感谢家人和朋友

多年前，一九八五年的时候，每周有五天的时间，我都是凌晨四点就到了车站，一个人孤零零地等着公交。那是我在霍伯特小学教书的第一个年头，也是漫长教学生涯开始的第三个年头。当时我住的房子很狭小，离学校也很远，至少有五十多公里路程。我把所有的钱都花在了教学上，也买不起车，只能每天早起赶公交。

其实，我脑子里也没什么宏伟的计划，只是想尽绵薄之力帮帮学生而已。我那时还年轻，身体很棒，半夜十一点结束第二份工（打第二份工主要是为了攒钱给孩子们买些教学用品），回家短暂休息，凌晨三点一刻起床，简单梳洗后就去赶公交。我压根儿没觉得这有什么疯狂的。然而在别人眼里，我简直就是个疯子。

后来，我遇见了芭芭拉，真幸运她成了我妻子。每当我狂热地进行教学尝试的时候，她总会及时给我浇一桶凉水，让我很快清醒。感谢芭芭拉和孩子们，正是他们使我对教学从狂热渐渐回归冷静，生活方式也变得理性了。

我曾经孤军奋战，而现在一切都不同了，很多朋友跟我在

308

一起,心甘情愿地助我一臂之力。

《说给老师的真心话》是我的第四本书,它能够面世,完全是因为我的朋友兼经纪人博妮·索罗(Bonnie Solow),是她第一个鼓励我写出56号教室的故事,坚信这些故事值得跟大家分享。我永远感谢她。

也正是通过博妮,我认识了企鹅出版集团的很多朋友:克莱尔·费拉罗(Clare Ferraro),她真诚地关爱和理解我班的孩子;传奇编辑温蒂·沃尔夫(Wendy Wolf)不仅极具才华,诚实可靠,乐于助人,而且对文字精益求精,能遇见她是我的运气。另外,也不得不提到凯文·德登(Kevin Doughten),是他给这本书以极大的帮助,除了帮我精心编排每个章节,并就音乐家雷·戴维斯和奇想乐队进行了深入、广泛的交流。他确实是个值得尊敬的人。

除了出版社的朋友们,还有很多人为这本书作出了杰出贡献。

伊恩·麦凯伦爵士在他远未将甘道夫这个角色演绎得栩栩如生之前,就已是"霍伯特小莎士比亚人"的好"巫师"了。哈尔·霍尔布鲁克总是乐于跟孩子们一起旅行,我们常坐船沿着密西西比河顺流而下。

感谢玛丽·阿尔德(Mary Alden)、比尔·安德森(Bill Anderson)、海伦·滨(Helen Bing)、乔安·波顿(Joann Burton)、朱迪·坎贝尔(Judy Cambell)、布鲁斯(Bruce)、马蒂·卡费(Marty Coffey)、波·康宁斯(Paul Cummins)、克里格(Craig)、莉莉·福斯特(Lili Foster)、比尔·格雷厄姆(Bill Graham)、理查德(Richard)、海蒂·兰德斯(Heidi Landers)、彼得(Peter)、玛

索·迈克妮可尔（Marsue MacNicol）、巴斯·麦考伊（Buzz Mc-Coy）、简·米勒（Jan Miller）、史提芬（Stephen）、凯·安德顿克（kay Onderdonk）、劳瑞·施米德（Larry Smead）、比尔（Bill）、米歇尔·泰斯尔（Michelle Tessier）、凯·唐贝格（Kay tornborg）、王安（Ann Wang），以及其他几十个基金会，正是他们的鼎力相助，为孩子们打开了许多机会之门。

洛伊丝·萨克锡安（Lois Sarkisian）和俐·科恩（Lee Cohen）是非常棒的朋友，许多晚上我们都是边吃速食，边就很多音乐话题兴奋地讨论着。万分感谢她们跟我一起度过了那么多难以忘怀、充满欢声笑语的夜晚。

每天都有世界各地的优秀教师来 56 号教室访问，基于版面限制，恕不在此一一列举姓名了。感谢你们跟我一起分享了教学中的酸甜苦辣。为了自己的身心健康和孩子们的未来，我们得互相提醒，不要凌晨四点独自一人孤零零地等候公交了。

还有许多学生的家长，你们给了我爱与信任。谢谢道格（Doug）和辛迪（Cindy），也谢谢莉丝一家人（The Lees），他们每年都送我生日蛋糕，即使你们的女儿已离开我班十五年了。

当然，最重要的，我得感谢杰出的"霍伯特小莎士比亚人。"

谢谢你，乔安（Joann），这辈子能遇上你这样的学生，我知足了。其实你教给我的远比我教你的还多。

感谢马特（Matt）、杰斐逊（Jefferson）、安吉拉（Angela）、仁勇（In Yong）、熙永宋（Hwi Yong）、乔安娜（Joanna）、伊丽莎白（Elizabeth）、奥斯卡（Oscar）、朴智妍（Jiyeon）、鲁迪（Rudy）、阿尔波特（Albert）、翠西（Tracy）、琳达（Linda）、阿布迪尔（Abdiel）、达米安（Damian）、艾尔莎（Alsa）。你们给予的爱和支持

简直太宝贵了。谢谢大家为 56 号教室倾注了那么多辛勤的汗水。

很久以前,我凌晨四点就在公交站台上,并且孤军奋战。如今,由于你们的支持变得如虎添翼,信心百倍。孤独的日子一去不复返,未来一定会更加美好。

回首往事,一切都得感谢家人和朋友!

分享教学经验，见证教育荣光

　　每天，我们都来和学校会面；每天，我们都在班级之间往返。我们是老师，面对学生，面对家长，面对成绩，面对升学的压力，面对素质教育的考验，面对外界的种种理解和不理解⋯⋯

　　每天，每天，我们教授学生知识，告诉他们为人处世的道理。在我们心中，想必还有很多话，打算说给大家听。有成功的喜悦，也有挫折的辛酸。像《说给老师的真心话》这样，像雷夫老师这样，将教学的经历，将其中的所遇所感，形成文字，细细道出。

　　欢迎分享您的教学事迹和心里话，或者您对雷夫老师教学的所思所想。无论您来自哪里，无论您在什么样的班级授课。每个人的故事都是独一无二的体验，每个老师都有荣光的一刻，每一句真心话都凝结着智慧和对人生的启发。

　　一块黑板，书写酸甜苦辣；三尺讲台，览阅桃李芬芳。因为是老师，所以自豪。

参与方式：

　　尊敬的老师，请把您的真心话发送至 laoshizhenxinhua@163.com 或邮寄到

　　北京市丰台区马家堡路180号蓝光云鼎226编辑一部（请注明"活动征文"）

　　电话：010-63370062；**邮编**：100068

　　字数要求：500字以上

活动奖励：

个人一等奖：5名	奖品：价值600元的精美图书	
个人二等奖：20名	奖品：价值300元的精美图书	
个人三等奖：30名	奖品：价值100元的精美图书	
最佳团体奖：3名	奖品：价值1200元的精美图书	

　　活动截止时间为2015年12月31日，最终解释权归出版方所有。

　　特别提示：您发送给我们的文字，一定是原创的，不侵犯他人的著作权等相关权利。